W0034288

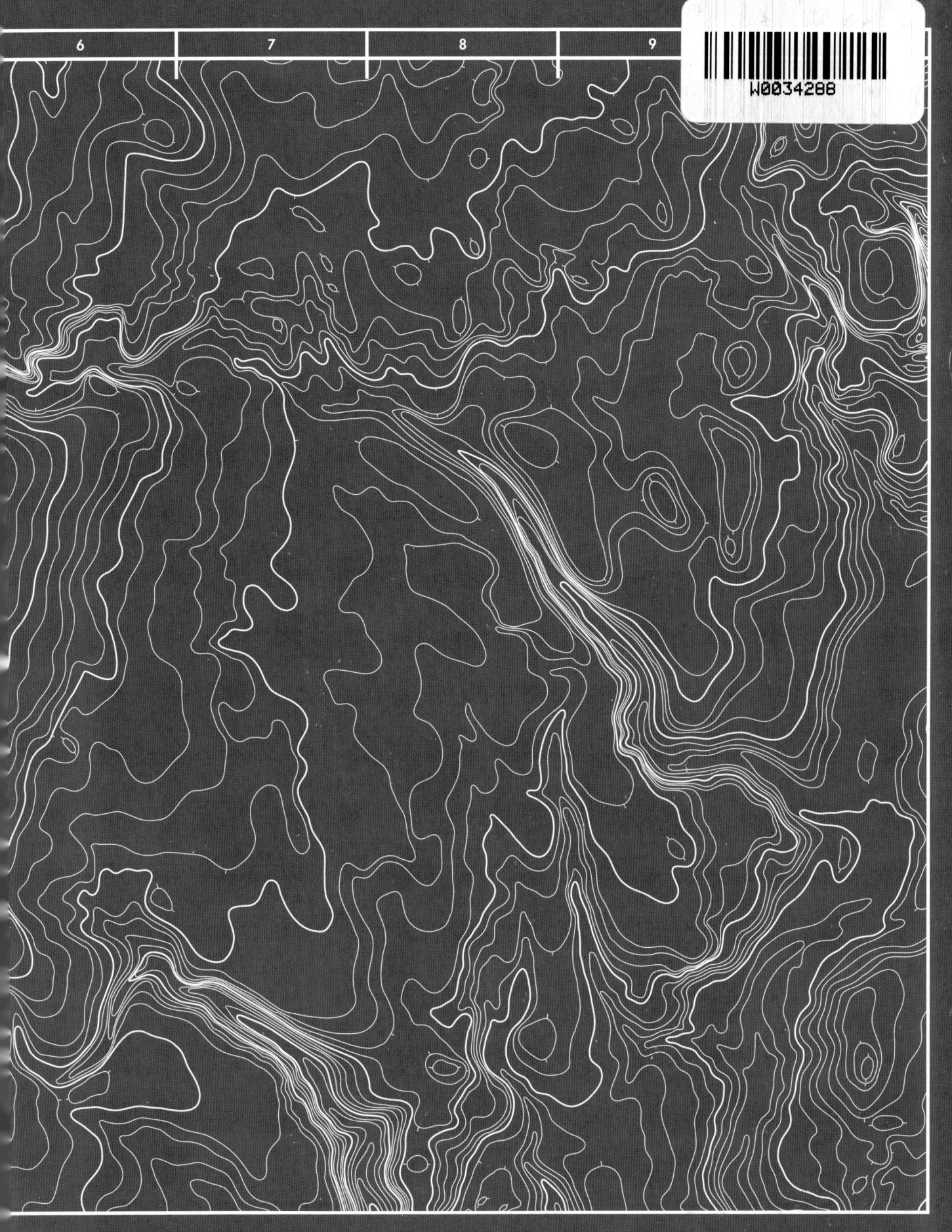

Georg Schweisfurth & Simon Tress

LOKAL

Das Kochexperiment

südwest

INHALTSVERZEICHNIS

01

11

N 48° 7' 54.191" — O 11° 37' 19.725"

585 km*

392 km*

435 km*

767 km*

648 km*

341 km*

417 km*

* Kilometerangaben jeweils ab München

MEET THE CHALLENGE!

Liebe Leserinnen und Leser, liebe LOKAL-Freundinnen und -Freunde, nun sind unsere LOKAL-Touren über die letzten elf Monate endlich in Holz geschnitzt. Ein aufregendes und großartiges Jahr geht für uns zu Ende! „LOKAL – das Kochexperiment: auf der Suche nach dem echten lokalen Geschmack" bekommt mit diesem Buch, einem „Kochlesebuch", wie wir es nennen, einen neuen Höhepunkt!

Heute weiß fast jedes Kind zumindest ungefähr, was bio ist. Lebensmittelskandale der letzten Jahre haben das Bewusstsein der Konsumenten hinsichtlich ihrer Ernährung verändert. Biolebensmittel sind beliebter denn je, sie haben einen Status erreicht, auf den man stolz sein kann. Dennoch ist der Markt nach wie vor ein Nischenmarkt und wir dürfen uns auf diesen Lorbeeren nicht ausruhen, sondern müssen weitertrommeln!

Die Ursuppe des Experiments – wie alles begonnen hat

Gerade hatten wir mit Erfolg unser gemeinsames Buch „FLEISCH" abgeliefert und bei der Buchmesse in Frankfurt direkt einen Preis damit gewonnen. Der Koch und der Metzger! Beide können eben nicht ohneeinander! In jenem Buch durften wir unsere Überzeugungen zu Bioprodukten und gutem Fleisch in epischer Breite ausfächern. Das hatte uns riesig viel Spaß gemacht, aber auch ganz persönlich beflügelt und weitergebracht. Schnell wurde daher klar: Wir müssen weitermachen! Wir haben noch so viel zu erzählen, noch so viele coole Ideen zu verwirklichen, lass uns treffen! Im Grunde ist dieses neue Buch daher nur die logische Fortsetzung unserer gemeinsamen Arbeit der Vergangenheit. Und die hat nur eine große Überschrift: NATUR!

Wenn man anfängt, mit Liebe und Geist ein Thema in aller Tiefe zu erforschen wie damals das Thema Fleisch, fallen einem viele neue Erkenntnisse entgegen, die sich

gar nicht in ein einziges Buch packen lassen! Die Welt der Landwirtschaft und allgemein der Lebensmittelwirtschaft ist so komplex und riesig, dass es immer neue Erfahrungen und Einsichten gibt, selbst bei uns beiden, die wir schon unser ganzes Leben dieser schönsten Hauptsache der Welt „geopfert" haben. Wie und was wir essen, wie wir anbauen, wie wir Handel treiben – diese Fragen bestimmen mit, wie unsere Welt in Zukunft aussehen wird.

Bei Familie Tress in Ehestetten auf der Schwäbischen Alb genauso wie in Sonnenhausen und Herrmannsdorf bei den Schweisfurths denken und arbeiten wir schon seit Jahrzehnten und von Anfang an in regionalen und handwerklichen Dimensionen. Und wir haben mit eigenen Augen und Herzen gesehen, dass es Sinn macht, global zu denken und lokal zu handeln, wie es so schön heißt. Wir wissen, dass das nicht nur eine Modeerscheinung ist, und holen sinnvolle handwerklich geprägte Arbeit in unsere Heimat – besser gesagt: Wir retten sie vor dem Untergang, weil die Indus-

trie mit ihrer Geldpower unser Kulturerbe brach legt! Die Wege für Ware UND Kommunikation müssen kurz sein. Wir vernetzen uns mit gleichgesinnten Freunden, anstatt in der Anonymität der arbeitsteiligen Welt zu verkümmern. Und ganz wichtig: Die Geschmacks- und Ernährungsqualität ist viel besser und wir bestimmen unsere Preise noch selbst, weil wir den Endverbraucher „haben", anstatt uns in die Abhängigkeit von Händlern zu begeben. Das ist manchmal anstrengend, am Ende des Tages aber höchst befriedigend!

LOKAL! Dieses kleine Wörtchen passt besser als „regional", denn aus der Region zu sein, behaupten inzwischen zu viele. Und das Wort „Region" scheint vielerorts ein Synonym für „aus Deutschland" geworden zu sein. Das geht uns in vielerlei Hinsicht zu weit. LOKAL ist für uns – und so sollte es auch für Sie sein, liebe Leserinnen und Leser – der Radius von 15 Kilometern!

Da wollten und wollen wir dran arbeiten! Also gingen wir erst einmal in Klausur und dachten uns passend dazu „LOKAL – das KOCHEXPERIMENT" aus: Die Idee einer CHALLENGE wurde geboren, bei der es die Frage zu klären galt: Gibt es sie noch, die LOKALen Lebens-Mittel? Oder sind wir inzwischen völlige Supermarkt-Junkies geworden? Schaffen wir es, uns an jedem beliebigen Ort und auch im tiefen Winter LOKAL zu versorgen?

Wir haben auch einige Künstler aus Simons Bekanntenkreis wie den Tatort-Kommissar und unseren Freund Andreas Hoppe alias Mario Kopper für unsere Sache gewinnen können. Sie alle –. insbesondere auch die Bands „True Calling" und „Elaiza" – haben uns spontan ihre Unterstützung zugesagt! Andreas Hoppe ist nicht nur ein charaktervoller, begnadeter Schauspieler und Musiker, sondern auch ein lockerer, sympathischer Menschenfreund, der sich sehr für den Natur- und Umweltschutz einsetzt. Er hat einen eigenen Biohof bei Berlin, kocht darüber hinaus gerne und lecker. Für unser Projekt wurde er der perfekte Mann zum Beispiel zum regelmäßigen Auslosen der Ziele unserer Challenges. Rund um die Auslosung sollte das Prozedere stets folgendermaßen ablaufen: Facebook-Freunde machten Vorschläge, wohin es gehen sollte, und Andreas loste einmal pro Monat freitags aus diesen Vorschlägen den Ort aus, den wir am darauffolgenden Montag und Dienstag erkunden würden und wo wir aus den gefundenen Produkten von Bioerzeugern, aus Wild sowie Kräutern der Wildnis ein LOKAL-Menü kochen würden.

Und kaum war die Idee konkret geworden, ging es auch schon los: Wir packten unser Kochequipment ein, nahmen an Zutaten le-

diglich einen Sack Salz mit und fuhren hinaus in die Welt, um unserer Frage nachzugehen und die europäische deutschsprachige Heimat zu erforschen. Die insgesamt elf Tou-

ren sollten eine Reise zum Ursprung werden. Eine Reise auch mit dem Ziel, möglichst viele Fans, Gleichgesinnte und Weggefährten von Anbeginn an dazu einzuladen, über die verschiedenen Social-Media-Kanäle virtuell mitzufahren, um mitdenken und miterleben zu können. Simon zeigte mir, wie man über soziale Medien wie Facebook leicht und auf angenehme Art Leute für die LOKAL-Idee begeistern kann. Herausgekommen sind großartige Reisen mit vielen Highlights.

Was waren die Magic Moments?

Wo sollen wir da bloß anfangen? Elf Reisen, viele unglaubliche Menschen und unzählige unvergessliche Momente sind so schnell an uns vorbeigezogen. Es kommt uns vor, als hätten wir erst gestern den Trailer zu unserem Projekt auf „Gut Sonnenhausen" gedreht. Damals wussten wir selbst noch nicht genau, was auf uns zukommen würde. Wie würden unsere Reisen ablaufen? Würden sich überhaupt Leute für das Projekt interessieren und uns Vorschläge für Reiseziele liefern? Und: Würden wir das selbst gesteckte Ziel immer erreichen und überall Gerichte nur aus ökologisch erzeugten und LOKALen Lebensmitteln kochen können? Uns blieb nichts anderes übrig: Wir mussten ins kalte Wasser springen, die große Ankündigung war ja bereits draußen. Und schließlich hatten wir richtig viel Lust auf das Experiment und waren von Anfang an voller Tatendrang.

Gammertingen, unsere erste Reise, war für alle ein großer, überwältigender Auftakt. Leider haben wir uns tatsächlich noch ein wenig wie Anfänger angestellt. Und wären dabei fast aus der Kurve geflogen! Viele Journalisten hatten wir eingeladen, neben Fotografen und unserer Bloggerin Lisa Schölzel ein eigenes Kamerateam dabei. Wir beide wollten mit allen gemeinsam die Bioerzeuger

besuchen und die Journalisten zusätzlich Interviews führen, während gleichzeitig die Scheune fürs Kochen und die Party mit „True Calling" aufgebaut werden musste. Trotzdem: Wir denken so gerne daran zurück und sprechen noch heute darüber. Unsere Freunde von der Band „True Calling" haben mit ihrer Musik Stimmung gemacht. Nicht nur wir hinter der provisorischen Küche, sondern auch unsere rund 50 Gäste an der Tafel aus Strohballen haben den ganzen Abend mitgewippt. Es war eine Gaudi, womit wahrscheinlich wir genauso wenig gerechnet hatten wie Winfried Maulbetsch und alle anderen Mitarbeiter von „Mariaberg e. V.", die uns wie selbstverständlich ihre Räumlichkeiten zur Verfügung stellten und halfen, wo sie nur konnten. Danke dafür! Und entschuldigt unseren Überfall … Es war sehr schön bei euch! Nach diesem Kraftakt waren wir an den beiden darauffolgenden Tagen alle einfach nur noch platt!

Bei der Heilbronn-Tour, unserer zweiten Reise, hatten wir schon dazugelernt und teilten uns auf. Wir entschieden zudem, kein zusätzliches Filmteam mehr mitzunehmen, denn Lisa machte hervorragende kleine Filme, wie man auf unseren Kanälen sehen kann. Außerdem hörten wir damit auf, proaktiv Journalisten einzuladen, denn wir wollten schließlich nicht schon vorzeitig all unser PR-Pulver verschießen.

So folgte Reise auf Reise. Ein weiteres Highlight war Lech am Arlberg. Ein Grill, viel Fleisch, Milch, eine Menge Skifahrer und Snowboarder, gute Musik und das alles mitten auf der Piste bei Kaiserwetter – unvergesslich! Aufgrund der Jahreszeit fanden

wir nicht viele Lebensmittel. Neben Fleisch und Milch gab es noch Honig, getrocknete Kräuter und Blüten. Und trotzdem wurden alle satt. Das hat uns auch Bernhard in einem langen Gespräch versichert: Manchmal, im Winter, gab es für ihn und seine Mitmenschen nicht mehr als etwas Sauerkraut und Fleisch. Es geht also, dieses „sich um den Kirchturm herum gesund ernähren". Das beweist nicht zuletzt Bernhards beeindruckend hohes Alter von 101 Jahren.

Im April ging es insbesondere für mich *back to the roots*. Meine Heimat ist Herten im schönen Ruhrpott – und wir wurden ganz in die Nähe, nach Gladbeck, gelost. Mittags irgendwann, als die Sonne gerade hoch am Himmel stand, trafen wir im Her-

tener Schlosspark alte Freunde meiner Familie. Das waren zwei Stunden voller alter und neuer Geschichten, gemütlicher Spaziergänge und zufälliger Kräuterfunde am Wegesrand. Und am Ende des Tages standen wir dann alle gemeinsam bei Sonnenuntergang auf der Kohlenhalde mit Blick auf die alte, stillgelegte Zeche Ewald. Alte Liebe!

Sie sehen: Wo anfangen und wo aufhören? Fast ein Jahr, da kommt einiges an Momenten zusammen. Inmitten von Rhönschafen auf einer Wiese bei Bischofsheim an der Rhön zu stehen oder über die Dächer Wiens zu blicken. Zufällig über einen Teich hinter dem „Santerhof" bei Mühlbach in Südtirol zu „stolpern", zwei Forellen zu fangen und ein paar Kilometer weiter in unserer Unterkunft auf dem „Marxenhof" jeden Morgen von Marianne Klemmer frisch gebackene Dinkelbrötchen aufgetischt zu bekommen. In Frankfurt haben wir innerhalb von zwei Stunden vier Suppen gekocht, fotografiert und zum Versand an unsere Facebook-Freunde verpackt. In Berlin wären wir ohne die „Domäne Dahlem" – einen Demonstrationsbetrieb inmitten der Stadt – aufgeschmissen gewesen und die Kochaktion mit Hendrik Haase von der gläsernen Metzgerei „Kumpel & Keule" in der „Markthalle Neun" werden wir auch nicht so schnell vergessen. Unsere „Kräuterfee" Ingrid Hagner hat uns in Heilbronn in die Tiefen der Kräuterkunde eingeführt. In Wien hatten wir mit Katharina Seiser eine mehr als kompetente Helferin rund um die kulinarische Welt der österreichischen Hauptstadt. In Gladbeck hat diesen Part Bernadette Spickermann von

„Spickermanns Bioladen" übernommen. In der Schweiz bei Arth sind wir morgens um sieben Uhr gejoggt und geschwommen, Auto und Seilbahn gefahren (Augen zu und durch). Wir haben mit einigen großen, aber vor allem vielen kleinen Erzeugern gesprochen, die sich im Haupt- oder Nebenerwerb, aber immer mit Leib und Seele der Biolandwirtschaft verschrieben haben. Mal sind wir nur ums Eck und manchmal viele Hundert Kilometer weit die Nacht hindurchgefahren, um uns in einer fremden Stadt montags pünktlich auf die Suche nach Biobauern zu machen. Wir haben eine unglaubliche Gastfreundschaft erlebt, zum Beispiel bei der Familie Kaemena und meiner Schwester in Bremen, der Familie Wingelmayr im österreichischen Lech am Arlberg, der Familie Klemmer in Südtirol oder den Trionfinis in der Schweiz, um nur ein paar Namen zu nennen. Wir bitten um Verzeihung, wenn wir nicht alle, die uns so selbstverständlich geholfen haben, hier noch einmal nennen. Wir haben euch nicht vergessen – wie könnten wir?!

Wir würden lügen, wenn wir jetzt sagten: Diese elf Monate haben wir weggesteckt wie nichts. Sie waren anstrengend, aufreibend und mit Opfern verbunden. Wir müssten aber genauso lügen, wenn wir sagten: Wir sind froh, dass das Jahr vorbei ist. Das sind wir nämlich definitiv nicht! Wenn wir, Stand heute, zurückschauen und uns an den Anfang des Projekts im September 2015 in Gammertingen erinnern, dann haben wir, ein Jahr später, viel dazugelernt – auch als Menschen, die wir schon jahrzehntelang mit beiden Beinen fest in der Biobranche stehen.

Mit jeder weiteren Reise schwand unsere Angst davor, nicht ausreichend vorbereitet an unserem Zielort anzukommen und die Bioerzeuger im Vorfeld nicht genug gecheckt zu haben. Durch unsere Erlebnisse wich sie zunehmend der Gewissheit, dass es stets eine Lösung geben würde, dass wir immer Menschen fänden, die wie wir denken und uns helfen würden. Heute wissen wir ganz sicher: Diese Biogemeinschaft gibt es! Liebe Freundinnen und Freunde, es ist überall und ganz sicher auch dort, wo Sie wohnen, möglich, sich kulinarisch mit seiner Umgebung zu verbinden! Das zu zeigen, war unser Ziel – das Ziel ist erreicht und wir sind glücklich!

Danke für den Mut

Ohne unsere vielen Tausend Freunde, die wir in diesen Monaten gesammelt haben, wäre das alles nichts geworden! Denn jeder „Klick", jedes „Like" hat uns gefreut und weitergebracht, weil es uns gezeigt hat, wie viele Leute es langsam satthaben, sich von der Lebensmittelindustrie an der Nase herumführen zu lassen, um es einmal krass auszudrücken. Und es sind vor allem junge Leute, die die Zukunft mitgestalten wollen. Jeder Vorschlag, der in Andreas Hoppes Hut zum Losen kam, hat uns freudig erregt! Die Vorschläge, aus denen unsere Reisen entstanden sind, haben dem Experiment die Kontur gegeben. Habt Dank für die Reiseleitung!

Ohne die Gastfreundschaft und die Offenheit unserer Biobauern, Imker, Gärtner, Gastonomen, Jäger und Sammler, die wir bei unseren Touren teilweise überfallartig besucht haben, wäre das alles schwerer geworden! Sie haben uns nicht nur immer herzlich aufgenommen und mit dem versorgt, was Feld, Stall und Gewächs-

haus zur jeweiligen Jahreszeit hergaben. Sie haben mit uns auch das Wissen um viele kaum bekannte Gewächse, tiefe Einblicke und tolle Tricks bei Anbau und Verarbeitung sowie die Geheimnisse der Tiere geteilt – das macht das Buch zu etwas ganz Besonderem, Spannendem und Einzigartigem!

Darum gehört unser größtes Dankeschön unseren Protagonisten, den „Bios", die wir auf der langen Reise kennengelernt haben – denn ohne sie wären das Leben und dieses Buch öde und leer! Die vielen helfenden Hände auf den Höfen und in den Familien, im Wald und auf den Wiesen, beim Schleppen, Kochen, Organisieren. Die vielen Interviews, die wir aufnehmen und auf YouTube veröffentlichen durften, die enorme Gastfreundschaft und Großzügigkeit unserer Erzeuger bis hin zur Überlassung toller Orte für unsere Koch-Events werden wir nie vergessen. Die entstandene Nähe war wie selbstverständlich, obwohl wir uns vorher nicht kannten. Und das ist nicht selbstverständlich. Aber so sind wir halt, wir „Bios", wirklich wahr! Es hat wahnsinnig viel Spaß gemacht, mit solchen Menschen in Kontakt zu treten und hinter die Kulissen zu schauen – und wenn „das Futter" dann auch noch lecker schmeckt und gesund ist, dann ist man angekommen. Tausend Dank!

Wir danken unserem Verlag und allen Mitarbeiterinnen und Mitarbeitern dort, die sich mit uns gemeinsam aufgemacht haben, diese außergewöhnliche Challenge zu verwirklichen. Das war nicht vorauszusetzen, denn es erforderte Inspiration, Überzeu-

gung, einen langen Atem und auch *a little bit of money,* um „LOKAL – das Kochexperiment" durchzuziehen!

Nur durch die ungebremste Liebe aller Beteiligten für die Sache konnte unser Experiment glücken. Die vielen kleinen und großen persönlichen Geschichten, die nun hier aufgeschrieben stehen, haben uns in unserer Einsicht gestärkt, dass jeder dabei mithelfen kann, die Welt im Guten zu verändern! In Bezug auf biologisch und LOKAL erzeugte Produkte regt sich schon einiges, in ganz vielen Regionen stellen sich die Menschen auf die Hinterbeine und organisieren ihre Lebensmittelversorgung wieder selbst. „Ernährungssouveränität" nennt man das auf Neudeutsch.

Aus unserer ersten Idee ist eine spannende und experimentelle große Reise geworden, eine Reise, die wohl niemand zuvor für ein Kochlesebuch gewagt hat! Das Kochexperiment ist geglückt, die Rechnung ist aufgegangen, und das ist super! Wir konnten tatsächlich zeigen, dass es in der Mehrheit der Fälle – bei LOKAL in elf von elf Fällen – möglich ist, sich um den Kirchturm herum zu ernähren, wenn man nur will!

Doch das Experiment ist nicht vorbei, es wird immer weitergehen! LOKAL ist endlos. Bleiben Sie uns treu und dran, Blog und Social Media bleiben scharf! Wir hören nicht auf mit LOKAL, denn es gibt noch zu viele Köpfe, wo das Umdenken hineinmuss!

Aber nun erst einmal viel Spaß bei der Reise mit uns ins Ungewisse …!!

Reutlingen ●

- ANSTRENGENDSTE TOUR
- SIMONS HEIMAT
- SCHEUNENPARTY
- SELTEN SO OFT VERFAHREN

N

S

LOKAL – TOUR № 1

GAMMERTINGEN

DEUTSCHLAND IM SEPTEMBER

N 48°15′1.093″ — O 9°12′56.44″

DER AUFTAKT INS ABENTEUER

Unsere erste LOKAL-Tour führt uns nach Gammertingen im Landkreis Sigmaringen. Zum Glück schickt uns Andreas Hoppe mit seiner Ziehung in diese wohlbekannte Region ganz in der Nähe von Simons Heimat.

Der Landkreis Sigmaringen im Südwesten Deutschlands ist Teil der Schwäbischen Alb – was Bioprodukte angeht, unser gelobtes Land. Denn es gibt wohl kein anderes Gebiet in Deutschland, das so viele Biobauern beheimatet. Und die vielfach unberührte Natur am Wegesrand, im Wald und auf den Wiesen hält viele großartige Aromen ganz umsonst bereit – man muss eigentlich nur die Augen aufhalten und den Arm ausstrecken, um sie zu finden und zu pflücken. Denn unser Projekt soll ja gerade auch dazu anregen, sich selbst wieder auf die Suche nach dem echten Geschmack zu machen.

„Auf der rauen Alb ist es immer um einen Kittel kälter"

Mit diesen Worten werden Zugereiste gerne über die klimatischen Bedingungen der Schwäbischen Alb aufgeklärt. Im Vergleich mit anderen Mittelgebirgslagen wie Erzgebirge, Harz, Taunus oder Hunsrück haben die Höhenlagen der Schwäbischen Alb ein gemäßigtes Klima. In Höhen von 800 Metern und mehr wird der Ackerbau allerdings schwieriger, das liegt an den niedrigeren Durchschnittstemperaturen, aber vor allem auch an den temperaturbedingt kürzeren Vegetationsperioden. Darum tritt in den Höhenlagen der Ackerbau gegenüber dem Grünland deutlich in den Hintergrund. Die beste Möglichkeit, auch diese Böden nutzbar zu machen, ist die Beweidung des Grünlands mit Tieren. Und deren Erzeugnisse wie Fleisch, Milch und Eier sind die wichtigsten Eiweißbringer in der Ernährung. Großartiger „Nebeneffekt" ist eine nahezu einmalige Unberührtheit von Flora und Fauna. Auf dem Albtrauf und der Albhochfläche findet man noch Streuobstwiesen, Buchenwälder, Wacholderheiden und Heckenlandschaften, in der eine große Vielfalt seltener Tierarten ungestört leben darf.

„Mariaberg e. V." wird unser Hauptquartier

In Mariaberg bei Gammertingen schlagen wir in der gleichnamigen sozialen Einrichtung unsere Zelte auf. Die große Fahrzeugremise dürfen wir für unser Pop-up-Restaurant am zweiten Abend nutzen. Über 1 000 Menschen leben und arbeiten hier, man kann sich „Mariaberg e. V." wie ein großes Dorf vorstellen. Im rund 100 Hektar großen Biolandbetrieb finden Menschen mit Behinderung eine Beschäftigung im direkten Bezug zur Natur. Zum Großteil wird Grünlandwirtschaft mit Angus-Zucht betrieben. Daneben werden verschiedene Getreidesorten angebaut, die zum Teil in der Mariaberger Bäckerei direkt wieder zu Backwaren verarbeitet werden. Wie gut, dass immer mehr Einrichtungen dieser Art mit öffentlichen oder privaten Trägern auf eine zertifiziert-ökologische Landwirtschaft setzen!

Nachdem unsere Bleibe gesichert ist, strecken wir unsere Fühler aus, wir vernetzen uns mit den Bauern der Region, machen in der Natur Aromen ausfindig und nehmen mit lokalen Medienleuten und Kulturschaffenden Kontakt auf. Hinsichtlich der Produkte, die wir verarbeiten können, werden wir bei fünf interessanten Erzeugern in der Nähe rasch fündig. Wenn wir im Winter dieses Experiment fortführen, wird hier ganz sicher wesentlich mehr Fantasie und Recherche gefragt sein.

Noch einmal rasch zum Prinzip von LOKAL: Wir sammeln, was wir bekommen können. Simon und ich sichten am zweiten Nachmittag alles Gefundene, um zu entscheiden, was wir daraus kochen. Es ist also

Ganz oben: Die ehemalige Klosteranlage von „Mariaberg e. V."

Oben: Hans Hübner, der Leiter des landwirtschaftlichen Bereichs in „Mariaberg e. V.", versorgt uns mit Gemüse.

Links:
Mit Helmut
Rauscher im
Keller, wo der
Käse in Ruhe
reifen kann

20

nicht so, dass wir uns Menüs überlegen und dann die Zutaten suchen – das würde sehr wahrscheinlich mächtig in die Hosen gehen. Nein, genau umgekehrt!

So haben die Menschen früher immer gelebt: Was da war, erntereif und frisch, wurde verarbeitet. Für den Winter kochte und machte man ein, um die in Gemüse, Obst, Fleisch und Milch gespeicherte Sonnenenergie quasi in die kalte Jahreszeit zu retten und um das Nahrungsangebot auch in den unfruchtbaren Monaten weiterhin so vielfältig und ausgewogen wie möglich zu gestalten. Käse und Trockenfleisch gehörten ebenso dazu wie Salami und milchsauer eingelegtes Gemüse oder Sauerkraut. *Cuisine du marché*, wie der Franzose sagt.

Station 1: „Heidäckerhof" in Hohenstein

Erste Station ist der „Heidäckerhof" mit seiner „Hohensteiner Hofkäserei", der genau 14,9 Kilometer nordöstlich von der Gammertinger Stadtgrenze entfernt liegt, also gerade noch ganz knapp in unserem Einzugsgebiet! Hier betreiben Karin Delessert

und Helmut Rauscher am Dorfrand einen Bioland-zertifizierten Milchviehbetrieb mit angeschlossener Käserei und Hofladen. Karin stammt aus Genf, und ihr französischer Akzent in ihrem ausgesprochen guten Deutsch ergänzt sich mit dem herrlichen schwäbischen Dialekt Helmuts. Wie es sich gehört, wenn man unabhängig von den Einkäufern der großen Lebensmittelhandelsketten sein will, wird hier alles wieder selbst in die Hand genommen! Die Idee, die hochwertige Milch in Eigenregie weiterzuverarbeiten, brachten die Rauschers aus der Schweiz mit, wo Hof- und Almkäsereien auf eine jahrhundertealte Tradition zurückblicken. Sechs Sorten Rohmilchkäse werden hier gemacht, vom „Albzarella" über Rotschmierkäse bis hin zu würzigem Bergkäse. Büffel- und Kuhmilch werden pur oder gemischt verwendet. Die Käse reifen im eigenen Käsekeller ganz in Ruhe bis zur optimalen Geschmacksentfaltung, er wird weder chemisch behandelt noch wird die Reifezeit künstlich verkürzt. Karin und Helmut, Helmuts Sohn samt Freundin und neben Helmut ein weiterer Käser verarbeiten hier bis zu 400 Liter Milch täglich, je nach Jahreszeit.

Den Hof betreiben die Rauschers seit 1983. Das war genau die Zeit, als bei uns in Deutschland der Trend zurück zur ökologischen Landwirtschaft aufkam. Da passte es perfekt, dass es Helmut Rauscher schon damals ein großes Anliegen war und nach wie vor ist, mit der Natur zu leben und zu arbeiten. Aus dieser Überzeugung heraus und durch die schon damals starke Nachfrage von Endkunden und Interessenten haben die Rauschers mit der Käserei begonnen, den Direktvertrieb als Chance auf wirtschaftliche Unabhängigkeit begriffen und auch genutzt. „Wir möchten mit den Menschen, die unseren Käse essen, reden können, das ist viel wert!"

Hier holen wir uns am Dienstagmorgen die wirklich euterfrische unbehandelte Kuhmilch für unseren Zickleinschlegel (Rezept siehe Seite 44 ff.). Sie ist im Gegensatz zu der Milch, die in unseren Supermarkttheken verkauft wird, nicht wärmebehandelt. Strenge gesetzliche Beschränkungen der Verordnung für Milcherzeugnisse machen es nämlich sonst vor dem Abfüllen nötig, dass sie stark erhitzt und unter hohem Druck durch einen schmalen Spalt gepresst wird. Das zerreißt die Fettkügelchen in winzige Teile und verhindert, dass sie sich als Rahmpfropf zusammenballen. Bei der Milch der Familie Rauscher ist sie nicht homogenisiert. Da Rohmilch allerdings ein Keimboden für Bakterien sein kann, wird auf dem „Heidäckerhof" ganz besonders auf Sauberkeit geachtet. Und die beginnt bei der Euterhygiene: Es gibt keinen Melkroboter, sondern zweimal am Tag wird mit dem klassischen Melkstand gemolken – Grundvoraussetzung für gute Milch und ebensolche Käsereifung. Der Stall ist geräumig, natürlich werden

Ganz oben: So geht es den Büffeln richtig gut.

Oben: Euterfrische, unbehandelte Milch für unser Menü

die Tiere nicht angebunden, sondern es ist ein sogenannter Laufstall, in dem für jedes Tier ein mit Stroh eingestreuter Liegebereich vorhanden ist. Gefüttert wird hofeigenes Heu, auf die Beigabe von Silagefutter, Mais oder teurem Kraftfutter aus fernen Ländern wird vollständig verzichtet. Die täglich gemolkene Milch ergibt bis zu 40 Kilogramm Käse am Tag.

Als wir in der Käserei ankommen, wird gerade „Albzarella" in einem Nirostabecken von rotierenden Greifarmen unter Zufügung heißen Wassers zu fädenziehender Masse gemischt.

Schaut man durch das Fenster der Käserei auf die Weiden, sieht man die Kühe friedlich grasen, deren Milch hier täglich verarbeitet und als Käse verkauft wird. Wir entdeckten noch etwas anderes, nämlich Albbüffel – schwarz und mit weit ausholenden Hörnern! Der König der Albbüffel und ein echter schwäbischer Cowboy ist unstrittig Willi Wolf. Wir sehen ihn stolz auf seinem Criollo-Pferd aus Südamerika sitzen! 2005 hat er die Zucht von Angus-Rindern zugunsten von Wasserbüffeln, die ursprünglich aus Rumänien stammen, aufgegeben. Damals hatte Willi nach einem neuen Produkt Ausschau gehalten, denn das Nachfrageverhalten der Kunden hatte sich geändert. „Die Zeit der Vorratshaltung war vorbei", so Willi. Ein Freund riet ihm zum Kauf von Wasserbüffeln, die so heißen, weil sie keine Schweißdrüsen besitzen, sondern ihre Körpertemperatur an heißen Tagen mithilfe von Wasser regulieren müssen. Schon nach nur einer Reise nach Norddeutschland war Willi Wolf von diesem Plan überzeugt und kaufte die ersten Büffel. Mittlerweile ist die Herde in Meidelstetten auf 280 Tiere (Mutterkühe, Kälber und zwei Bullen) angewachsen. Die Büffel fügen sich hervorragend in die Natur- und Kulturlandschaft der Alb ein und leisten gute Landschaftspflege. Die trotz ihrer Größe leichtfüßigen Tiere säubern

22

Links:
Hier haben
die Büffel
richtig viel
Platz – eine
Muttertier-
herde mit
Kälbern.

Rechts:
Willi Wolf,
der König der
Albbüffel

Schlehen- und Brombeerhecken, fressen Disteln und Brennnesseln. Mit der Metzgerei „Failenschmid" hat Willi einen exklusiven Vertrag: Diese verarbeitet die kompletten Tiere mit ihrem tiefroten, langfaserigen Fleisch und macht daraus feine Albbüffelprodukte.

Station 2: Bioland-Hof „Das fröhliche Alb-Rind" in Bingen

Unsere zweite Station führt uns an die südliche Stadtgrenze von Gammertingen, 11,2 Kilometer von unserem Hauptquartier entfernt. Bei Zilla und Helmut Fröhlich sowie Tochter Stephanie samt Ehemann Benedikt ist der Name Programm! Und genauso fröhlich wie die Fröhlichs selbst sind auch die Kühe! Auf dem großen Schild steht „Das fröhliche Alb-Rind"! Große Güte, wie cool ist das denn? Passt! Wir stehen an der Weide, und die prachtvollen gesunden Muttertiere der gelbweiß-braun gescheckten Fleckviehrasse laufen neugierig auf uns zu. Ihr Fell glänzt, was ein Zeichen für gute Gesundheit ist. Wunderschöne Tiere!

Wenngleich die Bewirtschaftung von Höfen in beiden Familien schon über viele Generationen Tradition hatte, sind Zilla und Helmut Fröhlich selbst rein beruflich auf eher verschlungenen Wegen als Quereinsteiger zur eigenen Landwirtschaft zurückgekehrt. Zilla, die teils in Stuttgart, teils auf dem verpachteten Hof der Eltern aufgewachsen ist, hat ein Lehramtsstudium absolviert. Und Helmut hat in Hamburg Maschinenbau studiert, bevor ihn und Zilla das Hoferbe seines Vaters zurück auf

die Schwäbische Alb brachte. Vielleicht ist das auch ein Grund dafür, warum es ihnen leichter fiel, gewohnte Pfade zu verlassen, sich von ihren naturverbundenen Idealen treiben zu lassen und den Fokus nicht so sehr auf die Perfektionierung der Produktion zu legen, sondern sich dafür mehr an der Direktvermarktung zu orientieren. „Quereinsteiger zu sein, lässt einen mutiger an die Dinge herangehen", sagt Zilla. Die beiden haben sich also gefunden, denn allein hätte Helmut den Hof, der seit 1987 mit Futterbau und Mutterkuhherde betrieben wird, dessen Übernahme nie geschafft. „Zilla war für mich ein Sechser im Lotto mit Zusatzzahl", sagt er respektvoll.

Alles Weitere ist eigentlich nur noch eine logische Folge: Seit 1990 ist der Hof zertifizierter EU-Ökobetrieb, seit 1996 ist er Mitglied im Bioland-Landesverband. Heute leben 30 schöne Fleckvieh-Muttertiere mit einem Limousin-Bullen zusammen. Dieser kommt aus den kargen Regionen rund um Limoges und ist nicht so anspruchsvoll wie das beliebte weiße Charolais-Rind, das auch unserer Meinung nach reichlich überzüchtet ist. Die Kuhdamen tragen ihre Hörner größtenteils so, wie es sich gehört. Hier wird weder gestutzt noch entfernt. Die Enthornung, also das vollständige oder teilweise Zerstören der Hornanlagen horntragender Tiere, ist in der Landwirtschaft durchaus üblich mit dem Argument einer Verminderung der Verletzungsgefahr, geschieht aber im Grunde meist aus Platzgründen. Denn da Rinder wegen ihrer Hörner einen gewissen Mindestabstand zueinander einhalten müssen, benötigen die Tiere mit Hörnern in Laufställen mehr Platz als Tiere ohne Hörner. Hierbei wird allerdings ignoriert, dass die Hörner wichtige Organe für die Tiere sind, sie stärken das Selbstbewusstsein und wirken im Sommer wie Kühlaggregate, weil in ihnen die „Säfte kreisen", wie man von Hornexperten hört. Wenn man die Hörner anfasst, merkt man, wie warm sie sind – was ein Zeichen dafür ist, dass sie mit Blutgefäßen gefüllt, also ein Teil des Organismus sind!

Die männlichen Kälber werden als Bullen nur ein Jahr lang gemästet und dann geschlachtet. Auf meine Frage, warum das so früh geschieht und wieso stattdessen nicht die kastrierten Ochsen gemästet werden, erwidert Helmut, dass die Menschen hier nicht so gern fettes Fleisch, sondern lieber mageres essen und sie sich deshalb dazu entschieden haben. Die Färsen, also die weiblichen Tiere, die noch nicht gekalbt

haben, werden mit zwei Jahren geschlachtet. Die Fröhlichs verkaufen ihr gesamtes Fleisch an nur drei Terminen im Jahr direkt an Privatkunden. Und die Wartelisten sind lang. Denn während sich die konventionelle Landwirtschaft „in atemberaubender Geschwindigkeit" entwickelt, wie Helmut es beschreibt, wollen die Fröhlichs bewusst klein bleiben. Und das wissen die langjährigen Kunden zu schätzen. Dafür muss die Wirtschaftlichkeit immer im Auge behalten werden. Zilla sagt, am Anfang sei es ihr schwergefallen, die Preise zu verlangen, die man zum guten Wirtschaften braucht, aber beim Gedanken an den Hof, der erhalten werden will, habe sie es dann doch „gelernt". Sie könne ohne diesen Hof nicht glücklich leben. „Draußen auf der

*Bei Familie Fröhlich gibt es ein gutes
Leben für gesunde Tiere.*

Weide mit den Rindern zu laufen, gibt mir viel", erklärt sie.

Zum ganzheitlichen und guten Wirtschaften zählt auch, das Tier im Ganzen zu sehen und zu verarbeiten. „Wir verwenden möglichst alles vom Tier", sagt Zilla. Um diesem Grundsatz so treu wie möglich zu sein, verschenken die Fröhlichs an interessierte Kunden zum Beispiel Knochen in Drei-Kilo-Einheiten. Auch wir bekommen welche, wie man daraus eine gute Brühe kocht, haben wir für Sie in einem Rezept auf Seite 34 aufgeschrieben.

Die Herausforderung für die nächsten Jahre ist es, auch jüngere Leute für die Produkte zu begeistern. Denn „die Mehrzahl der Kundschaft ist seit den 1980er-Jahren mit uns alt geworden", so Zilla. Für die nächste Generation stehen auch Tochter Stephanie und ihr Mann Benni. „Wir sind hier eine generationsübergreifende Betriebsgemeinschaft", sagt Stephanie grinsend. Benni arbeitet den ganzen Tag „draußen" in

der Industrie, und er genießt es, dass man im Gegensatz zu großen Industriebetrieben hier schnell Entscheidungen treffen kann, weil die Natur den Weg weist. Die Naturferne der Industrie führt nicht selten zu falschen Entscheidungen, „oder zu gar keinen", resümiert Benni.

„Die Kuh lebt in enger Symbiose mit der Natur", erklärt uns die diplomierte Landwirtin Stephanie. Und sie berichtet, dass die Grünlandflächen gerade durch die Nutzung mit wiederkäuenden Rindern zu enormen CO_2-Speichern werden. Denn der Humusanteil des Bodens unter Wiesen ist besonders hoch. Die in den Böden gebundene Kohlenstoffmenge ist etwa zweimal so groß wie in der Atmosphäre und dreimal so groß wie in der Vegetation. Kohlenstoff im Boden zu speichern, ist darum ein kostengünstiges und sofort einsetzbares Verfahren zum Klimaschutz. Weidetiere lösen beim Grasen den Wachstumsimpuls der Gräser aus. In der EU-Bodenschutzstrategie wird zum Beispiel darauf verwiesen, dass „Grünland und Wälder in Europa bis zu 100 Millionen Tonnen CO_2 jährlich binden und damit Kohlenstoffsenker sind, wogegen Ackerland als Nettoemittent wirkt und zwischen zehn und 40 Millionen Tonnen Kohlenstoff jährlich freisetzt". Die Kuh ist darum generell kein Klimakiller, solange man sie natürlicherweise mit Grünfutter und Heu füttere, anstatt sie zu Höchstleistung mit Soja zu drängen. Da sind wir einer Meinung, und wir könnten noch ewig weiterdiskutieren. Aber leider müssen wir weiter, darum machen wir uns gut versorgt mit den besten Teilen vom Rind wie Leber, Herz, Nieren, Mark und Knochen wieder auf den Weg.

Station 3: „Ziegenhof Ensmad" in Langenenslingen-Ittenhausen

Unsere Zeit beginnt zu drängen. Wir haben uns noch nicht richtig eingespielt und darum steigt die Sorge, die Interviews mit den Erzeugern, die Organisation unseres bevorstehenden Festes am nächsten Abend, unsere Dokumentation für die sozialen Netzwerke und das Buch plus die Entwicklung des Menüs für den morgigen Abend unter einen Hut zu bekommen. Also rasen wir zur nächsten Station.

Doch als wir uns dem „Ziegenhof Ensmad" von Maria Ehrlich und Steffen Rübeling 11,3 Kilometer südlich von Gammertingen nicht weit von der Kleinstadt Langenenslingen entfernt nähern, fällt jegliche Hektik augenblicklich von uns ab – was für ein Idyll! Die Grünflächen hier sehen wie mit der Schere ausgeschnitten aus, das Gras schiebt bei der Wärme und Sonne noch einmal richtig an und färbt sich hellgrün. Und in der Ferne in einem von Wald umschlossenen Tal sieht man 120 weiße Saanen-Ziegen friedlich grasen. Eine Oase der Ruhe! Man hört nichts außer dem Aggregat für die Kühlung in der Käserei und den Hütehunden, die vor Freude über die Abwechslung kläffend auf uns zustürzen.

Maria und Steffen haben sich während des gemeinsamen Studiums der Landwirtschaft in Kassel-Witzenhausen kennengelernt. Danach wollten sie etwas Eigenes machen.

Um herauszubekommen, was das sein könnte, hielten sie neben dem Studium schon Ziegen und begaben sich anschließend auf Lehr- und Wanderjahre, während derer sie in vielen Betrieben und auf einigen Ziegenhöfen im Alpenraum und in Südfrankreich arbeiteten. „Zuerst war ich auf der Kuhschiene", sagt Maria. „Dann wurde aber recht bald klar, dass wir mit Ziegen arbeiten wollen, es gefällt uns einfach sehr, wie neugierig und agil sie sind und dass sie keine Faxen machen." Nun leben sie schon in der fünften Saison hier, und nicht nur etliche Zicklein sind seitdem auf die Welt gekommen, sondern auch ihre eigenen Kinder Anton und Paul!

Als wir später mit Maria und Steffen in deren gemütlicher Küche sitzen, blicken wir von dort ins Tal und lassen uns ihre Geschichte erzählen. Zwischen 1973 und 1995 war „Ensmad" Versuchsgut für ökologischen Landbau der Universität Hohenheim. Seitdem wird der Hof privat bewirtschaftet. Heute ist der Betrieb auf Milchziegenhaltung mit eigener Milchverarbeitung spezialisiert. Steffen berichtet, dass sie aktuell 30 Hektar Grünland und etwa acht Hektar Wald bewirtschaften. An Arbeit scheint es demnach nicht zu mangeln. Von den 120 Tieren sind zum Zeitpunkt unseres Besuchs rund 90 Milchziegen in der Laktationsperiode. Ziegen werden ab ihrer ersten Lammung für die Dauer von zehn Monaten gemolken. Daneben gibt es immer weitere Ziegen – entweder Jungziegen, die noch nicht gelammt haben, Schlachtziegen, die gar nicht gemolken werden, oder Ziegen, die aus Altersgründen nicht mehr gemolken werden. Sie werden als Landschaftspfleger eingesetzt. Während der Laktationsperiode werden die Tiere jeden Tag zweimal in den Stall getrieben und mit einer kleinen Melkmaschine gemolken. „Die großen Anlagen für Kühe sind sehr teuer, die kleinen Geräte zum Melken von Ziegen sind erschwinglicher", erklärt uns Steffen. So war die Investition bei viel Eigenleistung im Stallbau überschaubar.

Jeden zweiten Tag wird die Milch in der eigenen Käserei verarbeitet. Etwa 40 Restaurants, Feinkost- und Bioläden lokal und regional kaufen den frischen und gereiften Ziegenkäse vom „Ziegenhof Ensmad" sowie das Fleisch der etwa fünf bis acht Monate gemästeten, vor allem männlichen Ziegen. Zusätzlich verkaufen die beiden ihre Waren auf etwa zehn Sondermärkten durchs Jahr hindurch an ihrem eigenen Marktstand. Seit Kurzem können Kunden auch Käse bestellen, der Versand erfolgt per Post. Die Gäste und Kunden sind natürlich jederzeit eingeladen, nach Langenenslingen zu kommen und sich von der Qualität selbst zu überzeugen. „Als regionaler Hersteller musst du dir ein Profil erarbeiten", weiß

Links: Maria Ehrlich und Steffen Rübeling mit ihren zwei Jungs

Unten: So sehen glückliche Ziegen aus!

N 48°15′1.093″ — O 9°12′56.44″

Maria. Deshalb kommen viele her und kaufen auch in der stets offenen Hofkäserei.

Wir bekommen unsere Ziegenmilch melkfrisch und warm, und der Ziegenschlegel, den wir mitnehmen dürfen, ist sechs Tage abgehangen und gereift – optimal. Wir sind generell froh darüber, dass wieder mehr Ziegen gehalten werden. Nachdem dieses Metier fast ausgestorben war, sprießen wieder mehr und mehr Ziegenbetriebe aus dem Boden, seit die Deutschen die Ziegenmilch als gute Alternative zur Kuhmilch entdeckt haben – und das inzwischen seit nunmehr 15 Jahren. Und das ist auch gut so: Denn die Tiere leben grundsätzlich im Einklang mit der Natur, sind sehr anspruchslos und auch auf kargen Böden immer happy – und sie sind durch das Grasen genau wie die Rinder „Bodenverbesserer". Zudem ist Ziegenfleisch etwas Köstliches.

Schweren Herzens verlassen wir mit Ziegenschlegel und selbst gepflückten Äpfeln das Märchental, denn ein weiterer Erzeuger wartet schon auf unseren Besuch!

Station 4: „Biohof Burkhart" in Steinhilben

Der Hof von Lothar und Julia Burkhart liegt von Gammertingen aus gesehen zur Abwechslung in nordöstlicher Richtung etwa acht Kilometer von unserer Basis Mariaberg entfernt in Steinhilben. Lothar ist kein kleiner Bauer, immerhin 115 Hektar beackert und bewirtschaftet der Schwabe.

In der Hauptsache baut er Dinkel an, aber auch Sonnenblumen. Eine kleine Nutztierhaltung komplettiert neben Grünflächen zur Heuproduktion das Angebot. Sein Schwiegervater, der früh starb und Lothars Frau und ihm den Hof hinterließ, hatte bereits seit 1978 Demeter-Biolandbau betrieben. Das Ehepaar bewirtschaftet den Hof heute mit der Hilfe von Lothars Vater, der früher selbst einen eigenen kleinen Hof hatte.

Bevor er den Hof übernahm, studierte Lothar Agraringenieurswesen an der Fachhochschule in Nürtingen. Er ist mit Leib und Seele Ackerbauer und Tiermensch, meint aber von sich selbst: Auf dem Trecker sitzen mag ich weniger, ich organisiere lieber. Denn trotz allem Idealismus und dem Interesse daran, im Einklang mit Natur und Umwelt zu leben und zu arbeiten, muss mit den Hoferträgen eine fünfköpfige Familie ernährt werden. Gut, dass sich Vater und Sohn bei der Arbeit so gut ergänzen und Lothars Vater die Arbeit auf dem Acker liebt – das ergibt eine perfekte Arbeitsteilung.

„Hier auf 750 Meter Höhe gedeiht der Dinkel noch gut", sagt Lothar. Im anthroposophisch und ganzheitlich geprägten Demeter-Anbau werden Präparate aus Mist, Heilpflanzen und Mineralien zur Stärkung der Pflanzen und zur Verbesserung des Bodens eingesetzt.

Außerdem produziert Lothar auf 30 Hektar Grünflächen Heu, das gern von den Biobauern der Umgebung abgenommen wird. Und eine Hand wäscht die andere: Im Gegenzug für das Heu bekommt Familie Burkhart von zwei Schäfern und einem Mutterkuhbetrieb Mist zum Düngen der Felder. Bei Lothar gibt es überdies Hühner, Gänse und Schafe – bei der Versorgung der Tiere helfen seine Kinder spielerisch, denn „man muss die Kinder schon früh an Nutztiere heranführen", das ist Lothar wichtig.

Als wir uns wieder auf den Weg machen müssen, biegt gerade Lothars Vater mit dem Trecker um die Ecke. Schade, auch mit ihm hätten wir uns gerne noch ein wenig unterhalten. Eier, Dinkelschrot und Dinkelmehl bekommen wir von den Burkharts für unser Menü.

Zurück zur Homebase in Mariaberg

Da haben wir wirklich einen wunderbaren Ort für unsere erste LOKAL-Veranstaltung gefunden! Ein Kloster, in dem so viele Menschen arbeiten und sich um jugendliche und erwachsene Behinderte kümmern, indem sie diese betreuen und ihnen für ein gutes Leben den Weg in einen Beruf weisen. Hier gibt es alles: Kindergarten, Sonderschulen, verschiedene Ausbildungsangebote samt angeschlossener Sonderberufsschule, Schreinerei, Elektro- und Malerwerkstatt, Heizungs- und Sanitärbau, Garten- und Landschaftsbau, Gärtnerei und

Ganz oben: Die Liste unserer Zutaten ist ganz schön lang geworden!

Oben: Simon ist wie wir alle mit der Ausbeute höchst zufrieden.

um über 40 Personen bekochen und an einer langen Tafel verköstigen zu können.

Die Scheune des angeschlossenen Hofbetriebs von Hans Hübner funktionieren wir mit vielen Helfern in eine improvisierte Küche samt großer und großartiger Tafel aus Strohballen für unser Essen um. Hier treffen wir noch einmal einige Erzeuger wieder, aber aber auch Freunde und Einheimische. Teller und Besteck bringt jeder selbst mit. Und während Simon und ich das Menü erklären, beginnt die Gammertinger Band „True Calling" mit der musikalischen Untermalung. Es gibt Zickleinschlegel, Kürbisgnocchi, Dinkelrisotto und sogar Eis aus Ziegenmilch zum Nachtisch – kreative und vielseitige Gerichte mit genau den Zutaten, die wir hier gefunden haben. Die Rezepte gibt es natürlich auch hier um Buch auf den Seiten 32 bis 46 zum Nachkochen.

Vielen Dank noch einmal an den Vorstand Rüdiger Böhm, Robert Zolling und Winni Maulbetsch von „Mariaberg e. V." sowie alle fleißigen Helfer. Ein mindestens ebenso großer Dank geht an Hans Hübner samt Familie, die uns für diese Challenge spontan die große Scheune nebst Haus zur Verfügung gestellt haben – eine großartige Location!

Blumenladen. Außerdem Gästehaus, Marktplatz, Klosterstüble, Tagungshaus, Catering, Textilservice und Schlosserei ...

Gammertingen wird zum super Start für unser LOKAL-Projekt und das abschließende gemeinsame Kochen und Genießen ein voller Erfolg. Denn wir haben in den vergangenen Tagen genug zusammengetragen,

Gegensätze machen das Leben spannend: Eine Scheune gefüllt mit Strohballen, ein improvisierter Arbeitstisch, alle versammeln sich und werden mit den lokalen Gaben versorgt. Die Band spielt laute Rockmusik. Herrlich. Ein super Auftakt! Wir freuen uns schon an diesem Tag auf die nächste Reise ins Ungewisse! Und ehrlich: no fake!

Welche Bioerzeuger wir gefunden haben und
welche Lebensmittel sie uns geben konnten:

- Kuhmilch und Wacholder (noch nicht ganz reif, aber schön bitter und grasig) von Helmut Rauscher und Karin Delessert vom „Heidäckerhof" und von der „Hohensteiner Hofkäserei", Heidäckerhof 1, 72531 Hohenstein-Ödenwaldstetten
  ▲ — Entfernung: 14,9 Kilometer

- Rinderbacken, Innereien vom Rind, Rinderknochen und -mark sowie Kapuzinerkresse (für die Schärfe) von Zilla und Helmut Fröhlich vom Bio-Land-Hof „Das fröhliche Alb-Rind", Veringerstraße 30, 72511 Bingen-Hochberg
  ▲ — Entfernung: 11,2 Kilometer

- Zickleinschlegel, Ziegenmilch, saure und süße Äpfel von Maria Ehrlich und Steffen Rübeling vom „Ziegenhof Ensmad", Ensmad 2, 88515 Langenenslingen
  ▲ — Entfernung: 11,3 Kilometer

- Grob geschroteter Dinkel, Dinkelmehl und Eier von Julia und Lothar Burkhart vom „Biohof Burkhart", Gammertinger Straße 19, 72818 Trochtelfingen-Steinhilben
  ▲ — Entfernung: 7,9 Kilometer

- Obst und Kürbis, Kartoffeln, Tomaten, Karotten, Zwiebeln, Thymian, Rosmarin und Liebstöckel von der Landwirtschaft „Mariaberg e. V.", Klosterhof 1, 72501 Gammertingen-Mariaberg
  ▲ — Entfernung: 2,9 Kilometer

BASISREZEPTE

FÜR TOMATENFOND, ZWIEBELSAFT, RINDERBRÜHE,
APFELSAFT & KAROTTENSAFT

TOMATENFOND, CA. 500 ML:

- 1 KG TOMATEN
- SALZ

- AUSSERDEM: STANDMIXER ODER STABMIXER,
  PASSIERTUCH, EINMACHGLÄSER

Zubereitungszeit: 30 Minuten + mindestens 4 Stunden Abtropfzeit

1 — Die Tomaten waschen und ohne Stielansatz in kleine Stücke schneiden. Die Tomatenstücke und 15 Gramm Salz im Standmixer oder mit dem Stabmixer fein mixen.

2 — Ein feines Sieb mit einem Passiertuch auslegen und über eine Schüssel hängen. Die pürierten Tomaten vorsichtig hineingießen und mindestens 4 Stunden – am besten über Nacht – abtropfen lassen, bis sich möglichst viel Tomatenfond gesammelt hat. Das Tomatenfleisch mit dem Tuch fest ausdrücken, um auch den letzten Rest Flüssigkeit zu gewinnen.

3 — Den Tomatenfond in einem Topf aufkochen und noch heiß in sterile Einmachgläser abfüllen. Die Gläser sofort fest verschließen.

4 — Den Tomatenfond im Kühlschrank kalt stellen. Wenn die Gläser gut verschlossen sind, lässt sich der Tomatenfond gekühlt bis zu 1 Jahr aufbewahren.

! — *Tipp:* Das Tomatenfleisch aufbewahren und zum Beispiel zum Kochen der Rinderbrühe (Rezept siehe Seite 34) verwenden.

ZWIEBELSAFT, CA. 250 ML:

- 500 G ZWIEBELN
- AUSSERDEM: ZENTRIFUGALENTSAFTER

Zubereitungszeit: 20 Minuten

1 — Die Zwiebeln schälen, in grobe Stücke schneiden und durch einen Entsafter drücken.

2 — Den Zwiebelsaft sofort verarbeiten, da er bei zu langem Lagern zu gären beginnt.

! — *Tipp:* Das Zwiebelfleisch aufbewahren und zum Beispiel zum Kochen der Rinderbrühe (Rezept siehe Seite 34) verwenden.

- 2 KG RINDERKNOCHEN
- 2 ZWEIGE THYMIAN
- 1 ZWEIG ROSMARIN
- 250 G ZWIEBELFLEISCH (SIEHE REZEPT ZWIEBELSAFT SEITE 33; ALTERNATIV 2 ZWIEBELN)
- 500 G TOMATENFLEISCH (SIEHE REZEPT TOMATENFOND SEITE 32; ALTERNATIV 800 G TOMATEN)
- ½ HANDVOLL GRÜNDLICH GEPUTZTE KAROTTENSCHALEN
- SALZ
- AUSSERDEM: EINMACHGLÄSER

Zubereitungszeit: 1 ¾ Stunden

---

1 — Die Knochen in einen großen Topf geben. Thymian und Rosmarin waschen und trocken schütteln. Zwiebel- und Tomatenfleisch, Kräuter und Karottenschalen dazugeben. 2 ½ Liter Wasser angießen und leicht salzen. Alles aufkochen und bei schwacher Hitze 1 ½ Stunden sehr langsam köcheln lassen.

2 — Die Brühe durch ein feines Sieb in einen zweiten Topf gießen. Nach Belieben mit etwas mehr Salz verfeinern.

3 — Die Brühe noch einmal aufkochen und heiß in sterile Einmachgläser abfüllen. Die Gläser sofort fest verschließen.

4 — Die Rinderbrühe im Kühlschrank kalt stellen und komplett abkühlen lassen. Wenn die Gläser gut verschlossen sind, lässt sich die Rinderbrühe gekühlt bis zu 1 Jahr aufbewahren.

‡ — *Zum Probieren:* Wenn Sie die Brühe gern noch etwas würziger im Geschmack hätten, können Sie 1 Teelöffel Wacholderbeeren, 2 Lorbeerblätter und 1 Knoblauchzehe, längs halbiert, sowie 2 Teelöffel Pfefferkörner hinzugeben.

APFELSAFT, CA. 700 ML:

- 1 KG GRÜNE ÄPFEL
- AUSSERDEM:
  ZENTRIFUGALENTSAFTER,
  3 SAFTFLASCHEN FÜR JE 250 ML

Zubereitungszeit: 10 Minuten

---

1 — Die Äpfel waschen, in grobe Stücke schneiden und durch einen Entsafter drücken. Den entstandenen Schaum nach Belieben abschöpfen. Er verschwindet jedoch auch beim Einkochen in Schritt 2.

2 — Den Saft entweder sofort verwenden oder einmal aufkochen. Für einen intensiveren und noch süßeren Geschmack die Flüssigkeit nach Belieben bei mittlerer Hitze auf die Hälfte der Menge einkochen – sie eignet sich dann perfekt zum Süßen.

3 — Den heißen und gegebenenfalls reduzierten Saft sofort in sterile Flaschen abfüllen und luftdicht verschließen. So lässt sich der Apfelsaft gekühlt bis zu 1 Jahr aufbewahren.

KAROTTENSAFT, CA. 250 ML:

- 750 G KAROTTEN
- AUSSERDEM:
  ZENTRIFUGALENTSAFTER,
  1 SAFTFLASCHE FÜR 250 ML

Zubereitungszeit: 20 Minuten

---

1 — Die Karotten schälen, in grobe Stücke schneiden und durch einen Entsafter drücken.

2 — Den Saft aufkochen und bei mittlerer Hitze 10 Minuten auf die Hälfte der Menge reduzieren. So wird er süßer und der erdige Geschmack der Karotten kommt noch besser heraus.

3 — Den heißen Karottensaft abkühlen lassen und verwenden oder sofort und noch heiß in eine sterile Flasche abfüllen und luftdicht verschließen. So lässt sich der Karottensaft gekühlt bis zu 1 Jahr aufbewahren.

! — Tipp: Karottensaft eignet sich perfekt zum Verfeinern von Gemüse.

DAS ALLERBESTE VOM RIND

HERZ, NIERE UND LEBER MIT DREIERLEI VOM HOKKAIDOKÜRBIS
FÜR 4–6 PERSONEN

N 48°15'1.093" — O 9°12'56.44"

FÜR DAS RAGOUT VON HERZ & NIEREN:

- 500 G RINDERHERZ
- 2 L RINDERBRÜHE (REZEPT SIEHE SEITE 34)
- 500 G RINDERNIEREN
- 7 ZWEIGE THYMIAN
- 2 ZWEIGE ROSMARIN
- 350 G RINDERMARK, GEPUTZT, ALTERNATIV 3 EL NEUTRALES PFLANZENÖL ZUM BRATEN
- 1 ZWIEBEL
- SALZ

Zubereitungszeit: 4 ½ Stunden

1 — *Ragout von Herz & Nieren:* Das Herz gründlich waschen, trocken tupfen, von Blutresten, Fett sowie Adern befreien und in 4 gleich große Stücke schneiden. Das Fleisch in einem großen Topf mit 2 Liter Rinderbrühe bedecken, aufkochen und bei mittlerer Hitze 3 ½ Stunden garen, bis es schön weich ist. In dieser Zeit das Dreierlei vom Kürbis vorbereiten.

2 — Kurz vor Ende der Rinderherz-Garzeit die Nieren gründlich waschen, trocken tupfen und halbieren. Die Becken und Kelche (das Weiße in den Nieren) herausschneiden. Thymian und Rosmarin waschen und trocken schütteln. In einem großen Topf ausreichend Wasser mit 5 Zweigen Thymian aufkochen. Die Nieren dazugeben und bei niedriger Hitze 5 Minuten ziehen lassen.

3 — Inzwischen das Rindermark grob hacken. Thymianblätter von den restlichen Zweigen sowie Rosmarinnadeln abzupfen und fein hacken. Die Zwiebel schälen und in feine Würfel schneiden. Herz und Nieren abtropfen und leicht abkühlen lassen, dann in mundgerechte Stücke schneiden. Die Brühe aufbewahren.

$\longrightarrow$

4 — Das Mark und die Zwiebel in einen Topf geben und bei mittlerer bis starker Hitze goldbraun anbraten. Nieren und Herz hinzugeben, alles gut vermengen. Die restliche Rinderbrühe angießen und das Ganze einmal aufkochen. Das Fleisch mit etwas Salz verfeinern.

‡ — *Zum Probieren:* Zusätzlich zum Salz können Sie Herz und Nieren auch mit 1 frisch gehackten Knoblauchzehe und etwas Pfeffer verfeinern.

FÜR DIE LEBER:

- 400 G RINDERLEBER
- 1 ZWEIG THYMIAN
- SALZ
- 3 EL DINKELMEHL
- 25 G RINDERMARK, GEPUTZT, ALTERNATIV 25 G BUTTER
- PFEFFER

Zubereitungszeit: 15 Minuten

1 — *Für die Leber:* Die Leber waschen, mit Küchenpapier trocken tupfen und in 8 gleich große Scheiben schneiden. Den Thymian waschen, trocken schütteln und die Blätter abzupfen. Die Leber mit dem Thymian und etwas Salz bestreuen, dann im Dinkelmehl wenden.

2 — Das Rindermark grob hacken, in einem weiten Topf erhitzen und anschwitzen. Wenn es zerlaufen ist, die Leber darin bei mittlerer Hitze von jeder Seite 2 bis 3 Minuten anbraten und mit etwas Pfeffer verfeinern.

FÜR DIE KÜRBISSAUCE:

- 250 G HOKKAIDOKÜRBIS
- 50 G KARTOFFELN
- 1 ZWEIG THYMIAN
- 500 ML MILCH
- SALZ
- AUSSERDEM: STANDMIXER ODER STABMIXER

Zubereitungszeit: 20 Minuten

1 — *Für die Kürbissauce:* Den Kürbis waschen, entkernen und in Würfel schneiden. Die Kartoffeln schälen und ebenfalls würfeln. Den Thymian waschen und trocken schütteln. Die Blätter abzupfen und mit Kürbis, Kartoffeln sowie Milch in einem Topf aufkochen. Bei mittlerer Hitze etwa 10 Minuten köcheln, bis der Kürbis weich und die Flüssigkeit zur Hälfte eingekocht ist.

2 — Alles zusammen im Standmixer oder mit dem Stabmixer fein und sämig mixen. Die Sauce mit etwas Salz verfeinern.

FÜR DEN GEGRILLTEN KÜRBIS:

– ⅛ HOKKAIDOKÜRBIS
– 4 ZWEIGE THYMIAN
– 4 ZWEIGE ROSMARIN
– SALZ
– AUSSERDEM: BLITZHACKER,
  HOLZKOHLE KUGELGRILL

Zubereitungszeit: 15 Minuten

1 — *Für den gegrillten Kürbis:* Den Kürbis waschen, entkernen und in 12 dünne Scheiben schneiden. Thymian und Rosmarin waschen und trocken schütteln. Die Thymianblätter und Rosmarinnadeln abzupfen und mit 25 Gramm Salz im Blitzhacker fein mixen.

2 — Die Kohlen im Kugelgrill auf 180 °C erhitzen. Wenn die Glut perfekt ist, die Kürbisscheiben mit dem Kräutersalz leicht würzen und von beiden Seiten auf dem Rost etwa 10 Minuten grillen.

FÜR DIE KÜRBISGNOCCHI:

- 100 G HOKKAIDOKÜRBIS
- 50 G KARTOFFELN
- 1 ZWEIG THYMIAN
- 125 G DINKELMEHL
- 1 EI
- SALZ
- 150 G RINDERMARK, GEPUTZT, ALTERNATIV 50 ML SONNEN- BLUMENÖL
- AUSSERDEM: SCHNELLKOCH- TOPF (OPTIONAL), KARTOFFEL- PRESSE

Zubereitungszeit: 30 Minuten (bzw. 40 Minuten)

1 — *Für die Kürbisgnocchi:* Den Kürbis waschen, halbieren, entkernen und in Würfel schneiden. Die Kartoffeln schälen und ebenfalls würfeln. Den Thymian waschen und trocken schütteln. Die Blätter abzupfen und mit Kürbis, Kartoffeln und 50 Milliliter Wasser im Schnellkochtopf 5 Minuten garen. Alternativ Kürbis und Kartoffeln in einem gewöhnlichen Topf 15 Minuten garen.

2 — Wenn alles weich ist, Kartoffeln und Kürbis durch eine Presse drücken. Mehl und Ei dazugeben, alles gut vermengen. Falls die Masse zu flüssig ist, etwas mehr Mehl hinzufügen. Mit etwas Salz verfeinern.

3 — Die Masse auf der bemehlten Arbeitsfläche zu Rollen formen. Die Rollen in etwa 2 Zentimeter breite Stücke schneiden, zu Gnocchi formen und mit den Zinken einer Gabel leicht eindrücken. Die Gnocchi in ausreichend kochendem Salzwasser bei mittlerer Hitze etwa 3 Minuten köcheln lassen. Wenn sie an die Oberfläche steigen, die Klößchen herausheben und abtropfen lassen.

4 — Das Mark in einem weiten Topf erhitzen und anschwitzen. Wenn es zerlaufen ist, die Gnocchi darin anbraten und mit etwas Salz verfeinern.

¤ — *So geht's zusammen:* Das Ragout mit Leber, Kürbisgnocchi und gegrilltem Kürbis auf Tellern anrichten und mit Sauce beträufelt servieren.

IN WACHOLDERZWEIGEN GERÄUCHERTE RINDERBACKE

AUF KARTOFFELRAGOUT MIT TOMATEN-ZWIEBEL-APFEL-SUD
FÜR 4 PERSONEN

FÜR DIE RINDERBACKE:

- 800 G RINDERBACKEN
- 3 TL SALZ
- 4 ZWEIGE THYMIAN
- 4 ZWEIGE WACHOLDER
- AUSSERDEM: VAKUUMBEUTEL (ALTERNATIV ZIP-FRISCHHALTE-BEUTEL), VAKUUMIERER (ENTFÄLLT BEI BENUTZUNG EINES FRISCHHALTEBEUTELS), SOUS-VIDE-GARER (ALTERNATIV GROSSER TOPF), HOLZKOHLE-KUGELGRILL

Zubereitungszeit: 6 ½ Stunden (bzw. 2 ½ Stunden)

1 — *Für die Rinderbacke:* Die Rinderbacken mit Salz großzügig einreiben. Den Thymian waschen, die Blättchen abzupfen, mit dem Fleisch in einen Vakuumbeutel geben und vakuumieren. Alternativ das Fleisch in einen Zip-Frühstücksbeutel geben und vor dem Verschließen – am besten über einer Tischkante – die Luft herausstreichen.

2 — Im Sous-Vide-Gerät ein Wasserbad auf 75 °C erhitzen. Das Fleisch im heißen Wasser 6 Stunden garen. Alternativ in einem großen Topf das Wasser bis zum Siedepunkt erhitzen und das Fleisch darin 1 ½ bis 2 Stunden ziehen lassen.

3 — Nach 5 ½ Stunden Garzeit (bei Verwendung des Topfes nach 1 ½ Stunden) den Grill anfeuern. Wenn die Kohlen gut durchgeglüht sind und sich außen eine weiße Ascheschicht gebildet hat, die Wacholderzweige auflegen und die Haube schließen.

4 — Sobald die Temperatur im Kugelgrill nach etwa 10 Minuten 150 °C beträgt, die Backen aus Wasserbad und Beutel nehmen, mit Küchenpapier abtupfen, auf den Grill legen, die Haube wieder schließen und das Fleisch bei indirekter Hitze etwa 20 Minuten ziehen lassen. Dabei das Fleisch regelmäßig wenden, damit es schön kross wird. In dieser Zeit das Kartoffelragout zubereiten.

→

FÜR DAS KARTOFFELRAGOUT MIT TOMATEN-ZWIEBEL-APFEL-SUD:

– 1 KG KARTOFFELN
– 250 ML APFELSAFT
  (REZEPT SIEHE SEITE 36)
– 250 ML ZWIEBELSAFT
  (REZEPT SIEHE SEITE 33)
– 250 ML TOMATENFOND
  (REZEPT SIEHE SEITE 32)
– 5 STÄNGEL LIEBSTÖCKEL
– SALZ

Zubereitungszeit: 25 Minuten

ZUM SERVIEREN:

– SCHAFGARBE ZUM GARNIEREN
  (NACH BELIEBEN)
– ESSBARE BLÜTEN ZUM
  GARNIEREN (NACH BELIEBEN)

1 — *Für das Kartoffelragout mit Tomaten-Zwiebel-Apfel-Sud:* Die Kartoffeln schälen und in mundgerechte Würfel schneiden. Apfelsaft, Zwiebelsaft und Tomatenfond mit den Kartoffelwürfeln in einem Topf aufkochen und die Kartoffeln bei niedriger bis mittlerer Hitze 12 Minuten garen. Währenddessen die Liebstöckelblätter waschen, trocken schütteln, abzupfen und fein hacken.

2 — Wenn die Kartoffeln weich und leicht sämig sind, den Liebstöckel unterrühren. Das Ragout nach Belieben mit etwas Salz verfeinern.

¤ — *So geht's zusammen:* Die Rinderbacken vom Grill nehmen, kurz ruhen lassen und in Scheiben aufschneiden. Das Fleisch mit dem Kartoffelragout auf Tellern anrichten und mit Schafgarbe sowie essbaren Blüten nach Belieben garniert servieren.

ZICKLEINSCHLEGEL IN DER EIGENEN MILCH

AUF DINKEL MIT KAROTTE
FÜR 4 PERSONEN

FÜR DEN ZICKLEINSCHLEGEL:

- 1,25 KG ZICKLEINSCHLEGEL, AUSGELÖST
- 1,5 L ZIEGENMILCH
- ½ ZWEIG WACHOLDER
- 3 ZWEIGE THYMIAN
- 1 ZWEIG ROSMARIN
- SALZ
- AUSSERDEM: STABMIXER

Zubereitungszeit: 5 Stunden

1 — *Für den Zickleinschlegel:* Den Zickleinschlegel in einen großen Topf oder Bräter mit der Ziegenmilch bedecken. Wacholder, Thymian und Rosmarin waschen, trocken schütteln und mit 2 Teelöffeln Salz dazugeben. Alles aufkochen und das Fleisch in der heißen Milch knapp unterhalb des Siedepunkts 5 Stunden ziehen lassen. Etwa 45 Minuten vor dem Servieren mit der Zubereitung von Dinkel und Karotte beginnen.

2 — Wenn das Fleisch weich und durchgegart ist, den Schlegel herausnehmen. Die Ziegenmilch durch ein feines Sieb abgießen – dabei auffangen – und wieder zurück in den Topf oder Bräter geben. Das Fleisch in 4 gleich große Stücke schneiden und bis zum Servieren in der Milch warm halten.

3 — Kurz vor dem Servieren 1 bis 2 Kellen Sud abschöpfen und mit dem Stabmixer aufschäumen.

FÜR DEN DINKEL MIT KAROTTE:

- 2 KAROTTEN
- 1 ZWIEBEL
- 1 ZWEIG ROSMARIN
- 100 G RINDERMARK, GEPUTZT, ALTERNATIV 100 G BUTTER
- 250 G GROB GESCHROTETER DINKEL
- 250 ML RINDERBRÜHE (REZEPT SIEHE SEITE 34)
- 400 ML KAROTTENSAFT (REZEPT SIEHE SEITE 36)
- ½ BUND KAROTTENGRÜN
- 100 ML APFELSAFT (REZEPT SIEHE SEITE 36)
- 50 ML TOMATENFOND (REZEPT SIEHE SEITE 32)
- SALZ

Zubereitungszeit: 5 Stunden

ZUM SERVIEREN:

- KAROTTENGRÜN ZUM GARNIEREN

1 — *Für den Dinkel mit Karotte:* Die Karotten schälen und in Stifte schneiden. Die Zwiebel abziehen, halbieren und in feine Würfel schneiden. Den Rosmarin waschen und trocken schütteln. Das Rindermark grob hacken.

2 — Mark und Zwiebelwürfel ohne weitere Zugabe von Fett in einem Topf erhitzen. Die Zwiebel bei mittlerer Hitze goldbraun anbraten. Dinkel und Rosmarin hinzugeben, mit der Rinderbrühe ablöschen und alles gut vermengen.

3 — Die Karottenstifte hinzugeben und alles bei schwacher Hitze 10 – 15 Minuten köcheln lassen. Währenddessen den Karottensaft in einem separaten Topf auf ein Viertel der Menge einkochen, bis er intensiv schmeckt. Das Karottengrün fein hacken, dabei einige schöne Stiele für die Garnitur beiseitelegen.

4 — Wenn die Flüssigkeit im Dinkeltopf fast vollständig verkocht ist, Apfelsaft und Tomatenfond hinzugeben. Sobald Dinkel und Karotten weich gegart sind, Karottenreduktion und gehacktes Karottengrün untermischen. Das Ganze nach Belieben mit Salz würzen.

¤ — *So geht's zusammen:* Dinkel und Karotte auf tiefe Teller verteilen, das gesottene Zicklein auflegen, mit Ziegenmilchschaum beträufeln und mit dem restlichen Karottengrün garniert servieren.

‡ — *Zum Probieren:* Verfeinern Sie doch den Dinkel mit Karotte – sofern Sie nicht gerade auch eine LOKAL-Challenge unternehmen – zusätzlich mit etwas Pfeffer.

Warenkunde Schafgarbe

Die Schafgarbe wächst auf Wiesen, an Feld- und Wegrändern. Ihre 15 bis 60 Zentimeter hohen, kantigen Stängel tragen stark gefiederte Blätter. Die weißen Blü-ten bilden einen flachen, doldenähnlichen Blütenstand. Der Geruch der Schafgarbe ist herb-würzig. Ihre Sammelzeit reicht von Ende Juni bis in den späten August. In der Küche kann man die zarten Triebe roh wie in unserem Rezept auf Seite 43 verwenden, sie machen sich aber auch gut in einem Wildkräutersalat, in einer Suppe, fein gehackt in einem Kräuterquark oder in einer Butter. Während sie als junge Pflanze würzig schmeckt, bekommen ältere Blätter einen leicht bitteren Geschmack.

Warenkunde Liebstöckel

Vielleicht kennen Sie den Liebstöckel auch als „Maggikraut". Der Name stammt von seinem intensiven Duft, der an Sellerie erinnert. Manch einer sagt, das Kraut schmecke ein wenig nach Brühwürfel. Liebstöckel ist aber eindeutig gesünder! In der Küche findet meist das Kraut Verwendung. Es würzt deftige Speisen. Die jungen Triebe können blanchiert als Gemüse gegessen werden, während die Samen als Gewürz für Brot und Gebäck zum Einsatz kommen.

Küchenkunde Sous-Vide-Garen

Das Sous-Vide-Garen wird gern in der gehobenen Gastronomie eingesetzt und hört sich zunächst sehr kompliziert an. Es ist aber nichts anderes als das langsame Garziehen von vakuumverpacktem Fleisch oder Fisch im Wasserbad bei niedrigen Temperaturen zwischen 60 und 90 Grad Celsius. Natürlich lassen sich auch Gemüse oder Obst so zubereiten. Das langsame Garen ist eine sehr schonende Zubereitungsart, alle guten Inhaltsstoffe und vor allem die Aromen der Produkte bleiben erhalten. Der Profi benutzt spezielle Folienbeutel, einen Vakuumierer sowie einen speziellen Garer, in dem das Wasserbad gradgenau eingestellt werden kann. Weil wahrscheinlich nur wenige Leser so ausgestattet sind, beschreiben wir auf Seite 42, wie man hier improvisieren kann.

N 48°15'1.093" — O 9°12'56.44"

● Stuttgart

- DIE BESTE KRÄUTERFEE
- VEGANES MENÜ
- SCHNIPPELN IN DER KELTEREI
- GUTER WEIN MUSS SEIN

N
S

LOKAL – TOUR № 2

HEILBRONN

∎

DEUTSCHLAND IM OKTOBER

N 49°8'33.694" — O 9°12'39.164"

WILLKOMMEN IN DER „KÄTHCHENSTADT"

Für unsere zweite Reise lost uns Andreas Hoppe erneut einen Ort in Baden-Württemberg zu. Dieses Mal geht es in die „Käthchenstadt". Etwa 70 Kilometer von Stuttgart entfernt ist Heilbronn mit 120 000 Einwohnern die siebtgrößte Stadt im Nordosten des Bundeslandes. Sie liegt in der vom Neckar geschaffenen fruchtbaren Talfläche des Heilbronner Beckens. Im Osten umschließen von Norden nach Süden die Heilbronner Berge die Stadt. An ihren Hängen befinden sich ausgedehnte Weinberglandschaften, weshalb Heilbronn als Stadt des Weines bekannt ist.

Etwa 80 Prozent der regionalen Fläche gehören hier zum ländlichen Raum – der Landstrich wird deshalb häufig auch als landwirtschaftliche Region bezeichnet, jedoch dürfen diese Begriffe nicht gleichgesetzt werden. Zudem wächst das dicht besiedelte städtische Leben samt Industrie mit Steinkohlekraftwerk langsam, aber sicher in die Weinberge hinein. Immer mehr der guten Böden werden dementsprechend von Industrieanlagen und Gewerbehallen übernommen, was schade, aber historisch bedingt ist. Denn Dörfer und Städte samt dazugehöriger Industrie haben sich stets dort angesiedelt, wo die Böden am fruchtbarsten und besten sind.

Gleichwohl spielt die Landwirtschaft in diesem Gebiet mit einem Anteil von drei Prozent der Erwerbstätigen nach wie vor eine verhältnismäßig bedeutende Rolle. Zum Vergleich: In Baden-Württemberg liegt der Anteil bei lediglich knapp unter zwei Prozent, in Deutschland insgesamt bei etwas über zwei Prozent. Strukturell ist die Landwirtschaft in der Region eher kleinteilig. Die durchschnittliche Betriebsgröße beträgt 27,8 Hektar, während landwirtschaftliche Betriebe in ganz Deutschland eine durchschnittliche Fläche von über 45 Hektar bewirtschaften. Dies begründet sich zum Teil durch die große Anzahl kleinerer Betriebe im Weinbau.

Bei unserem Kochexperiment LOKAL kümmern wir uns vor allem um diese kleineren Betriebe, die nicht das große Verlangen spüren, ständig weiter wachsen zu müssen, sondern dem allgemeinen „Wachse oder weiche" durch eine kluge, möglichst direkte Vermarktung entkommen konnten.

Dass hier vergleichsweise viele Biobetriebe zu Hause sind, liegt zum Teil auch daran, dass die Landesregierung nicht untätig ist: Um die Umstellung und Beibehaltung des Ökolandbaus, den Wissenstransfer in Bildung und Beratung sowie die Forschung an den landwirtschaftlichen Landesanstalten explizit zu fördern, hat sie 2012 den Aktionsplan „Bio aus Baden-Württemberg" aufgelegt. Er soll die Rahmenbedingungen für bereits ökologisch wirtschaftende Betriebe verbessern

Dominiert wird die Landwirtschaft hier dennoch von Ackerbau und Viehzucht.

Ähnlich wie auf der Schwäbischen Alb sind in dieser Region im Verhältnis zum gesamtdeutschen Raum viele Biobauern beheimatet. Im Jahr 2015 haben laut dem Ministerium für Ländlichen Raum und Verbraucherschutz Baden-Württemberg im gesamten Bundesland stattliche 7 130 Biobetriebe immerhin etwas über neun Prozent der landwirtschaftlichen Nutzfläche bearbeitet. Wie in Gesamt-Baden-Württemberg und anderen Regionen auch, so sind die biologisch bewirtschafteten Flächen im Landkreis Heilbronn in der Relation jedoch eher klein (fast ein Drittel der Ökobetriebe hat eine Flächenausstattung zwischen 20 und 50 Hektar).

Möhren, Hokkaidokürbis,
Pastinaken und Zwiebeln
für unser Menü

und den Neueinstieg im Ökolandbau erleichtern. Verschiedene Maßnahmen unterstützen
Landwirtinnen und Landwirte
dabei, gut gerüstet den Ökolandbau in ihrem Betrieb um-
zusetzen und ihre Erzeugnisse
optimal zu vermarkten. So fördert das Land beispielsweise
auch den völligen Verzicht auf
chemisch-synthetische Dünge-
und Pflanzenschutzmittel.

Das Gros der Landwirtschafts-
betriebe sieht sich dennoch wie
überall nach wie vor gezwungen, mit konventionellen Me-
thoden inklusive künstlichem Dünger und allerlei Gift
zu arbeiten. Wir fragen uns, wie lange das noch so
weitergehen muss? Hört man genau hin, bröckelt es allerdings an vielen Ecken und Enden. Die großen Ver-
sprechungen der Agrarlobby auf ein besseres Leben,
wenn man denn nur genug in Technik und dazugehörige Chemie investiert, haben sich für viele Bauern
nicht erfüllt. Darum stellen inzwischen auch größere
Betriebe auf bio um – seit 2011 ist die Zahl der ökologisch bewirtschafteten Höfe in Baden-Württemberg
um fast ein Fünftel gestiegen –, allerdings vielfach aus
Pragmatismus und weniger aus Überzeugung. Aber es
ist ein erster Schritt und wir haben in der Vergangenheit schon häufig beobachten können, dass die Überzeugung wächst, wenn der Einstieg in den Ökolandbau
erst einmal gemacht ist.

Der Fortschrittsglaube der sogenannten „Natur"-Wis-
senschaften hat uns von der Natur eher entfremdet.
Wir tun das, was wir tun zu können in der Lage sind,
ohne die Folgen genau zu studieren. Hermann Hesse,
der ja aus Calw in Württemberg stammte, hat in den
frühen Jahren des 20. Jahrhunderts einen kleinen Text

verfasst, dessen Inhalt mir aus der Seele spricht. In seinen Zeilen konstatierte er, an vielen Dingen keine Freude mehr zu haben und an vieles nicht mehr zu glauben, was als Stolz der Menschen angesehen wird. Der unbegrenzten Hochachtung würdig zu sein schien ihm schon damals ausschließlich die wirkliche und reine Natur.

Simon und ich haben in und um Heilbronn herum Menschen gefunden, die diese Gedanken von Hermann Hesse ebenso unterschreiben würden wie wir, denn auch sie haben begründete Vorbehalte gegenüber dem zügel- und rücksichtslosen technischen Fortschritt. Sonst würden sie nicht das tun, was sie machen.

Lisa hat für uns dieses Mal die Jugendherberge in Heilbronn ausgesucht – nicht die schickste Location, aber reell und man kann hier gut schlafen. Das wird in Gruppen getan: Männlein in dem einen Schlafzimmer, Weiblein im anderen. Hübsch in Stockbetten. Ja, so ist das. Wenn man schläft, braucht man ja nicht viel mehr als eine gute Matratze, eine warme Decke und im Idealfall eine Dusche am Abend oder Morgen.

Simon hat bereits am Freitag vor unserem Reiseantritt alle Bioerzeuger angerufen und nachgefragt, was um diese Jahreszeit überhaupt verfügbar ist. Marion und Marcus Föll haben noch Äpfel, Beate und Thomas Lang Gemüse, Ingrid Hagner Kräuter und Andreas Stutz Wein – was für eine wunderbare Zusammenstellung! Unsere Suche nach einer Location, wo wir am Dienstag unser kleines Pop-up-Restaurant eröffnen können, kommunizieren wir ebenfalls mit den Erzeugern. Spontan stellt Andreas uns sein „Wengert" zur Verfügung, die kleine Hütte am Stiftsberg, gleich neben seinen Reben, in der sich schon seine Vorfahren von den – damals noch zahlreichen händischen – Arbeiten im Weinberg ausgeruht haben. Sofort fahren wir für einen ersten Eindruck von der Hütte hoch – fantastisch, der Blick auf Heilbronn unter uns, auf das hügelige Land, die Schlösser, aufgereiht am Horizont, und die Weinberge, die sich wie grüne Strukturmatten über die Berge und an ihnen vorbeischlängeln.

Links: Bei der
Fülle an Infos
ist gerade
Zeit für ein
paar schnelle
Notizen.

Unten: Unsere
Kräuterfrau
Ingrid Hagner

Station 1: Kräuterfrau Ingrid Hagner in Neckarsulm

Unser Weg führt als Erstes nach Neckarsulm, nur 5,9 Kilometer von Heilbronn entfernt. Hier besuchen wir die außergewöhnliche Kräuterexpertin Ingrid Hagner! Sie hütet ein schier endloses Wissen über Kräuter jeglicher Art, sie ist für uns eine Art wandelndes Lexikon. Und ihr Wissen teilt sie gerne. Im Großraum Heilbronn bietet sie seit Langem Kräuterwanderungen an, hält Kurse über Wissenswertes, Unterhaltsames und Schmackhaftes aus Garten- und Wildkräutern und hat darüber hinaus selbst einen großartigen Garten, in dem unglaublich vieles scheinbar wild wächst.

Simon hat sie dank seiner guten Vernetzung über Mund-zu-Mund-Propaganda ausfindig gemacht und ruft sie direkt an. Sie sagt gleich am Telefon, wir wären ja spät dran im Jahr, viel

sei da nicht mehr zu finden. Das kann uns nicht abhalten und wir finden es dennoch enorm, wie viel in ihrem wilden Garten Anfang November noch wächst. Ingrid beginnt nach einer herzlichen Begrüßung sofort damit, ihr großartiges Wissen mit uns zu teilen – was für ein Füllhorn offenbart sich da! „Man muss sich die Natur so einrichten, dass man sich eigentlich nur noch bedienen muss!", führt sie aus. Klar, ab

und zu ist es auch einmal nötig, etwas wegzuschneiden, das einer wertvolleren Pflanze im Weg steht, aber grundsätzlich darf es im Garten auch wild zugehen. „Denn wir brauchen das für all die Nützlinge wie Käfer, Schmetterlinge und Kleintiere", erklärt Ingrid Hagner uns im Brustton vollster Überzeugung. Man muss wenigstens einige Ecken im Garten wild belassen, damit Bienen und andere Insekten bis in den Herbst hinein Futter finden. „Die modernen, aufgeräumten Gärten sind Monokulturen wie auf dem Acker. Dadurch entstehen Pflanzenkrankheiten – bei mir gibt es keine Krankheiten."

Also marschieren wir los. Ingrid Hagners Garten besteht aus vielen Parzellen. Stufen und Torbögen verbinden die einzelnen Teile miteinander. Bei unserem Marsch hindurch erblicken wir ein Stillleben nach dem anderen! Während Simon und ich zu ernten beginnen, um genug für unser Menü zusammenzubekommen, hält Lisa ihre Kamera gezückt und Toby seinen Fotoapparat.

Wunderbare frische Brennnesseln sind da – für Frau Hagner mit das wichtigste Kraut im Garten: „Wären sie nicht so häufig, würden sie mit Gold aufgewogen." In der Kräuterheilkunde gehört die Brennnessel seit alters her zu den bekannten Heilpflanzen. Sie ist eine wahre Alleskönnerin: Die in den Blättern enthaltenen sekundären Pflanzenstoffe, die Flavonoide, wirken leicht wassertreibend, sind darum zum Entwässern, Entgiften und Entschlacken

bestens geeignet. Sie helfen bei leichten Harnwegsinfekten ebenso wie bei Magen-Darm-Problemen. Darüber hinaus werden Blätter, Wurzeln und Samen in der Pflanzenheilkunde bei Arthritis, Prostatabeschwerden, zur Stärkung der Abwehrkräfte und gegen Haarausfall eingesetzt. „Die Brennnessel ist reich an Kalium, Kalzium, Magnesium, Eisen und Phosphor – schon darum sollte sie eigentlich fester Bestandteil unserer Ernährung sein", findet Frau Hagner. Ihre Blätter schmecken hervorragend, man kann sie grundsätzlich in jedem Stadium ernten und verarbeiten. Brennnesseln haben siebenmal so viel Vitamin C wie Orangen und 50-mal so viel Eisen wie Kopfsalat! Die jungen Blätter hat man schon immer wie den Spinat zur Zubereitung von Gemüse oder Suppe benutzt. Simon und mir kommt direkt die Idee zu einem Kartoffel-Brennnessel-Stampf (Rezept siehe Seite 74 ff.). Außerdem rösten wir Brennnesselblätter immer gerne, weil sie dann einen schönen nussigen Geschmack bekommen. Als Garnitur eignen sie sich so wunderbar.

Und weiter geht es, ausführliches Mitschreiben ist allerdings zwecklos, weil Frau Hagner keine Pausen kennt. Kapuzinerkresse, die ursprünglich aus Mittel- und Südamerika stammt, finden wir trotz des fortgeschrittenen Jahres im Garten reichlich. Mit ihren sattgrünen, runden Blättern und den großen trichterförmigen Blüten in Sonnengelb, leuchtendem Orange oder tiefem Rot macht die Kresse schon optisch richtig etwas her. Und sowohl Blätter als auch Blüten sind essbar. Die Schärfe des bodendeckenden Kreuzblütengewächses, die durch enthaltene Senfölglycoside verursacht wird, steckt vor allem in den Blättern, aber auch in den Blüten. Ebendiese Schärfe gab übrigens der Kresse ihren Namen, denn im Althochdeutschen bedeutet das Wort *cresso* „scharf".

Alle hängen an den Lippen von Frau Hagner. Als Nächstes führt sie uns zum Giersch. Er blüht unter den Kräutern als Erstes im Frühjahr und immer sehr reichlich, was Kräuterliebhaber zu schätzen wissen, aber Gartenbesitzer, die ihn als Unkraut verteufeln, zum Verzweifeln bringt. Während unseres Heilbronn-Besuchs im Herbst sind die frischen Blätter kleiner, aber auch dann immer noch ein leckeres Wildgemüse, das man einfach ernten kann, weil es die Natur auf Wiesen und an Wegesrändern für uns bereithält. Wir nehmen welchen mit, um ihn zu Püree zu verarbeiten (Rezept siehe Seite 77). Gleiches wie für den Giersch gilt für den Löwenzahn, dessen Wurzeln wir ausgraben, um sie am nächsten Tag zu säubern, zu trocknen und zu pulverisieren (Rezepte dazu siehe Seite 73). Aus Löwenzahnwurzeln hat man früher übrigens auch Kaffeeersatz hergestellt, Muckefuck genannt. Ob Giersch, Löwenzahn oder auch Brennnessel – mit Geschick zubereitet, werden sie alle zu einer geschmacklichen und gesundheitlichen Bereicherung – und das völlig umsonst! Die Natur stellt hier keine Rechnung.

Ich frage, aus welchen Kräutern wir für unsere Speisen die nötige Säure bekommen können. Frau Hagner schlägt Zitronenmelisse vor. Beim Kochen später merken wir jedoch, dass wir schon eine ordentliche Menge

Oben: Hagebutten sind wahre Vitaminbomben, ihre Verarbeitung aber sehr aufwendig.

Rechts: Giersch wird ganz zu Unrecht häufig als Unkraut verteufelt.

Säure nur aus den Beeren und Früchten gewinnen können, gemeinsam mit den elementaren Bitterstoffen.

Unser Rundgang endet bei der Hagebutte, einem Rosengewächs. Auch hiervon dürfen wir welche mitnehmen. Beim Pflücken erzählt uns Frau Hagner, dass sie für ein Glas Hagebuttenaufstrich 750 Gramm der kleinen roten Früchte und zu zweit drei Stunden Arbeit zum Ablösen ihres zarten Fruchtfleischs benötigt – da dürfte auch den Letzten von uns klar werden, warum dieses Produkt in Handarbeit produziert zu Recht vergleichsweise teuer ist. Wir machen später aus dem Fruchtfleisch ein köstliches Chutney für unsere Vorspeise. Übrigens: Die Kerne niemals entsorgen, sie schmecken im heißen Ofen bei 150 Grad Celsius Umluft etwa 25 Minuten getrocknet und anschließend im Mörser zu feinem Pulver zerrieben wie Vanille!

Auf dem Rückweg zu ihrem Haus erfahren wir auf Schritt und Tritt weitere Geheimnisse: Ganz am Ende finden wir noch Mönchspfeffer, den wir später gleich in mehreren Rezepten verwenden werden (siehe auch Seite 72 und 76/77). „Der Mönchspfeffer wird auch ‚Keuschlamm‘ genannt, denn im Kloster gab es die Verordnung, im Essen davon reichlich zu verwenden. Das tat man, um die Mönche sexuell ruhig zu halten!", klärt uns Frau Hagner hierzu auf. Das musste sie jetzt offensichtlich noch loswerden!

Wir könnten hier endlos das Wissen der großartigen Ingrid Hagner weitergeben, aber das würde den Rahmen dieses Buches sprengen. Und neben den Kräutern für unser Essen nehmen wir in jedem Fall die Erkenntnis mit, dass wir alle eigentlich viel mehr mit Kräutern arbeiten sollten. Denn die kann wirklich jeder von uns „anbauen" und so zumindest kräutertechnisch zum Selbstversorger werden. Das funktioniert im eigenen Garten genauso gut wie auf Balkon oder Terrasse bis hin zur kleinsten Fensterbank. Schauen Sie sich doch einmal in Ihrer eigenen Wohnung um, auch hier wird sich ganz sicher ein sonniges Plätzchen für ein paar Kräutertöpfe finden. Und wer tatsächlich keine noch so kleine Fläche zur Kräuterzucht verfügbar hat oder aber dadurch Lust auf mehr bekommt, dem sei in seiner Stadt die Suche nach dem Stichwort „Urban Gardening" ans Herz gelegt. In vielen

Großstädten, sei es Hamburg, Berlin (siehe Seite 87/88), Köln, München oder Salzburg, aber auch in kleineren Orten wie Bremen, Gießen, Freiburg, Chur oder tatsächlich auch Heilbronn haben sich neben den bekannten Kleingarten- beziehungsweise Schrebergartensiedlungen am Rande der Städte während der letzten Jahre neue Formen von Initiativen für gemeinsames Gärtnern beziehungsweise den gemeinsamen Obst- und Gemüseanbau gebildet. Es gibt Gemeinschaftsgärten, die auf städtischen Brachflächen oder sogar Parkhausdächern entstehen, in denen Städter in Eigenregie zum Beispiel in selbst gebauten Hochgärten aus alten Paletten ihre Kräuter säen und ernten. So entstehen mitten in der Stadt Orte, an denen gesunde Lebensmittel angebaut werden, darüber hinaus können Stadtnatur und Gemeinschaft erlebt und im wahrsten Wortsinn gepflegt werden. Und die Bienen freuen sich auch!

Auf unseren nächsten Touren tauchen wir sicherlich wieder einmal in die Tiefen der Wildkräuter ein! Ingrid, wir lieben Dich! LOKAL pur!

Station 2: „Föll Biohof" in Ilsfeld

Auf geht's zu unserer nächsten Station. Unser Weg führt uns in das 8,9 Kilometer von Heilbronn entfernte Ilsfeld-Wüstenhausen. Hier lernen wir Marcus und Marion Föll kennen, die einen von den Eltern übernommenen kleinen Bauernhof mit Milchvieh, Getreide- und Kartoffelanbau betreiben, der sich in den letzten Jahren zu einem vielseitigen Obstbaubetrieb entwickelt hat.

Marcus kommt von hier und hat nach dem Zivildienst die Bauernschule für ökologischen Landbau besucht,

Marcus Föll ist Biolandwirt aus vollster Überzeugung, das spüren wir mit jedem Satz.

bevor er den Hof des Vaters übernahm. Rasch folgte eine Umstellung und Spezialisierung auf den Obstanbau. „Unser Betrieb mit zehn Hektar wäre sonst nicht überlebensfähig gewesen", sagt Marcus heute. Insbesondere der Preisverfall landwirt-

schaftlicher Erzeugnisse zwang seinerzeit viele Bauern zu größerer Spezialisierung. Inspiriert durch seine damalige Arbeit im Dritte-Welt-Arbeitskreis ganz in der Nähe, entschied sich Marcus dazu, künftig nur noch nachhaltig zu arbeiten und auch selbst nach diesem Grundsatz zu leben.

Er begann eine Ausbildung zum Landwirt und arbeitete in dieser Zeit auf dem Bioland-Obstanbaubetrieb von Reinhard Ortlieb in Stuttgart-Uhlbach und dem Gemüsebetrieb von Demeter-Landwirt Martin Schäfer, einem der Pioniere des ökologischen Landbaus im Großraum Stuttgart.

Seit 1997 wird der Betrieb organisch-biologisch nach den Bioland-Richtlinien bewirtschaftet. Seit 2003 hat der Hof zusätzlich die Anerkennung als Demeter-Betrieb. Heute bewirtschaftet Familie Föll etwa 24 Hektar Obstbaufläche nach den strengen Richtlinien der beiden führenden Ökoverbände und erzeugt Obst und Beeren von höchster Qualität. Neben Äpfeln und Birnen werden auch Himbeeren, Erdbeeren, Holunder, Johannisbeeren, Gojibeeren, Mini-Kiwis, Kirschen, Pflaumen und Pfirsiche angebaut. Marcus Föll sagt von sich selbst, dass er den Obstanbau lieber mag, als Tiere zu halten, denn jedes Mal, wenn ein Tier zum Schlachter muss, „ist das eine Trennung".

Wie zahlreiche Biolandwirte, so ist auch Marcus der Meinung: „Man muss in jedem Fall – ob ganz oder teilweise – auf Direktvermarktung setzen, wenn man unabhängig sein und überleben will." Und er spricht hier aus eigener Erfahrung, 2002 eröffneten die Fölls einen kleinen Hofladen mit 40 Quadratmetern und direktem Zugang zur Straße. Schnell wurde daraus ein Vollsortimentladen, weil die Nachfrage der Kunden danach so groß war. Inzwischen sind die Fölls Inhaber eines beachtlichen Naturkostfachgeschäfts mit mehr als 4 000 Produkten auf über

Marcus und Marion Föll sind das ganze Jahr über in den Plantagen unterwegs, um die Pflanzen und das Reifen der Früchte genau zu beobachten.

100 Quadratmetern, Frische-Bedientheke und einem großen Angebot an regionalem Obst und Gemüse. „Wir beschäftigen in unserem Betrieb die meisten Leute", meint Marcus und man bemerkt einen Anflug von Stolz. Das kann leider nicht jeder Hofladen von sich behaupten, aber sicher gibt es auch im Umland Ihrer Stadt Biohofläden mit erweitertem Angebot – haben Sie schon einmal danach geschaut? Ansonsten sollten Sie das unbedingt tun, denn der Aufwand lohnt sich. Und wenn ein solcher Laden erst einmal gefunden worden ist, kann man den Weg dorthin in regelmäßigen Abständen locker in den Tages- oder Wochenablauf einbauen.

Im Obstbau sind die Biopreise schon seit längerer Zeit allgemein auf höherem Niveau recht stabil, vor allem beim Tafelobst (dies ist übrigens bei Biofleisch ganz ähnlich). Die Verkaufspreise für Biosaftobst, das zu Säften und Marmeladen verarbeitet, aber auch anders angebaut und mit dem Vollernter geerntet wird, unterliegen da schon größeren Schwankungen. „Konventionell angebaute Erdbeeren werden in der Hauptsaison teilweise unter Pro-duktionskosten gehandelt", erzählt Marcus, „da verzweifeln die Bauern natürlich, schrecklich! Wir brauchen bei allen Sorten in etwa den doppelten Preis wie die konventionellen." Marcus begründet das mit dem geringeren Durchschnittsertrag pro Hektar, dem größeren Aufwand durch mechanische Unkrautregulierung anstelle der chemischen und dem Aufwand für Pflanzenschutz, der bei den Fölls ebenfalls nicht chemisch funktioniert. Stattdessen werden gegen unerwünschte Insekten die im Biolandbau häufig genutzten Stoffe Neem oder Bitterholzextrakt versprüht. Beide Mittel sind pflanzlichen Ursprungs, aus toxikologischer Sicht unbedenklich und führen bei Insekten nicht zu Resistenzen.

Die Fölls setzen vereinzelt Chrysanthemen, Schwefel und Kupfer ein. „Mist haben wir keinen eigenen, aber wir machen aus Pflanzenabfällen Kompost. Wir bringen auch eine Dichtsaat aus Leguminosen, zum Beispiel Klee, auf, die den Stickstoff in der Luft in Knöllchen an der Wurzel binden, der dann so den Pflanzen zur Verfügung steht." Diese Form der Gründüngung verbessert nicht nur die Bodenbeschaffenheit, sondern gleicht durch die Beschattung des Bodens auch Temperaturschwankungen aus. Zugleich mindern Gründüngungspflanzen die Wucht der Regentropfen. So helfen sie zu verhindern, dass der Boden schlammig oder ausgespült wird und später verkrustet. Außerdem düngen die Fölls mit Haarmehlpellets, Zuckerrohrpellets und Horndünger, allesamt Biodünger, die den Pflanzen und Böden nicht schaden. Das alles hat seinen Preis und „wenn etwas teuer ist, macht man sehr vorsichtig davon Gebrauch. Mit bio geht man als Erzeuger wirklich nicht den einfachsten Weg", sagt Marcus Föll. Schon vor diesem Hintergrund haben alle Biobauern für ihren Einsatz un-

sere Bewunderung sowie Unterstützung verdient und unser Verständnis für die höheren Preise von Biowaren wird weiter geweckt. Und Sie als Konsumenten belohnen mit dem Kauf derartiger Bioprodukte nicht nur den Einsatz der Biobauern, sondern Ihre eigene

Gesundheit genauso wie die Umwelt. Achten Sie aber auch beim Kauf von Biowaren zusätzlich darauf, dass sie aus der Region kommen. Denn wenn Obst und Gemüse um die halbe Welt fliegen mussten, um in unseren Regalen zu landen, ist das mit großem Energieeinsatz verbunden und macht alles Bioengagement zunichte.

Eine Spezialität der Fölls sind sortenreine Säfte, und wir dürfen einen nach dem anderen kosten, während wir zwischen den Obstplantagen in der Sonne sitzen und diskutieren. „Tafelobst und Beeren ernten wir von Frühling bis Herbst", antwortet Marcus auf unsere Frage, ob denn nur im Herbst Geld für die eine Ernte im Jahr reinkomme. Bio bedeutet eben auch immer saisonales Einkaufen, und im Grunde wissen Sie so gut wie wir, dass keine Erdbeere aus einem Gewächshaus in Spanien oder Übersee jemals so gut und aromatisch schmeckt wie unsere eigenen Freilanderdbeeren im Frühsommer frisch vom Feld. „Wir sind das ganze Jahr in den Plantagen unterwegs und beobachten." Insbesondere im Frühjahr ist das in Bezug auf das Wetter extrem wichtig, weil viel Regen in der Blüte Probleme bringt. Ein Hagelschauer macht unter Umständen innerhalb von nur zwei Minuten die komplette Jahresernte kaputt. „Wenn wir neu anpflanzen, verwenden wir Schutznetze", sagt Marcus. Das kostet zwar viel, aber das Klima ist unberechenbarer geworden.

„Das Ernten ist die schönste Tätigkeit", schwärmt Marcus. Vielseitig anzubauen, ist für ihn nicht nur interessanter, sondern auch eine Überlebensfrage, dieser Ansatz mindert das Risiko beispielsweise durch Frost und Hagel. „Der Gemüsebauer kann nach einem Monat wieder neu einsäen oder pflanzen, wir haben nur die Möglichkeit zu einer Ernte pro Jahr. „Nun", entgegnen wir, „ist das ja wie bei der Permakultur, wo man nicht einjährige, sondern mehrjährige Nutzpflanzen gezielt verwendet." Hinter der sogenannten Permakultur steckt die Idee zum Aufbau langfristig ertragreicher landwirtschaftlicher Systeme als Gegenentwurf zum vorherrschenden industriellen Agrarsystem. „Das spart ja auch viel Energie und damit Zeit und Geld, die der Gemüsebauer mit seinen einjährigen Sorten aufwenden muss", wenden wir noch ein.

Und nun wird es wieder politisch: „Auch der Verbraucher gestaltet die Landwirtschaft!" Ein interessanter Gedanke. „Mit Geld verändere ich die Welt, ich gebe es jemandem, der in meinem Sinne arbeitet." Wir alle sind also gefragt, um etwas zu ändern – wie recht Marcus damit doch hat.

Der Besuch bei Marion und ihrem Mann wird für uns zu einem *coming home*: Es sind diese Menschen, die tief mit der Natur verbunden sind und die Ruhe und Überzeugung ausstrahlen, die auf einen überspringen, wenn man sich ein bisschen Zeit nimmt zum Verweilen.

Station 3: „LANG-Biolandbetrieb" in Neckarsulm-Obereisesheim

In Neckarsulm-Obereisesheim, 6,2 Kilometer von Heilbronn entfernt, besuchen wir anschließend Familie Lang. Seit 1990 leben Beate und Thomas Lang, beide „studierte" Landwirte, an diesem Ort, wo sie Landwirtschaft und Nutztierhaltung betreiben. Seit 1995 tun sie das im Vollerwerb. Die Großeltern von Beate waren hierhin „ausgesiedelt", direkt auf die Feldflur. Damals war das eine Alleinlage – der Hof mitten in den Feldern –, heute ist auch dieser Ort zugebaut.

So sind die Bioflächen der Langs auch nicht zusammenhängend, sondern in der Umgebung verstreut. Ich frage, was sie antreibt. Warum sie machen, was sie tun.

Beide sind sich einig: Die Fruchtbarkeit der Böden für ihre Kinder und Enkel zu erhalten, ist das höchste Ziel. Die Vielfalt, in der produziert wird, trägt dazu bei. Und sie macht Spaß. So gibt es auf dem Lang-Hof Rinder, Pferde und Hühner. Es wird Feldgemüse angebaut, vor allem auf fünf Hektar Kartoffeln, Zwiebeln, Möhren, Pastinaken, Kürbisse und Rote Bete.

Hier kann man wirklich nicht von Massentierhaltung sprechen! Es gibt vier Mutterkühe und die dazugehörige Nachzucht, also die Kälber aus dem Frühjahr, die auch schon ganz stattlich daherkommen. In dem strohbefüllten Laufstall mit großzügigem Auslauf leben alle miteinander. Das Piemonteser Rind wird hier ins Fleckvieh eingekreuzt, seit sich die Langs in diese ursprüngliche Rasse Westitaliens verliebt haben. Außerdem gibt es eine Allgäuer Grauviehkuh, deren Rasse vom Aussterben bedroht ist. Alle Kühe haben natürlich Hörner! Das trägt neben gutem, vielseitigem Futter, viel Auslauf und frischer Luft zu ihrer Gesundheit bei (mehr hierzu siehe Seite 24). Und das kann man bei den Tieren der Langs sehen: Sie sind vital, haben ein glänzendes Fell und klare Augen. Herrlich! „Hobby mit Gewinncharakter", sagt Thomas und lacht. Wir sitzen zu viert auf dem komfortablen Futtertisch und erzählen: Beate, Thomas, Simon und ich. Im hinteren Auslauf stehen die beiden kapitalen süddeutschen Kaltblüter, die die Kutsche ziehen, mit der

Thomas an den Wochenenden zusammen mit seinen Gästen kulinarische Ausflüge macht (auf dem Wagen wird gegessen und getrunken). Gleich eine Tür weiter leben die Hühner – auch hier ist der Auslauf groß und komfortabel, allenthalben finden sich Büsche zum Aufsitzen, das lieben die Tiere. Schutz- und Unterschlupfmöglichkeiten sind draußen für sie wichtig, neben ihrer Funktion als Wind- und Sonnenschutz mindern sie die Gefahr von Raubvogelangriffen. Die Beeren und Früchte der Sträucher, zum Beispiel Himbeeren, Brombeeren, Johannisbeeren, Schlehen oder Ebereschen, dienen den Tieren darüber hinaus als hervorragende Nahrungsergänzung zu ihrem täglichen Futter.

„Wir machen Direktvermarktung und bio, weil dieser Betrieb auf konventionelle Weise nicht einmal nebenerwerbsfähig wäre", erzählt uns Thomas. Tatsächlich sind 25 Hektar nicht gerade viel, da funktionieren

nur Spezialanbau, Vielfalt, bio und Direktvermarktung. Und die Vorteile der Direktvermarktung für die Bauern liegen auf der Hand, denn die gesamte Handelsspanne verbleibt im Betrieb, der Erzeuger muss seinen Gewinn also nicht mit Groß- und Zwischenhändlern sowie Endanbietern teilen. Die kurzen Wege zwischen Erzeugern und Endkunden bieten beiden Seiten einen Vorteil, denn der Handelsweg schlägt sich nicht in einem höheren Produktpreis nieder. Zudem sinkt die Gefahr von Qualitätseinbußen auf dem Weg zum Verbraucher.

Dem Verbraucher bringt die Direktvermarktung ebenfalls Vorteile. Die Produkte sind im Hofladen nicht nur deutlich billiger, weil der Zwischenhandel entfällt. Das Einkaufen hier ist auch weniger anonym: Man kann sich vor Ort über Tierhaltung und Anbau informieren – ob sie der eigenen Lebenseinstellung entsprechen. Der Bauer selbst verbürgt sich für die Qualität seiner Produkte, denn Etiketten zu vertrauen, das geben zum Glück immer mehr Verbraucher – aus leider schlechten Erfahrungen heraus – auf. Direktvermarkter dürfen im Gegenzug auch nach Dezember 2016 auf die Anbringung von Nährwertangaben auf ihren Produkten verzichten, dies sieht die verpflichtende Nährwertkennzeichnung der EU-Verordnung zur Information der Verbraucher über Lebensmittel vor. Allerdings ist vonseiten der Verbraucher auch ein grundlegendes Vertrauen in die Direktvermarkter nötig, denn die strengen Lebensmittelkontrollen, die ansonsten in der Lebensmittelindustrie üblich sind, entfallen hier größtenteils.

Aber auch wenn die Direktvermarktung Biobauern ein etwas besseres Auskommen beschert, geht es nicht ohne eine große Portion Idealismus. Und den haben die Langs: „Wir wollen dem Planeten etwas zurückgeben dafür, dass er uns so reich beschenkt", formuliert es Beate. „Es ist ein tolles Gefühl, Dinge zu essen, wo ‚nix druff' ist", ergänzt Thomas.

„Die Leute, die einmal bei uns eingekauft haben und zufrieden waren, kommen immer wieder, ein Leben lang – das ist in anderen Regionen nicht der Fall, da geht es rein, raus, rein, raus." Wir freuen uns, von Familie Lang so herzlich empfangen worden zu sein, und kommen natürlich auch gerne wieder, wenn wir in der Nähe sind. Für den Augenblick und unser anstehendes Koch-Event sammeln wir bei Beate und Thomas noch Kartoffeln, Zwiebeln, Möhren, Kürbis, Pastinaken und Rote Bete ein, dann machen wir uns wieder auf den Weg.

Station 4: „Ökoweingut Stutz" in Heilbronn

Nur 1,3 Kilometer von Heilbronn-Mitte entfernt wird auf dem Weingut von Andreas Stutz Biowein aus Demeter-Trauben gekeltert, vor allem Lemberger, Riesling, Regent und Solaris. Das alles sind „Piwis", pilzwiderstandsfähige Sorten, außerdem gibt es hier den sogenannten Vino

Resisto Tinto, eine Eigenkreation von Andreas Stutz im Holzfass.

„Zu 70 Prozent machen wir hier Rotwein", erklärt uns Andreas direkt nach unserer Ankunft. Wir sind gleich per Du, wie sich das in der Biobranche gehört. Der Stammsitz der Stutzens ist eigentlich Heilbronn, aber dort, mitten in der Stadt, wurde es auch für sie irgendwann zu eng. Deshalb hat Andreas 2007 ein altes Weingut gepachtet, die dort vorhandene große leere Halle kam ihm gerade recht. Hier befinden sich nun die riesigen Edelstahltanks für den Wein, außerdem die Presse und die Gärbehälter, in denen der Wein „auf der Maische steht", sowie etliche Barrique-Fässer aus Eichenholz, neue und alte, in denen auch Weißwein lagert. Die Saisonarbeiter im Weinberg, zumeist Ungarn, leben in der Wohnung, die zum Weingut gehört. „Die Ungarn habe ich gern, weil sie selbst mit Wein zu tun haben", sagt Andreas.

Ökoweingärtner verzichten im Weinberg wie in der Kellerwirtschaft generell sehr konsequent darauf, chemisch-synthetische Hilfsmittel einzusetzen. Ökoweinbaubetriebe sind kontrollpflichtig, darum muss jeder Arbeitsschritt gründlich dokumentiert werden. Die Dokumentation wird später von einer unabhängigen, staatlich anerkannten Kontrollstelle genau geprüft. Kontrollstelle und Winzer gemeinsam garantieren somit für die umweltfreundlichste Erzeugung von Wein. Zu erkennen ist Ökowein an der Zulassungsnummer der Kontrollstelle, die auf dem Flaschenetikett immer ausgewiesen werden muss.

Das deutsche Biosiegel nach EU-Öko-Verordnung garantiert zunächst einmal, dass Weine aus echten Biotrauben stammen. Andreas Stutz ist mit seinem Weingut seit 1994 zusätzlich Mitglied im Ecovin-Bundesverband. Die Richtlinien dieses Fachverbands für ökologischen Weinbau gehen hinsichtlich Weinberg und Keller weit über die gesetzlichen Mindestanforderungen für Bioweine hinaus. So ist gefordert, dass für eine Förderung der Artenvielfalt neben den Reben auch andere Pflanzen im Weinberg

wachsen. Viel Wert wird auf die Wahl von standortgeeigneten, robusten Sorten gelegt und auch darauf, dass der Betrieb – nach einer Umstellungsphase – ausschließlich Ökoweinanbau betreibt. Im Keller ist lediglich eine begrenzte Anzahl von Mitteln zugelassen und eine anschließende Verpackung der Flaschen in Styropor ist den Winzern gänzlich untersagt.

„Wir verwenden keinen leicht löslichen Mineraldünger, der belastet das Trinkwasser in den Weinbauregionen eh schon stark genug und ist deshalb im Ökoweinbau verboten", erklärt Andreas weiter. Denn schließlich entstanden die Forderungen nach einem umweltverträglichen Weinbau aus den bekannten Problemen dieser vom Weinbau geprägten Kulturlandschaft – hier geht es neben der Trinkwasserbelastung mit Nitrat, Herbiziden und Fungiziden auch um Themen wie Bodendegenerierung und -abspülung. „Wir verwenden Kompost sowie Gründüngung und wenn nötig etwas Schwefel im Weinberg, Gesteinsmehl, Algenextrakt, Kieselsäure und Schachtelhalmtee zur Rebenstärkung und somit gegen Schädlinge", fügt der Winzer ergänzend hinzu.

Wir genießen unser gemeinsames Essen.

Als Demeter-Weinbauer benutzt er die gleichen Mittel wie im Landbau, genauer gesagt das Hornkieselpräparat, das die Sonnenlicht-Aufnahmefähigkeit der Pflanzen verbessert, sowie das Horn-Mist-Präparat, das das Zusammenleben von Pflanzen und Boden stabilisiert. „Das Dynamisieren, also das Rühren der Präparate, erfolgt bei uns aus Überzeugung mit der Hand", erklärt uns Andreas. Kräuter und Leguminosen wachsen auch hier zwischen den Rebstöcken, um Nützlingen einen Lebensraum zu geben. Die Nützlinge sollen leben, damit sie die Schädlinge im Zaum halten können. Das klappt gut, weil ohne Chemie. „Die Nützlinge sollen ja leben, um nützlich zu sein, deshalb keine Chemie im Weinberg", resümiert er.

In seinem Weinkeller hat Andreas Spaß am Experimentieren: weißer Barrique, in dem kleinen neuen Fass aus Frankreich, roter Wein im alten großen Holzfass. Außerdem gibt es bei Andreas Sekt, und zwar nicht nur aus Weintrauben, sondern auch schon mal aus Quitten. Also wieder so einer, der wie Thomas Lang oder Marcus Föll sein Hobby zum Beruf gemacht hat und sich Zeit nimmt, etwas Neues, Gutes auszuprobieren. Und inzwischen kann er es sich zumindest auch leisten, sich die Zeit dafür zu nehmen. Denn das Geschäft mit Biowein ist nicht mehr ganz so hart wie in der Anfangszeit und die Nachfrage hält sich seit einigen Jahren auf gleichbleibendem Niveau. Doch während früher der Kunde zur Verkostung von Biowein überredet werden musste, ist heute deutlich spürbar, dass sich das Bewusstsein der Käufer verändert hat: „Der Kunde hat sich be-

reits für Biowein entschieden, noch bevor er das Weingut betritt." Das Geschäft ist also etwas leichter geworden. Solange allerdings Biowein aus Italien für unter vier Euro in den Regalen der Geschäfte angeboten wird, bleibt die Lage angespannt. Die Verknüpfung von bio und regional ist leider immer noch nicht so ganz beim Kunden angekommen. Hier wünscht sich

Andreas Stutz, auch diesen Schalter noch umlegen zu können und dass sich die Menschen nach guten, ehrlichen Produkten noch mehr in ihrer Nähe umschauen. Das finden wir auch! Und falls es in Ihrer Nähe kein Weinanbaugebiet gibt, wäre es ganz sicher eine lohnenswerte Überlegung, bei der nächsten Fahrt durch ein solches einen Zwischenstopp auf einem Bioweingut wie dem von Andreas Stutz einzuplanen.

Unser LOKAL-Abend in der „Wengerthütte"

Für unser Essen am zweiten Tag unseres Heilbronn-Aufenthalts stellt uns Andreas seine gemütliche „Wengerthütte" am Heilbronner Stiftsberg zur Verfügung: wieder eine besondere Location für eine besondere Reise. Ein LOKAL-Abend, so, wie wir ihn uns wünschen – dieses Mal urgemütlich eng an eng in der warmen Hütte! Danke, Sabrina, auch du hast uns durch deinen unermüdlichen Einsatz diesen tollen Abend ermöglicht, danke, Andreas, für die super Weine und den „Champagner", die du an die Runde spendiert hast!

Fleisch gibt es dieses Mal nicht. Wir probieren ein komplett veganes Menü, und das noch dazu ohne Öle und Fette. Denn wir haben hier nirgends pflanzliches Bioöl bekommen, die nächste Biomühle liegt leider 25 Kilometer entfernt außerhalb unseres LOKAL-Bereichs. Wir können Ihnen sagen, es ist schon eine Herausforderung, ohne Fett zu kochen!

Vor, beim und nach dem Essen wird viel gelacht und erzählt. Schon bei Kerzenschein erwischen wir mit einem letzten Blick aus dem Fenster noch einmal die Eindrücke der Weinberge und dieser einzigartigen Landschaft, vor uns die Menschen dazu, die hier schon seit Generationen Berge und Tal bewirtschaften. Ingrid Hagner ist mit ihrem Mann gekommen, der sich genau wie sie selbst als außerordentlicher Kenner der reichen Geschichte dieses Landstrichs erweist und viel davon erzählt, wie es hier einmal war, welche Fürsten welche Fürsten abgelöst haben, wie die Landbevölkerung früher lebte, was schlimm war durch die Jahrhunderte und was gut, und wie das alles dazu kam, dass es heute hier so ist, wie es ist. Da könnte man stundenlang zuhören.

Unsere Gäste kennen sich hier: Marion und Marcus die Beate und den Thomas, alle den Andreas und die Ingrid, die uns dann auch das Du anbietet – klar, so riesig ist die Biowelt hier nicht. Jeder steckt Tag für Tag bis über beide Ohren in seiner Arbeit, und dieser schöne Abend bei Feuer und Kerzenlicht ist für alle eine willkommene Abwechslung. Aber wir haben noch andere Gäste, Matthias zum Beispiel, der uns über Facebook hierhergelotst hat, und ein paar Bekannte von ihm, allesamt biobegeistert. Was gibt es auch Schöneres auf der Welt, als mit Gleichgesinnten zusammenzusitzen und zu reden, unterstützt durch ein feines LOKALes Menü und LOKALen (LOKALer geht es nicht) Wein!

Welche Bioerzeuger wir gefunden haben und
welche Lebensmittel sie uns geben konnten:

- Brennnessel, Giersch, Hagebutten, Löwenzahn,
  Mönchspfeffer und Salbei von Ingrid Hagner,
  Südstraße 24, 74172 Neckarsulm-Obereisesheim
  ▲ — Entfernung: 5,9 Kilometer

- Mini-Kiwi und Äpfel von Marion und Marcus Föll
  vom „Föll Biohof", Heilbronner Weg 5,
  74360 Ilsfeld-Wüstenhausen
  ▲ — Entfernung: 8,9 Kilometer

- Kartoffeln, Zwiebeln, Möhren, Kürbis,
  Pastinaken und Rote Bete von Thomas und Beate
  Lang vom Biohof „LANG Biolandbetrieb GbR",
  Wimpfener Straße 24/1,
  74172 Neckarsulm-Obereisesheim
  ▲ — Entfernung: 6,2 Kilometer

- Wein und Sekt von Andreas Stutz vom „Ökowein-
  gut Andreas Stutz", Liebigstraße 49,
  74074 Heilbronn
  ▲ — Entfernung: 1,3 Kilometer

GESCHMORTE ZWIEBELN

MIT ROTE-BETE-SALBEI-FÜLLUNG, MÖHREN, HAGEBUTTENCHUTNEY UND LÖWENZAHNPULVER
FÜR 4 PERSONEN

FÜR DAS HAGEBUTTENCHUTNEY:

- 60 G HAGEBUTTEN
- ⅛ ZWIEBEL
- SALZ

Zubereitungszeit: 35 Minuten

1 — *Für das Hagebuttenchutney:* Stiele und Blüten der Hagebutten abschneiden. Die Früchte waschen, halbieren und die Kerne samt Härchen herauskratzen – dabei am besten Einweghandschuhe tragen. Die Fruchthüllen in einer Schüssel abgedeckt beiseitestellen.

2 — Die Zwiebel abziehen und in feine Würfel schneiden. Die Hagebutten mit den Zwiebelwürfeln, 75 Milliliter Wasser sowie etwas Salz und Pfeffer in einem Topf aufkochen und bei schwacher Hitze etwa 5 Minuten leicht einkochen.

FÜR DIE GESCHMORTEN ZWIEBELN:

- 2 ROTE BETEN
- 2 ZWIEBELN
- 6 BLÄTTER SALBEI
- SALZ
- MÖNCHSPFEFFER, ALTERNATIV PFEFFER AUS DER MÜHLE
- AUSSERDEM: SCHNELLKOCHTOPF (OPTIONAL)

Zubereitungszeit: 40 Minuten (bzw. 1 Stunde)

1 — *Für die geschmorten Zwiebeln:* Den Backofen auf 180 °C Umluft (200 °C Ober-/Unterhitze, Gas Stufe 3–4) vorheizen. Die Roten Beten gründlich waschen, ohne die Haut zu verletzen. Die Knollen mit 250 Milliliter Wasser in einem Schnellkochtopf 25 Minuten garen. Alternativ die Roten Beten in einem gewöhnlichen Topf 45 Minuten garen.

2 — In der Zwischenzeit die Zwiebeln abziehen und quer halbieren. Den Salbei waschen, trocken schütteln und in Streifen schneiden. Die Streifen von einem Blatt zusammen mit etwas Salz und fein gehacktem Mönchspfeffer über die Zwiebel streuen.

→

3 — Ein Backblech mit Backpapier auslegen, die Zwiebelhälften darauf verteilen und im heißen Ofen etwa 25 Minuten schmoren. In der Zwischenzeit die weichen Roten Beten abgießen, kurz ausdampfen lassen, dann schälen – dabei am besten Küchen- oder Einweghandschuhe tragen – und in kleine Würfel schneiden.

4 — Die weichen Zwiebeln aus dem Ofen nehmen und noch warm das Innere der Zwiebeln bis auf die beiden äußersten Segmente herausnehmen. Kurz etwas auskühlen lassen, dann das Innere in mittelfeine Würfel schneiden und zu den Roten Beten geben. Die restlichen Salbeistreifen unterheben und den Salat mit wenig Salz leicht würzen. Die Zwiebelschälchen mit dem Salat füllen.

FÜR DIE MÖHREN:

– 2 MÖHREN
– SALZ
– MÖNCHSPFEFFER, ALTERNATIV PFEFFER AUS DER MÜHLE
– AUSSERDEM: STANDMIXER ODER STABMIXER

Zubereitungszeit: 25 Minuten

1 — *Für die Möhren:* Die Möhren schälen und mit dem Sparschäler der Länge nach 12 schöne Scheiben herunterschneiden. Die restlichen Möhren in Stücke schneiden und in einem Topf gerade mit Wasser bedecken. Die Stücke aufkochen und bei schwacher Hitze etwa 20 Minuten köcheln, bis sie weich sind.

2 — In der Zwischenzeit die Möhrenstreifen in kochendem, leicht gesalzenem Wasser 3 Minuten blanchieren. Herausnehmen, sofort kurz in kaltem Wasser abschrecken und abtropfen lassen.

3 — Die weichen Möhrenstücke mit etwas gehacktem Mönchspfeffer (Vorsicht, er kann sehr kräftig und bitter schmecken) und etwas Salz im Standmixer oder mit dem Stabmixer fein mixen und nach Belieben etwas Kochflüssigkeit dazugeben. Die Möhrenstreifen zu Röllchen aufrollen.

FÜR LÖWENZAHNPULVER UND
ROTE-BETE-CHIPS:

- 30 G LÖWENZAHNWURZELN
- 1 KLEINE ROTE BETE
- AUSSERDEM: GEMÜSEHOBEL,
  BLITZHACKER ODER
  STANDMIXER

Zubereitungszeit: 5 Stunden

1 — *Für das Löwenzahnpulver und die Rote-Bete-Chips:* Den Backofen auf 60 °C Ober-/Unterhitze (Umluft und Gas nicht empfehlenswert) vorheizen. Die Löwenzahnwurzeln gründlich waschen, die Schale mit einem Messer abreiben und die Wurzeln in Scheiben schneiden. Die Rote Bete ebenso gründlich waschen und in dünne Scheiben hobeln.

2 — Löwenzahnwurzeln und Rote Bete im Backofen auf einem mit Backpapier belegten Backblech etwa 4 ½ Stunden vollständig trocknen lassen.

3 — Die Rote-Bete-Chips vom Blech nehmen und abkühlen lassen. Die getrockneten Löwenzahnwurzeln im Blitzhacker oder Standmixer fein zermahlen. In einem Schraubglas fest verschlossen hält sich das Pulver 8 Wochen. Es hat einen milden, nussigen Geschmack.

¤ — *So geht's zusammen:* Das Möhrenpüree auf den Tellern anrichten, die geschmorten und gefüllten Zwiebeln darauf verteilen und jeweils einen Klecks Hagebuttenchutney aufsetzen. Das Ganze mit den Möhrenröllchen sowie den Rote-Bete-Chips garnieren und mit Löwenzahnpulver bestreut servieren.

KARTOFFEL-BRENNNESSEL-STAMPF

MIT PASTINAKEN, KÜRBIS UND GIERSCHPÜREE
FÜR 4 PERSONEN

<u>FÜR DIE PASTINAKEN:</u>

- 2 PASTINAKEN
- SALZ
- AUSSERDEM:
  ZENTRIFUGALENTSAFTER

Zubereitungszeit: 25 Minuten

1 — *Für die Pastinaken:* Den Backofen auf 200 °C Umluft (180 °C Ober-/Unterhitze, Gas Stufe 3–4) vorheizen. Eine Pastinake schälen, waschen und der Länge nach in 4 gleichmäßige, jeweils 1 Zentimeter dicke Scheiben aufschneiden. Die zweite Pastinake waschen, putzen und mit den Resten der ersten Pastinake durch den Entsafter drücken.

2 — Ein Backblech mit Backpapier auslegen, das ausgedrückte Pastinakenfleisch darauf verteilen und im heißen Ofen 15 bis 20 Minuten garen, bis das Fleisch goldbraun und geröstet ist.

3 — Inzwischen die Pastinakenscheiben mit 250 Milliliter Wasser, dem ausgedrückten Saft und 1 Prise Salz in einem Topf aufkochen und bei schwacher Hitze etwa 8 Minuten sieden lassen, bis sie weich, aber noch leicht knackig sind. Herausnehmen, abtropfen lassen und den Sud durch ein feines Sieb in einen zweiten Topf gießen.

4 — Den Sud erneut aufkochen und bei mittlerer Hitze so weit einkochen lassen, dass gerade noch genug Flüssigkeit zum Einlegen der 4 Pastinakenscheiben vorhanden ist. Den ofengetrockneten Pastinakencrumble herausnehmen und abkühlen lassen – zum Aufbewahren in eine Schüssel geben und abdecken, damit er nicht feucht wird.

→

FÜR DEN KARTOFFEL-BRENNNESSEL-STAMPF:

– 4 MITTELGROSSE MEHLIG-
  KOCHENDE KARTOFFELN
– SALZ
– 20 G MITTELGROSSE
  BRENNNESSELBLÄTTER
– ETWAS ZIMBELKRAUT
– ⅛ CHILISCHOTE
– MÖNCHSPFEFFER, ALTERNATIV
  PFEFFER AUS DER MÜHLE
– AUSSERDEM: KARTOFFELPRESSE
  ODER KARTOFFELSTAMPFER,
  STANDMIXER ODER STABMIXER

Zubereitungszeit: 30 Minuten

1 — *Für den Kartoffel-Brennnessel-Stampf:* Die Kartoffeln schälen, waschen, halbieren und in kochendem Salzwasser etwa 20 Minuten weich garen.

2 — In dieser Zeit die Brennnesselblätter waschen, dabei Küchen- oder Einweghandschuhe tragen, und in kochendem Salzwasser 1 Minute blanchieren. Sofort in kaltem Wasser abschrecken.

3 — Die Kartoffeln abgießen, kurz ausdampfen lassen und durch eine Presse drücken oder fein stampfen. Die Brennnesselblätter mit etwas Wasser im Standmixer oder mit dem Stabmixer fein mixen und unter die Kartoffelmasse heben. Alles zusammen vorsichtig erwärmen.

4 — Das Zimbelkraut waschen, in feine Streifen schneiden und ganz wenig unter den Stampf heben – zu viel davon kann das Essen schnell bitter machen. Die Chilischote waschen, halbieren, entkernen und fein würfeln. Die Würfel ebenfalls unterheben. Den Stampf mit Salz und fein gehacktem Mönchspfeffer abschmecken. Sollte er nicht cremig genug sein, etwas Wasser untermischen.

FÜR DEN KÜRBIS:

– ¼ HOKKAIDOKÜRBIS
– 1 KARTOFFEL
– SALZ
– AUSSERDEM: STANDMIXER
  ODER STABMIXER

Zubereitungszeit: 30 Minuten

1 — *Für den Kürbis:* Den Kürbis waschen und entkernen. 4 schöne Scheiben abschneiden und beiseitelegen, den Rest in Würfel schneiden.

2 — Die Kartoffel schälen und ebenfalls würfeln. Kürbis- und Kartoffelwürfel in einem Topf mit leicht gesalzenem Wasser bedecken. Alles aufkochen und bei schwacher Hitze etwa 15 Minuten köcheln lassen, dabei umrühren, damit nichts anbrennt.

3 — In der Zwischenzeit die Kürbisscheiben in einer Grillpfanne oder auf dem Grill bei nicht allzu starker Hitze von beiden Seiten rösten.

4 — Weiche Kürbis- und Kartoffelstücke in ein Sieb abgießen und im Standmixer oder mit dem Stabmixer fein mixen. Mit Salz abschmecken.

FÜR DAS GIERSCHPÜREE:

- 4 BLÄTTER SALBEI
- 2 ZWIEBELN
- 100 G GIERSCH
- SALZ
- 6 BLÄTTER KAPUZINERKRESSE
- MÖNCHSPFEFFER, ALTERNATIV PFEFFER AUS DER MÜHLE
- AUSSERDEM: STANDMIXER ODER STABMIXER

Zubereitungszeit: 45 Minuten

1 — *Für das Gierschpüree:* Den Backofen vorheizen auf 150 °C Ober-/Unterhitze (Umluft nicht empfehlenswert, Gas Stufe 2). Den Salbei waschen, trocknen und fein schneiden. Die Zwiebeln abziehen und halbieren. Die Hälften auf einem mit Backpapier belegten Blech verteilen, mit Salbei bestreuen und im Ofen 30 Minuten garen.

2 — Inzwischen die Gierschblätter abzupfen, waschen und in kochendem Salzwasser 30 Sekunden blanchieren. Sofort in kaltem Wasser abschrecken.

3 — Die weichen Zwiebelhälften mit Salbei, Giersch und 1 Schuss Wasser im Standmixer oder mit dem Stabmixer 2 Minuten mixen. Die Kapuzinerkresseblätter waschen, trocknen, in ganz feine Streifen schneiden und unter das Püree heben. Mit Salz und fein gehacktem Mönchspfeffer abschmecken.

¤ — *So geht's zusammen:* Die Pastinakenscheiben kurz vor dem Servieren im Sud erwärmen, auf Teller verteilen und mit dem Pastinakencrumble bestreuen. Kartoffel-Brennnessel-Stampf, Kürbis- und Gierschpüree daneben anrichten, das Ganze mit dem Sud beträufeln und mit einer Kürbisscheibe garnieren.

—

TRAUBEN-KIWI-KNÖDEL

IN APFELSTAUB MIT QUITTENKOMPOTT UND BIRNENPÜREE
FÜR 4 PERSONEN

FÜR APFELSTAUB & APFELCHIPS:

– 1 APFEL (SORTE NACH
  VERFÜGBARKEIT UND SAISON)
– AUSSERDEM:
  APFELAUSSTECHER,
  DÖRRAUTOMAT (ALTERNATIV
  BACKOFEN), STANDMIXER
  ODER BLITZHACKER

Zubereitungszeit: 4 ½ Stunden

1 — *Für Apfelstaub & Apfelchips:* Den Apfel waschen und trocken reiben. Das Kerngehäuse ausstechen. Den Apfel auf einem feinen Küchenhobel in 2 – 3 Millimeter dünne Scheiben hobeln.

2 — Die Scheiben in einem Dörrgerät verteilen und auf Stufe 3 (volle Stärke) trocknen. Je nach Temperatur und Gerät dauert das etwa 4 ½ Stunden. Alternativ die Scheiben im Backofen auf einem Backblech bei 60 °C trocknen.

3 — Die Apfelringe herausnehmen, auskühlen lassen und in einer gut verschließbaren Box aufbewahren, damit sie nicht feucht werden.

4 — Vor dem Servieren die 4 schönsten Ringe aussuchen, den Rest im Blitzhacker oder Standmixer ganz fein zerkleinern.

$\longrightarrow$

FÜR DAS QUITTENKOMPOTT:

– 2 QUITTEN

Zubereitungszeit: 25 Minuten

FÜR DAS BIRNENPÜREE MIT ZITRONENMELISSE:

– 1 BIRNE (SORTE NACH VERFÜGBARKEIT UND SAISON)
– ¼ BUND ZITRONENMELISSE
– AUSSERDEM: STANDMIXER ODER STABMIXER

Zubereitungszeit: 15 Minuten

1 — *Für das Quittenkompott:* Die Quitten warm abwaschen, um die feinen Härchen zu entfernen, schälen, Kerngehäuse entfernen und das Fruchtfleisch in Würfel schneiden.

2 — Die Quittenstücke mit 250 Milliliter Wasser in einem Topf aufkochen und bei niedriger Hitze etwa 20 Minuten langsam weich garen, bis ein sämiges Püree entstanden ist. Das Kompott kalt stellen.

1 — *Für das Birnenpüree mit Zitronenmelisse:* Die Birne waschen, vierteln, Kerngehäuse entfernen und das Fruchtfleisch grob schneiden. Die Birnenstücke mit 250 Milliliter Wasser in einem Topf aufkochen und bei niedriger Hitze 8 bis 10 Minuten langsam weich garen.

2 — In einem Topf Wasser aufkochen. In der Zwischenzeit die Zitronenmelisse waschen und die Blätter von den Stängeln zupfen. Die Zitronenmelissenblätter für ein paar Sekunden im kochenden Wasser blanchieren. Herausnehmen und sofort in kaltem Wasser abschrecken.

3 — Wenn die Birne weich und die Flüssigkeit komplett verkocht ist, die Stücke kurz abkühlen lassen, dann mit der Zitronenmelisse im Standmixer oder mit dem Stabmixer fein pürieren.

FÜR DIE TRAUBEN-KIWI-KNÖDEL:

- 6 MITTELGROSSE MEHLIG-KOCHENDE KARTOFFELN
- SALZ
- 4 MINI-KIWIS
- 30 HELLE TRAUBEN
- 125 G MEHL
- AUSSERDEM: KARTOFFELPRESSE ODER KARTOFFELSTAMPFER

Zubereitungszeit: 15 Minuten

ZUM SERVIEREN:

- MINZEBLÄTTER ZUM GARNIEREN

1 — *Für die Trauben-Kiwi-Knödel:* Die Kartoffeln waschen und mit Schale in kochendem, leicht gesalzenem Wasser etwa 20 Minuten weich garen. In der Zwischenzeit den Backofen auf 130 °C Umluft (150 °C Ober-/Unterhitze, Gas Stufe 1) vorheizen. Kiwis und Trauben waschen, halbieren und die Kerne der Trauben entfernen. Kiwis und Trauben vermengen.

2 — Die Kartoffeln abgießen, ausdampfen und leicht abkühlen lassen, dann schälen und durch eine Presse drücken oder fein stampfen. Die Kartoffeln mit dem Mehl vermengen. 250 Milliliter Wasser unterrühren. Die Masse mit leicht angefeuchteten Händen zu 4 gleich großen Kugeln formen. In die Kugeln ein Mulde drücken, die Kiwi-Trauben-Mischung einfüllen. Die Mulde mit Kloßmasse vorsichtig wieder verschließen und die Knödel zu runden Kugeln rollen.

3 — Ein Backblech mit Backpapier auslegen, die Knödel gleichmäßig darauf verteilen und im heißen Ofen 10 Minuten erhitzen.

¤ — *So geht's zusammen:* Die Trauben-Kiwi-Knödel mit Quittenkompott und Birnenpüree auf Tellern anrichten, mit Apfelstaub bestreuen und mit Minze sowie den Apfelchips garniert servieren.

- SPONTANE SCHLACHTAKTION
- LÄSSIG MIT „ELAIZA"
- COOL WOHNEN IN PRENZELBERG
- DICKSTES SCHNEEGESTÖBER

Potsdam

N
S

LOKAL – TOUR № 3

BERLIN

▪

DEUTSCHLAND IM NOVEMBER

N 52°31'12.023" — O 13°24'17.834"

THINK GLOBAL – EAT LOCAL

Unsere dritte LOKAL-Tour führt uns nach Nordosten in die deutsche Bundeshauptstadt. Mit rund 3,5 Millionen Einwohnern auf 892 Quadratkilometern Fläche ist Berlin die größte und bevölkerungsreichste Stadt der Republik. Das bedeutet auch für unser LOKAL-Team eine ganz besondere Herausforderung. Aber Berlin muss in jedem Fall sein, schließlich ist die Stadt die Heimat von unserem „Face" Andreas Hoppe, der hier aufgewachsen ist.

Berlin reift schon sehr früh, nämlich zu Beginn des 20. Jahrhunderts, zur Metropole heran. Die Weimarer Republik gab der Stadt – und natürlich nicht nur ihr – nach dem Ersten Weltkrieg ein Stück Stabilität und Sicherheit zurück. Denken wir an die „Goldenen Zwanziger", dann erscheinen vor unserem geistigen Auge zunächst der verschwenderische Luxus und die Dekadenz der Hautevolee in der Weltstadt. Wir erinnern uns an den Charleston, an die Comedian Harmonists, an eine blühende Kunst- und Architekturwelt mit den Dadaisten und dem Bauhaus sowie an das Aufkommen der Automobile. Die 1920er-Jahre waren eine spannende Übergangszeit. Durch die Weltwirtschaftskrise und durch massive

politische Irrungen und Wirrungen bei den ersten Versuchen einer Demokratie waren es aber auch Jahre, in denen viele Menschen wenig zu essen hatten – der Kontrast zwischen Arm und Reich war auch in der Metropole damals groß. Und während die Berliner Boheme Champagner, Kir Royal und Austern schlürfte, war die Ernährung der ärmeren Stadtbevölkerung auf Grundprodukte aus der Region beschränkt. Eines der Hauptnahrungsmittel war die Kartoffel, aus der zum Beispiel Grüne Klöße gemacht wurden. Dazu gab es Schwarzsauer, eine Art Grützwurst mit Tierblut frisch vom Schlachtfest. Tiere brachte man damals – und ganz anders als heute – nach der Aufzucht im Umland lebend in die Stadt, um sie hier zu schlachten. Nach der Warmfleischmethode wurden die Tiere anschließend innerhalb von nur zwei Stunden verarbeitet. Das Gute daran waren die kurzen Transportwege. Mit zunehmender Spezialisierung und Industrialisierung begann

leider auch in der Fleischverarbeitung die Wende. Zudem wurden die Schlachthäuser in den Städten verboten, weil man den Geruch nicht mochte und das „Elend der Tiere" nicht sehen wollte. Der damit einhergehende Abschied von Regionalität und traditioneller Warmfleischmethode wurde für die Fleischverarbeitung eine zunehmend energieverschwenderische Angelegenheit, weil ab jetzt das Fleisch vor dem Ausbeinen und der weiteren Verarbeitung auf zwei Grad Celsius heruntergekühlt werden musste. Auch die weiten Transportwege über den Groß- und Einzelhandel bis hin zum Kunden galt es ab jetzt gut zu überstehen. Spannend ist die Frage, was sich seitdem wirklich verbessert hat. Denn im Grunde sind das auf der ganzen Linie Schritte, die uns in die Energiemisere hineingebracht haben. Zu Beginn des 20. Jahrhunderts war Energie noch billig, bis die Kohle durch das vermeintlich billigere Erdöl und später auch das Gas ausgetauscht wurde. Wir nehmen den hohen Energieverbrauch immer als gegeben hin, aber wir selbst haben uns die Welt im Laufe der Jahrzehnte so eingerichtet, denn Energie war immer billig. Heute sind wir bei einem Verhältnis von zehn zu eins angelangt – zehn Einheiten Energie werden verbraucht, bevor wir eine Einheit auf dem Teller haben. Dabei ist das Fleisch nur ein Beispiel, das stellvertretend für ganz viele Produktionsbereiche – wie zum Beispiel auch die Textilwirtschaft, ein bedeutender und weltumspannender Wirtschaftszweig wie die Ernährungswirtschaft – steht.

Links: Erst einmal heißt es Überblick verschaffen.

Rechts: So schön hätte uns der „Prinzessinnengarten" im Sommer empfangen.

Aber zurück nach Berlin. Rein kulinarisch und versorgungstechnisch wurden die 1920er-Jahre gerade in Berlin von höchst bewegten Zeiten abgelöst. Am Ende des verheerenden Zweiten Weltkriegs herrschten Hunger und Armut, Berlins Kesselsituation und die damit notwendige Versorgung der Bevölkerung im englischen und amerikanischen Sektor durch die Luftbrücke der Alliierten verschärften die Lage. Die Zweiteilung der Stadt Anfang der 1960er-Jahre schließlich riss Freunde und Familien auseinander. In der DDR waren dann die LPGs vor den Toren und im Umland Ostberlins für die Versorgung der Berliner Bevölkerung verantwortlich. Es war zwar eine planvolle, aber leider auch einseitige Ernährung für die Menschen in Ostberlin. Wer einen besonderen Salat oder gar eine Orange ergattern wollte, musste Glück haben.

Dass all die Menschen dieser Stadt versorgt werden müssen, wenn 3,5 Millionen Einwohner dreimal am Tag essen möchten, hat sich selbstverständlich bis heute nicht geändert. Kann man eine solche Metropole überhaupt mit LOKALen Lebensmitteln versorgen? Denn um diese Frage geht es ja schließlich bei unserem Kochexperiment. Kann eine Stadt auch viel selbst produzieren, wie es die urbanen Gärten vorleben? Wie muss das Umland für eine LOKALe Versorgung strukturiert sein?

Doch erst einmal müssen wir dort ankommen. Simon konnte leider nicht früher losfahren, darum treffen wir uns nachts um halb zwei in der Nähe von Nürnberg auf einem Rastplatz. Das ist eigentlich eine Zeit, zu der vernünftige Menschen schlafen. Ich lasse meinen Wagen stehen und wir fahren mit zwei Autos die ganze Nacht hindurch weiter, ohne zu wissen, was uns in Berlin erwartet. Viel Zeit zum Recherchieren oder Fühlerausstrecken hatten wir leider nicht, das macht uns alle schon ein wenig nervös. Hinzu kommt, dass es in Berlin mit unserem 15-Kilometer-Radius schwierig werden könnte. Gibt es hier vielleicht noch andere Möglichkeiten als die kleinen Bioerzeuger in der Peripherie, die für uns aufgrund der Größe der Stadt im Zweifel zu weit entfernt sind? Bei LOKAL geht es ja auch immer darum, die Wertschöpfungskette zu schließen, also um eine vertikale Integration, die dazu führt, dass man den Kunden als Erzeuger selbst am Haken hat. Eine Stunde von Berlin entfernt in der Uckermark hat Sarah Wiener 2015 mit zwei Partnern den biologischen Landwirtschaftsbetrieb „Gut Kerkow" gekauft. Hier versucht sie, mit Land-, Vieh- und Milchwirtschaft, Metzgerei, Hofladen und eigener Biogasanlage die Vorstellung eines in sich geschlossenen, ganzheitlichen landwirtschaftlichen Systems mit kurzen Wegen zu realisieren. Leider ist der Hof für uns zu weit weg, aber vielleicht finden wir ja noch Alternativen.

Urban Gardening oder die Selbstversorgung in der Stadt

Und während wir noch durch die Nacht fahren, taucht die Frage auf, was Menschen in einer so großen Stadt wie Berlin eigentlich tun, wenn sie sich selbst versorgen wollen? Ist das überhaupt möglich? „Klar", sagen Simon und ich, „das gibt es schon." Gerade in Berlin ist nicht erst seit gestern das Stichwort „Urban Gardening" zum Synonym für Selbstversorgung in der Stadt geworden. In der jüngeren Vergangenheit entstehen in vielen größeren Städten von Nord nach Süd und West nach Ost, beispielsweise Hamburg, Köln, Andernach, München, Salzburg, Genf und auch eben in Berlin Stadtgärtnerprojekte. Hier in Berlin ist das zum Beispiel der „Prinzessinnengarten" mit knapp 6 000 Quadratme-

tern Fläche, einer städtischen Liegenschaft in der Nähe des Moritzplatzes in Kreuzberg. Diese wurden vom Verein „Nomadisch Grün gemeinnützige GmbH" rund um Robert Shaw und Marco Clausen „erkämpft": Die Fläche der heutigen Gärten hätte im Jahr 2012 eigentlich gegen Höchstgebot verkauft werden sollen. Schließlich konnten ein offener Brief an den Senat und die Unterstützung von 30 000 Menschen den Verkauf verhindern. Aus der geplanten Privatisierung wurden die heutigen Pioniergärten. Die erste Pachtperiode ist inzwischen abgelaufen, aber die Verhandlungen mit dem Bezirk Friedrichshain-Kreuzberg über eine Verlängerung laufen.

Ein anderes bekanntes Urban Gardening-Projekt, ach was, eine wahre Urban Gardening-Explosion innerhalb Berlins befindet sich auf dem Tempelhofer Feld.

Wahnsinn, welch kleine Gartenwelten dort innerhalb weniger Jahre entstanden sind! Simon und ich empfinden Vielfalt auch als Schönheit. Ein Erwerbsbauer wür-

de ganz sicher die Hände über dem Kopf zusammenschlagen, wenn er das teilweise Durcheinander auf den Arealen sähe. Aber hier ist ja auch der Ansatz ein ganz anderer und kein wirtschaftlicher. Hier beteiligen sich Privatpersonen daran, die

Hauptstadt zu begrünen, und versorgen sich gleichzeitig mit selbst angebautem Obst und Gemüse. Das hat nicht nur einen dekorativen Effekt, sondern trägt auch zur Verbesserung des Mikroklimas bei. Derartige Projekte ermöglichen dem Großstädter das Verständnis für die Herkunft und den Anbau von Nahrungsmitteln, sie verstärken die Erdverbundenheit. Denn natürlich schmeckt ein selbst angebauter und geernteter Salat besser als ein gekaufter. Ganz nebenbei können Interessierte, die keinen eigenen Garten vor der Haustür haben, so ihren grünen Daumen auf die Probe stellen. Sachen selbst anzubauen holt die Stadtmenschen darüber hinaus auch aus ihrer Isolation, denn es ist neben allem anderen sinngebend, ethnien- und generationsübergreifend. Und für Kinder ganz allgemein ist es wichtig, auch die Welt, die Menschen und schlussendlich auch die Natur außerhalb der vier Wände zu Hause kennenzulernen. Solche Gärten und Freiflächen sind immer gute Angebote. Gute Nachbarschaft und das Miteinander zum Beispiel wollen auch geübt werden, Urban Gardening-Projekte bieten ein Lernfeld dafür. Die Naturverbundenheit kann so im städtischen Raum auf einfache Art und Weise gefördert werden. Das ist auch ein Grund, warum in immer mehr Schulen Schulgärten entstehen.

Dr. Christa Müller, seit einigen Jahren Kuratorin der Schweisfurth Stiftung, die das alles und noch viel mehr zum Thema in ihrem Buch „Urban Gardening – Über die Rückkehr der Gärten in die Stadt" aus dem Jahr 2011 beschreibt, ist die wichtigste Beobachterin und Protagonistin dieser Bewegung. Ich habe sie 1998 kennengelernt, als sie den Schweisfurth-Preis für Ökologische Ökonomie bekam. Sie lehrt an verschiedenen Hochschulen und forscht seit Langem zu nachhaltigen Lebensstilen und neuen Wohlstandsmodellen. Sie kann uns bestimmt weiterhelfen, wenn es um Kontaktdaten für Berlin geht! Gleich morgen früh werden wir sie anrufen.

Endlich geschafft – wir sind da!

Nachdem wir in wechselnder Besetzung tatsächlich die Nacht durchfahren mussten – eine echte Ochsentour, von Hof bis Jena sogar ewig durch Schnee und Eis –, sind wir schließlich da. Untergebracht sind wir dieses Mal in einer Wohnung im angesagten Stadtteil Prenzlauer Berg, ehemals Ostberlin, die Lisa für uns gefunden hat. Eine echt schöne Altbauwohnung im inzwischen gentrifizierten Osten in einer noch

viel schöneren Allee mit edlen Stadthäusern. Unsere Wohnung hat stattliche fünf Zimmer plus Wohnzimmer und Küche. Wir schauen aus dem Fenster auf das morgendliche Treiben der Straße und lassen uns die Morgensonne ins Gesicht scheinen. Wie sah wohl diese Straße zu DDR-Zeiten aus? Von hier aus verorten wir uns nun erst einmal und müssen mit Entsetzen feststellen, dass es im Umkreis von 15 Kilometern fast nichts für uns gibt. Wir zirkeln um unsere Straße herum: nur Stadtgebiet! Einzig die „Domäne Dahlem" scheint uns retten zu wollen. Nichts sonst, es sei denn, wir kommen bei dem Thema Urban Gardening weiter. Oder wir finden jemanden, der uns nachts die Wildschweine aus den Stadtparks schießt … Also greifen wir die Gedanken der letzten Nacht wieder auf und funken Christa Müller an in der Hoffnung, dass sie uns mit Telefonnummern oder zumindest Tipps versorgen kann. Wir erreichen sie direkt und – super – sie hat auch sofort die Nummern der Geschäftsführer vom „Prinzessinnengarten" für uns parat. Leider können wir die Herren trotz vieler Versuche nicht erreichen. Es ist Anfang Dezember und der Garten ist geschlossen. Diese Option fällt also flach, schade!

Zumindest können wir uns *on very short notice* für später bei der „Domäne Dahlem", einem Freilandmuseum für Agrar- und Ernährungskultur mit ökologischem Schwerpunkt, ankündigen. Aber irgendwo muss die Foodszene in dieser Großstadt doch noch etwas anderes für uns bieten?

Die Foodszene in der Hauptstadt

Genau wie Berlin selbst, so ist auch die Foodszene in ständiger Bewegung. In keiner zweiten deutschen Stadt ist das Essensangebot derart vielfältig und entwickelt sich schneller immer weiter. Das macht die Hauptstadt absolut spannend, längst ist sie kulinarischer Hotspot, hier treffen sich Foodies aus aller Welt. Ständig gibt es neue Restaurants, Märkte und Stände. Pop-up-Restaurants öffnen und schließen wieder, in privaten Supperclubs begegnen sich unbekannte Gäste, die nichts voneinander wissen bis auf die gemeinsame Freude an einem exklusiven Dinner.

In Berlin trifft Sternegastronomie auf Streetfoodszene, hohe Kochkunst auf experimentelle Genüsse. Aktuell sprießen quasi über Nacht immer mehr Mini-Manufakturen und Mikro-Brauereien für Craft Beer

aus dem Boden. Sie beweisen, dass Qualität auch oder gerade beim Essen und Trinken im Kleinen anfängt – das entspricht ja ganz unserer Meinung. Der Geschmack der Stadt ist eine aromatische, manchmal vielleicht auch deftige Mischung aus Regionalität und Internationalität.

Denn schon seit einiger Zeit und trotzdem immer noch sehr aktuell dreht sich bei Produkten und beim Thema Essen auch hier so einiges um die Schlagwörter „biologische Erzeugung", „Nachhaltigkeit" und „Made in Brandenburg". Egal ob im Foodtruck, am Brotstand eines Biomarkts oder im Sternerestaurant: Man möchte wieder echtes Handwerk schmecken und Zutaten verwenden, die nicht um den halben Erdball reisen mussten. Ein deutliches Zeichen setzten im Januar 2016 anlässlich der Grünen Woche 23 000 Bauern und Verbraucher, die – angeführt von zusätzlich 130 Traktoren – in der Hauptstadt für Bauernhöfe, die umwelt- und klimafreundlich wirtschaften, artgerechte Tierhaltung verwirklichen, gentechnikfrei arbeiten und deren Grundsatz fairer Handel ist, demonstriert haben. Unter dem Motto „Wir haben Agrarindustrie satt! Keine Zukunft ohne Bäuerinnen und Bauern" zogen sie zum Bundeskanzleramt und forderten von der Bundesregierung, endlich die Weichen für eine bäuerliche und ökologischere Zukunftslandwirtschaft zu stellen.

Als aktuelles Beispiel aus dem Bereich der Gastronomie sei hier nur rasch „Nobelhart & Schmutzig" erwähnt. Besitzer und Sommelier Billy Wagner und sein Küchenchef Micha Schäffer kochen hier „brutal lokal". Das jeweilige tiefe Interesse für Produkte, ihre Herkunft sowie die nötigen Produktionsprozesse macht sie zu einem grandiosen Team. Die Kreativität der biologisch orientierten, saisonalen Regionalküche mit Anlehnung an die Prinzipien der New Nordic Cuisine, die auf Berliner Keramik serviert wird, wurde vom Guide Michelin dann auch vor Kurzem mit dem ersten Stern honoriert. Sein Fleisch bezieht das „Nobelhart & Schmutzig" größtenteils aus der „Markthalle Neun", und da wollten wir eh vorbei. Also machen wir uns auf den Weg, denn irgendwo müssen wir ja ansetzen. Es freut uns übrigens, dass so ein LOKAL denkendes und kochendes, perfekt inszeniertes und kulinarisch auf höchstem Niveau befindliches Restaurant vom Michelin wahrgenommen und prämiert wird. Der Mut, den die Jungs haben, auch die Sturheit von Billy, trägt seine Früchte. So konsequent aus allem, was man an Überfluss aus der Sternegastronomie kennt, auszutreten, macht Berlin auch aus. Wenn Sie etwas wirklich Interessantes und Neues kennenlernen wollen, nehmen Sie sich die Zeit – und das Geld – und lassen Sie sich von den Köchinnen und Köchen samt Billy selbst umgarnen!

Station 1: „Markthalle Neun" in Berlin-Kreuzberg

Die Macher der „Markthalle Neun" in Berlin-Kreuzberg folgen ebenfalls in ihrer Grundeinstellung dem Wunsch nach einer bäuerlichen und ökologischen Zukunftslandwirtschaft. Mit den Geschäftsführern Bernd Maier, Florian Niedermeier und Nikolaus Driessen hat sich im Jahr 2011 eine sehr, sehr coole und urbane Truppe versammelt, die versucht, in der ehemaligen Eisenbahnhalle eine interessante Mischung an Kulinarik anzubieten – immer auf der Suche nach etwas Neuem, wobei die Aussteller und Verkäufer auch nicht immer hundertprozentig bio sind oder sein müssen. Aber das Konzept lebt von Menschen,

die aus einer ganz bestimmten Überzeugung heraus mit Lebensmitteln arbeiten, die – wie eigentlich alle unsere Erzeuger, die wir auf den LOKAL-Touren treffen – mit dem, was sie tun, einen Traum verwirklichen. An drei Tagen in der Woche gibt es einen Wochenmarkt, der an einem Abend durch einen wöchentlichen Street Food Market ergänzt wird. Eine weitere Besonderheit ist, dass man hier nicht nur kaufen, sondern alles auch direkt vor Ort verzehren kann. Rundherum sind die Stände, in der Mitte der Halle wird gegessen. Man kann alles mit nach Hause nehmen oder auch sofort verzehren. Hier herrscht alles andere als Monokultur, irgendwo in der Halle gibt es sogar noch einen Kik- und einen Aldi-Markt. Als wir das bei unserer Ankunft sehen, denken wir zuerst, dass das wirklich gar nicht geht. Aber dieser Stilbruch ist auf den zweiten Blick sehr interessant, schließlich leben wir auch alle auf einem Planeten. Passt auch zu Berlin, denn die Stadt ist nicht schick, irgendwie ist immer alles auch ein wenig selbst gemacht. Denn die Berliner lieben im Grunde dieses Unperfekte und die bunte, immer auch etwas olle Patina. Wie im Rest der Stadt, so treffen also auch hier Welten aufeinander. Und was die Marktstände angeht, die uns interessieren, so sieht man hier nicht nur das Erzeugnis, sondern auch die Bauern dahinter, das faire Wirtschaften, die Erzeugerkultur, die Esskultur. Die „Markthalle Neun" schafft die Wiederverbindung vom Land in die Stadt. Hier findet man vieles, was im Berliner Umland, zum Beispiel in der Uckermark, angebaut wird. Die angebotenen Brote und Öle erzählen Geschichten, sie wollen endlich wieder Handwerk sein. Und

weil sie das auch sind, wecken sie bei uns automatisch Kindheitserinnerungen. Ihre Zusammensetzungen gehen auf alte Rezepturen zurück. Die Rohstoffe kommen nach Möglichkeit von regionalen Produzenten, Mühlen aus dem Spreewald und der Lüneburger Heide. Und alle hocken zusammen, schwätzen, lachen und futtern! Manchmal Hunderte von Menschen aus der ganzen Welt, denn die Sogkraft dieses Projekts ist international.

Station 2: „Kumpel & Keule" – die gläserne Metzgerei

Dieser Grundansatz wird auch bei den Jungs von „Kumpel & Keule" gelebt, in deren gläserner Metzgerei wir ausgiebig stöbern und zuschauen dürfen. Hendrik Haase, der „Outreacher" dieser ganz jungen Firma, der gemeinsam mit dem jungen Metzgermeister Jörg Förstera Gründer der Metzgerei ist, empfängt uns herzlich und offen. Nach einer kurzen Vorstellung, wer wir sind und was sich hinter dem Projekt „LOKAL" verbirgt, tauchen wir auch schon in ein intensives Gespräch über Tierhaltung, Fleisch und Fleischverarbeitung ein. Denn das ist ja im Grunde auch Simons und mein Thema, schließlich bin ich gelernter Metzger und das Produkt unserer Zusammenarbeit haben Simon und ich schon in einem Fleischbuch bündeln dürfen.

Man muss natürlich dazusagen, dass ich Hendrik schon länger kenne und schätze. Hendrik ist nicht nur diplomierter Kommunikationsdesigner, er bezeichnet sich selbst auch als Unternehmensberater, kulinarischer Kurator, Autor, Künstler, Foodaktivist,

Entrepreneur, Moderator, Fotograf und Blogger. Er war Mitbegründer des weltweit aktiven „Slow Food Youth Network". Mit „Slowfood" ist er auch Mit Initiator der legendären „Schnippeldiskos", bei denen weltweit von Paris über New York bis nach Seoul junge Menschen schälend, schneidend und tanzend auf Lebensmittelverschwendung aufmerksam machen wollen und dagegen kämpfen. Er hat es raus, kulinarische Themen, die uns alle angehen, auf junge und packende Weise unter das Volk zu bringen. Durch seine Arbeit mit anderen Kulturschaffenden entwickeln sich immer neue Projekte. Ich habe ihn in unseren „Herrmannsdorfer Landwerkstätten" bei München kennengelernt, weil meine Schwägerin ihm die Gestaltung der Herrmannsdorfer Handwerkstatt übertragen hatte. Hier lernen Leute, wie man Joghurt herstellt und Brot backt, Weißwurst und Bratwurst macht.

Hendrik und Jörg wollen mit „Kumpel & Keule" die verloren gegangenen Kenntnisse im Metzgerhandwerk zurückholen und die Schönheit und Vielfältigkeit dieses Berufs sichtbar machen. Dass das Metzger-

handwerk verloren gegangen ist, sieht man nach Meinung Hendriks – und auch der von Simon und mir – überdies daran, dass nur noch Edelteile verarbeitet werden. Anders bei „Kumpel & Keule". Hier werden alle Stücke vom Tier angeboten, sie alle erfahren die ihnen gebührende Wertschätzung – *from nose to tail*, wie der berühmte Fergus Henderson vom „St. John" in London das nannte. Doch die Wertschätzung jedes einzelnen Tieres beginnt schon viel früher, denn alle bei „Kumpel & Keule" zerlegten und verkauften Tiere werden von Anfang an artgerecht gehalten und ohne Gentechnik und Medikamente aufgezogen. Hendrik, der sich selbst „Wurstsack" nennt, erzählt uns, dass „Kumpel & Keule" wirklich jeden Bauern kennen, der sie beliefert. Es ist ihnen wichtig zu wissen, woher das Fleisch stammt und wie die Tiere groß geworden sind, deren Einzelteile sie verarbeiten oder verkaufen.

Das Fleischangebot enthält vielfach alte Rassen, zum Beispiel das Hällische Landschwein – ein Beitrag zur Erhaltung der Artenvielfalt und eine Rückbesinnung auf die Vorzüge dieser Rassen. Denn im

Gegensatz zu Neuzüchtungen und Kreuzungen sind sie robust und langlebig. Sie sind genügsam, gesund und resistent gegen Krankheiten und Stress. Sie sind fruchtbar und haben gute Muttereigenschaften. Und: Sie sind vom Aussterben bedroht, weil heute alles in die Hybridzucht geht, wo es nur noch um rasches Wachstum mit möglichst wenig Futtereinsatz geht.

Was uns besonders gut gefällt, ist die Auslage – sie ist klar und geordnet, Fleischberge sucht man hier vergeblich. Jedes Teil für sich hat seinen Platz, die Stücke kleben nicht aneinander. Die Auslage ist eine Augenweide, und die Teller unter den Fleischteilen sind weiß. Haben Sie schon einmal darauf geachtet, welche Farbe die Teller unter den Fleisch- und Wurstwaren dort haben, wo Sie Ihr Fleisch kaufen? Im Zweifel sind sie schwarz, das wirkt auf den Kunden hygienischer, als wenn auf weißen Untergründen Fleischsaft oder Ähnliches austritt. „Kumpel & Keule" verzichtet auch auf rote Beleuchtung, die sonst verwendet wird, um das Rot des Fleisches zu betonen. So bleiben zu Hause Enttäuschung und Verwunderung darüber aus, dass das Fleisch in der Theke doch ganz anders und viel „schöner" ausgesehen hat. Die gläserne Metzgerei ist im wahrsten Wortsinn transparent, denn man kann den Verarbeitungsbereich hinter einer Glasscheibe genau und jederzeit beobachten. Auf engstem Raum werden die Teile vom Tier zerlegt, dahinter gibt es nur einen kleinen Kühlraum, der ein wenig an einen Dry Ager, einen Fleisch-Reifeschrank, erinnert. Außerdem gibt es ein kleines Fenster zum Öffnen. Wer etwas wissen will, klopft und die Metzger dahinter beantworten gern jede Frage. Die gläserne Metzgerei ist also

Links: Hendrik Haase – ein Berliner Original

Unten: So wie im Kühlraum von „Kumpel & Keule" muss Fleisch aussehen!

auch ein Ort des Dialogs, wo man wieder mehr ins Gespräch kommt – das ist an den Supermarktfleischtheken in aller Regel wenig bis gar nicht möglich. Die Verkäuferinnen und Verkäufer hinter der Theke haben vielfach nämlich gar nicht die Zeit, Kunden intensiv zu beraten. Zum Teil fehlt aber auch das Wissen. Bei Hendrik und Jörg hingegen entsteht eine Partnerschaft zwischen Erzeugern, Verkäufern und Kunden, von Weide und Stall bis auf den Teller. „Kumpel & Keule" will den ehrlichen Fleischgenuss zurückbringen, dem Handwerk seine Würde zurückgeben und steht für eine neue, junge Generation von Metzgern, die mit Leidenschaft und Überzeugung auf der Suche nach allumfassender Qualität von der Weide bis zum Teller sind. Damit ist die Metzgerei für Leute, die sagen: „Wenn schon Fleisch, dann etwas Gutes." Denn es ist nicht unbedingt die notwendige und allein richtige Konsequenz zu sagen: „Wenn in der konventionellen Produktion die Tiere schlecht behandelt werden, dann essen wir eben gar kein Fleisch mehr." Für vie-

le Menschen ist es auch eine Alternative, weniger Fleisch zu essen, dafür dann aber von guter Qualität und in der Gewissheit, dass die Tiere bis hin zum Schlachten gut versorgt wurden.

Und Berlin wäre nicht Berlin, wenn es nicht trotz aller Rückbesinnung die Balance von altbewährten Traditionen und neuen internationalen Geschmäckern schaffen würde. Wer in der „Markthalle Neun" steht, der merkt sehr schnell, wie extrem hip bewussterer Umgang mit Lebensmitteln sein kann. Leider können wir von hier keine Produkte mitnehmen, denn die Erzeuger, von denen das Fleisch stammt, liegen sämtlich außerhalb unseres 15-Kilometer-Radius. Aber immerhin können wir für unser morgiges Koch-Event die Location klarmachen – wir werden genau hier in der „Markthalle Neun" kochen und bekommen sogar eine kleine Küche zur Verfügung gestellt, in der wir unsere Vorbereitungen treffen können. So packen wir bis zum Wiedersehen lediglich interessante Einblicke und anregende Gesprächen mit ins Gepäck und machen uns wieder auf die Suche nach LOKALen Produkten.

Station 3: Die „Domäne Dahlem"

In Berlin hat die Rückbesinnung auf lokale Produkte sicherlich noch wesentlich mehr als in anderen Regionen mit der Historie der Stadt zu tun. Denn während der Zeit, als Berlin eine geteilte Stadt war, besaß Westberlin ja gar kein Umland, in dem man Obst, Gemüse und Fleisch

Links: Die „Domäne Dahlem" liegt so gerade in unserem Radius.

Rechts: Marcus Heiermann ist zuständig für Gemüseanbau

hätte produzieren und beziehen können. Auf 112 von 155 Kilometern Gesamtlänge trennte die Mauer Westberlin von seinem Brandenburger Umland. Diese Zeiten gehören glücklicherweise der Vergangenheit an, der Wunsch der Großstädter nach eigenem Anbau indes ist geblieben. Vielleicht auch deswegen zeichnet sich gerade hier für bewusst lebende Städter neben dem Urban Gardening ein weiterer Trend mit Zukunft ab: Urban Farming, also innerstädtische Landwirtschaft sowie Tierhaltung in Ballungsgebieten im Einklang mit der Natur für den Eigenbedarf der Region.

Genau das ist der Ansatz unserer nächsten Station, der „Domäne Dahlem", ziemlich genau 15 Kilometer von unserem Headquarter entfernt im Südwesten der Stadt. Hinter dem einfachen Namen verbirgt sich ein Freilandmuseum für Agrar- und Ernährungskultur mit ökologischem Schwerpunkt. Auf dem Weg hierher gibt es erst einmal eine Diskussion, ob die Domäne denn wirklich noch in unserem Einzugsgebiet liegt. Aber dank einiger Kartenprogramme im Internet können schließlich auch noch die letzten Zweifler unserer klei-

nen Reisegruppe überzeugt werden. Als wir endlich ankommen, hat es leider zu regnen begonnen. Jacqueline Jancke, die Verantwortliche für Pressearbeit und Freiwilligen-Koordination, bei der wir uns heute Morgen immerhin telefonisch kurz ankündigen konnten, empfängt uns sehr herzlich und vernetzt uns direkt mit den Menschen, die hier für uns wichtig sind. Jacqueline kenne ich – das fällt mir jetzt wieder ein, wo wir uns gegenüberstehen – tatsächlich persönlich, denn sie hat vor Jahren schon stellvertretend für die „Domäne Dahlem" den Agrar-Kulturpreis der „Schweisfurth Stiftung" entgegengenommen. Sie selbst kann sich auch noch gut daran erinnern. Der Agrar-Kulturpreis zeichnet Landwirtschaftsprojekte aus, die sowohl ökologisch als auch sozial gut und erfolgreich handeln, bei denen die Verantwortung für die Welt über das „normale" Biobusiness hinaus im Konzept und im Tun deutlich spürbar wird.

Als Archehof hält die Domäne viele vom Aussterben bedrohte Tiere wie Deutsche Sattelschweine, Rauwollige Pommersche Landschafe, Thüringer Waldziegen und Rinder der Rassen Rotes Höhenvieh und Alte Deutsche Schwarzbunte in Herdbuchzucht – ein eindeutiger Beitrag zu Arterhalt und Wiederaufbau der alten Rassen. Das finden wir großartig! Darüber hinaus tummelt sich auf dem Hof allerlei Federvieh: Sundheimer Hühner, Sperber- und Vorwerk-Hühner, Pommernenten und Cröllwitzer Puten. Wie bei Schweinen, Ziegen und Rindern, so wird auch beim Geflügel neben dem Arterhalt das Fleisch vermarktet, zusätzlich werden die Zuchttiere lebend verkauft. Pferde und Ponys sowie ein Schauvolk Honigbienen komplettieren den Tierbestand. Es ist wichtig, einen soliden Genpool alter Nutztierrassen zu entwickeln, weil die Industrie mit ihrer Gewinnsucht ja von Hochleistungshybriden und dem Patent auf diese Tiere unglaublich viel Geld verdient. Diese alten Rassen verschwinden einfach, weil sie nicht so schnell zunehmen, weniger Fleisch ansetzen respektive Eier legen und billig sind. Die positiven Eigenschaften der alten Rassen sind heute nicht mehr gefragt, wie etwa gute Muttereigenschaften, Vitalität und damit größere Resistenz gegen Krankheiten, leichte Geburten und Genügsamkeit, was das Futter betrifft. Wenn Sie heute eine Friesian Holstein-Hochleistungsmilchkuh nur mit Gras füttern würden, dann würde sie verkümmern! Erschreckend, oder?

Die „Domäne Dahlem" tut viel für die Umweltbildung. Der angeschlossene Bioland-Hof ist Teil des Freilandmuseums, der Arbeitsalltag in der Landwirtschaft kann hier auf etwa zwölf Hektar Fläche erlebt werden. Klein und Groß sind das ganze Jahr über willkommen. Natürlich bilden die Tiere eine besondere Attraktion. Im Rahmen von Kursen finden generationenübergreifen-

Die „Domäne Dahlem" besitzt einen eigenen Hofladen.

So müssen Stiefel nach getaner Feldarbeit aussehen!

de Bildungsangebote wie Kochen, Backen, Kräuterkunde, Landbaukunde oder Gärtnern statt. Wie beim Urban Gardening gibt die „Domäne Dahlem" Kindern und Erwachsenen die Möglichkeit, an eine landwirtschaftliche Produktion anzudocken. Und wir finden es super, dass in der Großstadt eine städtische Domäne bio sein kann, das ist ein Statement und gerade darum heute wichtig, denn die konventionelle Landwirtschaft trägt immer weniger Verantwortung für unsere Lebensgrundlage, den Boden. Bio wird immer hoffähiger und als Alternative zur gängigen Monokulturdenke erlebt, wenn sich städtische Projekte wie die „Domäne Dahlem" entschließen, in bio und Vielfalt zu machen.

Wir müssen natürlich unbedingt zum Hofladen des Freilichtmuseums, denn wir sind ja immer noch auf der Suche nach Produkten für unser Essen und in unserem Korb herrscht nach wie vor gähnende Leere. Hier treffen wir Sieglinde Hohmann, die den Laden am Laufen hält. Unsere Frage, warum hier gefährdete Nutztierrassen verkauft werden, beantwortet sie folgendermaßen: „Man kann eigentlich nur erhalten durch aufessen, das heißt, man braucht Nachzucht, um alte Rassen zu erhalten. Man muss häufig reproduzieren." Und da es – verständlicherweise – auf dem Hof keinen Platz für alle gezüchteten Tiere gibt, wird auch hier geschlachtet und verkauft. Die Kunden sollen schließlich auch erfahren, wie diese alten Rassen im Gegensatz zu den häufig auf Masse statt Klasse gezüchteten Hybriden schmecken. Beispiel: Das Deutsche Sattelschwein – gefährdete Nutztierrasse des Jahres 2006, schwarze Grundfarbe mit einem weißen „Sattel" in der Rückenmitte – ist durch seine fünf bis acht

Ein wunderschöner, stolzer „Deutscher Sperber"

Zentimeter dicke Speckauflage berühmt. Das ist richtig guter, fester und nicht schwabbeliger weißer Speck, den man so heute kaum noch bekommt. Seine Fleischqualität ist natürlich auch in den Magerteilen zu spüren, es ist dunkler und hat eine bessere Marmorierung, also intramuskuläres Fett – Gründe, warum das Fleisch bei den Kunden sehr geschätzt ist. Das intramuskuläre Fett erzeugt einen wunderbaren Geschmack, zum Beispiel im Kotelett.

Zum Abschluss dürfen wir selbst eine Pommernente und einen wunderschönen Deutschen Sperber, also einen Hahn, nach allen Regeln der Kunst schlachten, das ist ein wirklich großer Moment – insbesondere für mich als Metzger und Simon als Koch. Wobei wir beide es auch gut verstehen können, dass nicht jeder einmal selbst schlachten möchte. Das ist unserer Meinung nach auch gar nicht nötig.

Schließlich rettet die „Domäne Dahlem" unsere Berlin-Tour und wird zu unserem kulinarischen Paradies, denn von hier nehmen wir alles mit, was wir zum Ko-

chen brauchen: Hähnchen und Ente samt Innereien, Entenfett, Kürbis, verschiedene Kohlsorten, Karotten, Rote Bete, Sellerie, Grünkohl, Chilischoten, Zwiebeln, Knoblauch und Kräuter. Dann müssen wir auch schon wieder los, obwohl wir hier gerne noch viel mehr Zeit verbringen würden. Alles ist wieder einmal sehr kurz, aber auch sehr innig. Wir verabschieden uns und machen uns nach einem langen und anstrengenden Tag auf den Weg zurück zur „Markthalle Neun", um dort in der kleinen Küche schon einige Vorbereitungen für unser Koch-Event morgen zu treffen.

In einer Metropole wie Berlin stoßen wir einfach an unsere Grenzen: Die Challenge ist zu hart! Und im Moment haben wir nur noch eines, nämlich selbst Hunger. Es ist kalt und wir sind müde, da ist „ordentlich was hinter die Kiemen" angesagt! Nicht weit entfernt von der Domäne gehen wir mit ein paar Mitarbeitern der Domäne in eine Currywurstbude, die ist ganz bestimmt nicht bio – aber wir müssen jetzt etwas essen! Manchmal, wenn der Hunger einen überwältigt, sind Kompromisse nötig.

Ganz links:
Der Hofladen
der „Domäne
Dahlem" lässt
kaum Wünsche
offen.

Links: Andreas
Hoppe und
Hendrik Haase
verstehen sich.

Ein Abend mit „Elaiza", Andreas Hoppe und Hendrik Haase

Abends gibt es in unserer Wohnung noch ein Stelldichein mit Andreas Hoppe, unserem „Wurstsack" Hendrik und den Mädels von „Elaiza", die spätestens seitdem sie 2014 Deutschland beim „Eurovision Song Contest" vertreten haben, bekannt sind. Sie geben sich die Ehre und uns ein kleines Konzert. Frontfrau Elzbieta „Ela" Steinmetz, deren Name der Band den Namen gab, Yvonne Grünwald und Natalie Plöger sind wirklich geniale Musikerinnen und sehr lässige, nette und besondere Damen! Simon hat sie mal bei einer Veranstaltung kennengelernt und heute zu uns eingeladen. Sie finden unser Projekt „LOKAL" natürlich spannend, wie alle jungen Menschen, die ein bisschen über die Welt nachgedacht haben, und sie haben sichtlich Spaß daran, auch einmal in andere Lebensbereiche hineinzuschnuppern. Und wir finden es klasse, dass sie sich uns angeschlossen haben! „Elaiza" spielt für uns einige schöne Songs – unplugged sozusagen: Harmonium, Kontrabass und Gesang durch Ela. Danach wird noch bis spät in die Nacht hinein viel gefuttert, diskutiert und gelacht.

Kochen in der „Markthalle Neun"

Am nächsten Morgen geht es zum Kochen zurück in die „Markthalle Neun". Zum Glück haben wir am Vortag schon einiges vorbereitet. Unsere Küche ist klein, aber sie bietet alles, was wir brauchen. Vor dem Haupteingang baue ich unseren kleinen Grill auf, genannt Green Egg, mit dem man auch räuchern kann: Hierauf rösten wir unter anderem unseren Kohl (Rezept siehe Seite 115). Im Nu ist alles verraucht und leider steht der Wind so ungünstig, dass wir auch die Halle selbst direkt mit einräuchern, was ich wiederum bedauerlicherweise erst relativ spät bemerke. Aber alle sind wirklich nett und entspannt. Viele Besucher bleiben nicht nur wegen des Rauchs sowohl draußen als auch drinnen interessiert stehen und fragen, was wir hier tun. Das ist ja auch Sinn der Sache, darum gehen wir zum Kochen raus und am liebsten an zentrale Orte, wo viele Leute vorbeikommen, damit wir mit ihnen

über den Sinn und die Funktionsweise von „LOKAL – Das Kochexperiment" ins Gespräch kommen können.

Als unsere Vorbereitungen endlich abgeschlossen sind und es ans Essen geht, sind Hendrik Haase, Andreas Hoppe und Ela ebenfalls wieder mit von der Partie – in ihnen haben wir neue und wirklich treue Freunde gefunden. Außerdem kommen ein paar alte Freunde von uns vorbei, ein alter Mitarbeiter von mir bei „basic", der in Berlin seit Jahren eine gut gehende Weinschule hat, Bernhard Moser. Mit dem Rest der Gesellschaft aus Standbetreibern und interessierten Besuchern freunden wir uns ganz schnell an, während wir an der langen Tafel sitzen, die von Simon zubereiteten Köstlichkeiten essen, erzählen und diskutieren.

Berlin ist für uns ein unglaublich schönes Erlebnis, auch wenn wir LOKALtechnisch aufgrund der Jahreszeit nicht viele Erzeuger, Gärtner, Jäger oder Sammler gefunden haben. Dafür waren die Gespräche mit den offenen Berlinern umso netter. Offen bleibt die Frage, wie wir weltweit in den großen und stetig weiter wachsenden Städten der Zukunft LOKALe Ernährung sicherstellen wollen – solche Fragen bewegen einen in einer Fast-Vier-Millionen-Einwohner-Metropole wie Berlin ganz besonders. Aber neben dieser Frage nehmen wir die vielen Begegnungen mit auf die Reise zurück in unsere Heimatorte und sind schon heute gespannt, was uns bei der nächsten Tour erwartet. Denn vielleicht können wir der Antwort auf diese Frage ja bei einer der nächsten Reisen näherkommen.

*Welche Bioerzeuger wir gefunden haben und
welche Lebensmittel sie uns geben konnten:*

- Spannende Einblicke in die Berliner Foodszene
  in der „Markthalle Neun GmbH",
  Eisenbahnstraße 42/43, 10997 Berlin-Kreuzberg
  ▲ — Entfernung: 2,9 Kilometer

- Interessante Gespräche über Fleisch bei Hendrik
  Haase und Jörg Förstera von „Kumpel & Keule
  GmbH", Eisenbahnstraße 42/43, 10997 Berlin
  ▲ — Entfernung: 2,9 Kilometer

- Hähnchen und Ente samt Innereien, Entenfett,
  Kürbis, verschiedene Kohlsorten, Karotten, Rote
  Bete, Sellerie, Grünkohl, Chilischoten, Zwiebeln,
  Knoblauch und Kräuter bekommen wir im Hofla-
  den der „Stiftung Domäne Dahlem – Landgut und
  Museum", Königin-Luise-Straße 49, 14195 Berlin
  ▲ — Entfernung: 10,0 Kilometer

BASISREZEPTE

FÜR ENTENSCHMALZ, GRIEBENSTAUB
& GEFLÜGELFOND

ENTENSCHMALZ & GRIEBENSTAUB, CA. 500 ML:

— 350 G ENTENFETT

— SALZ

— AUSSERDEM: HANDRÜHRGERÄT, STABMIXER ODER
BLITZHACKER, EINMACHGLÄSER

Zubereitungszeit: 30 Minuten

1 — Das Entenfett in feine Würfel schneiden, in einem Topf erhitzen und bei mittlerer Hitze etwa 20 Minuten auslassen.

2 — Das ausgelassene Fett durch ein feines Sieb gießen und abkühlen lassen. Sobald es fest wird, das Schmalz mit den Quirlen des Handrührgeräts schaumig-weiß aufschlagen, in ein Vorratsglas abfüllen und abkühlen lassen.

3 — Die aufgefangenen Grieben mit 1 Teelöffel Salz mischen, vollständig auskühlen lassen und mit dem Stabmixer oder im Blitzhacker fein mixen. Den Staub in Einmachgläser abfüllen.

GEFLÜGELFOND, CA. 500 ML

- 1 KARKASSE (ENTE, HUHN)
- SCHALEN UND ABSCHNITTE VON 1 BUND
  SUPPENGEMÜSE (KAROTTE, SELLERIE, ZWIEBEL)

- SALZ
- AUSSERDEM: SCHAUMLÖFFEL

Zubereitungszeit: 2 Stunden

1 — Die Karkasse grob hacken, in einem großen Topf mit 2 Liter Wasser bedecken, Schalen und Abschnitte vom Gemüse sowie 1 Teelöffel Salz dazugeben. Alles aufkochen und bei mittlerer Hitze etwa 30 Minuten köcheln lassen, dabei den an der Oberfläche entstehenden Schaum abschöpfen.

2 — Den Fond durch ein feines Sieb in einen zweiten Topf gießen, erneut aufkochen und bei mittlerer Hitze etwa 1 ½ Stunden einkochen.

BRUST VOM HAHN

MIT MÖHREN AUF VIERERLEI ART
FÜR 4 PERSONEN

FÜR DIE BRUST VOM HAHN:

- 2 HÄHNCHENBRUSTFILETS
  (À 300 G)
- SALZ
- 4 EL ENTENSCHMALZ,
  ALTERNATIV NEUTRALES
  PFLANZENÖL

Zubereitungszeit: 30 Minuten

1 — *Für die Brust vom Hahn:* Den Backofen auf 120 °C Ober-/Unterhitze (Umluft und Gas nicht empfehlenswert) vorheizen. Das Hähnchenfleisch gründlich waschen und mit Küchenpapier trocken tupfen. Von beiden Seiten mit Salz würzen.

2 — Das Entenschmalz in einer Pfanne erhitzen und die Hähnchenbrust darin bei mittlerer bis starker Hitze von beiden Seiten kurz anbraten. Das Fleisch aus der Pfanne nehmen und im heißen Ofen auf dem Rost je nach Dicke 15 bis 20 Minuten nachgaren.

3 — Den Backofen ausschalten, die Tür öffnen und das Fleisch im Ofen 1 Minute ruhen lassen. Die Tür wieder schließen und das Fleisch weitere 2 Minuten ruhen lassen, dann in 4 gleich große Stücke aufschneiden.

$\longrightarrow$

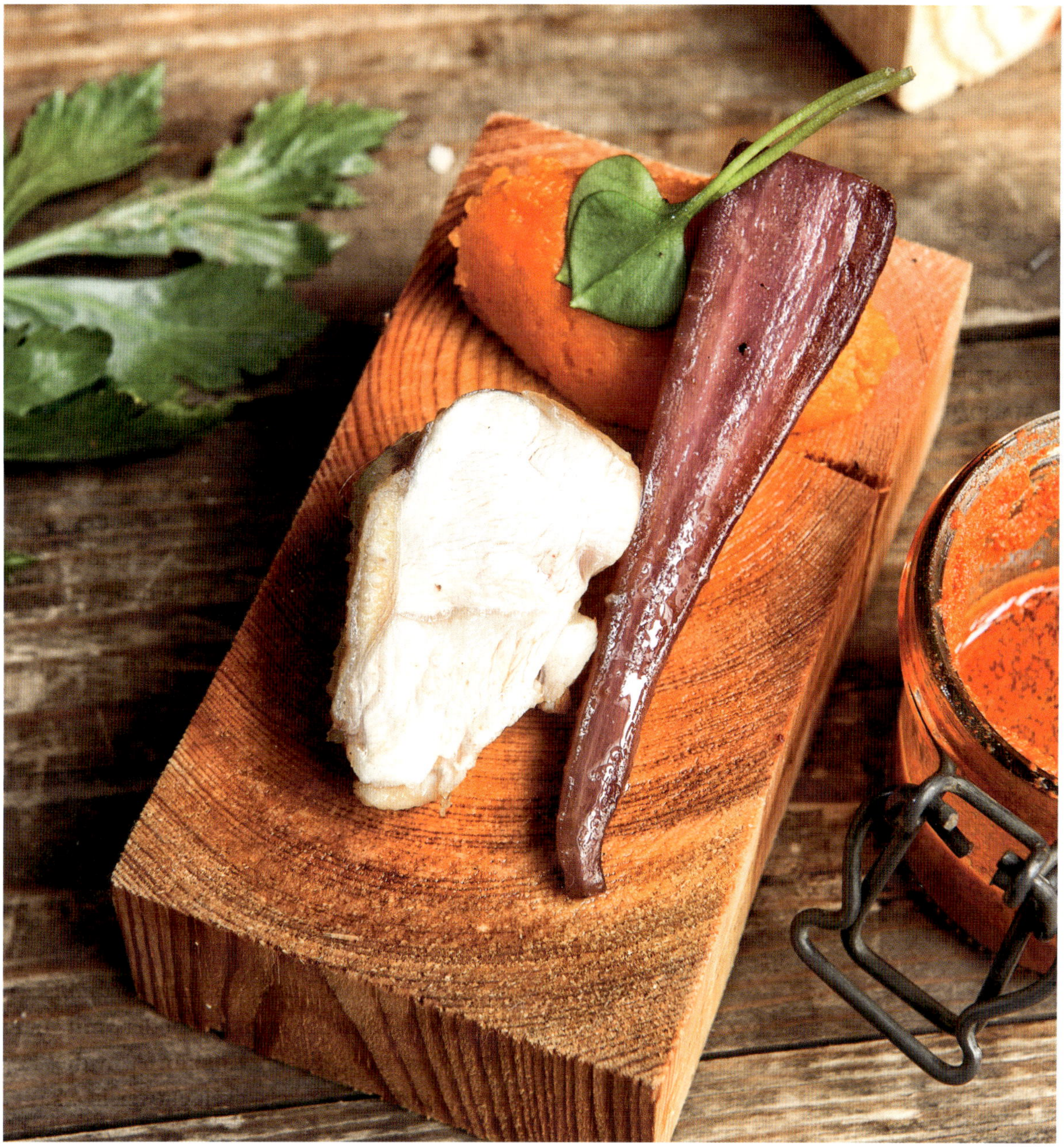

N 52°31'12.023" — O 13°24'17.834"

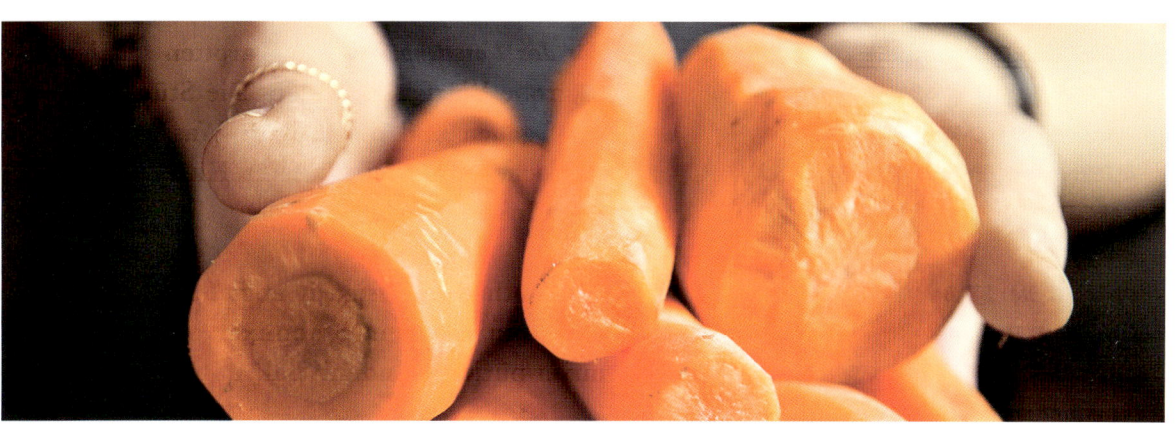

FÜR KAROTTENSAFT UND KAROTTENCRUMBLE:

- 900 G GELBE KAROTTEN, ALTERNATIV GEWÖHNLICHE KAROTTEN
- AUSSERDEM: ZENTRIFUGALENTSAFTER, STANDMIXER (OPTIONAL)

Zubereitungszeit: 15 Minuten

1 — *Für Karottensaft und Karottencrumble:* Den Backofen auf 120 °C Ober-/Unterhitze (Umluft und Gas nicht empfehlenswert) vorheizen. 1 Backblech mit Backpapier auslegen. Die Karotten schälen, in grobe Würfel schneiden und durch den Entsafter drücken.

2 — Den Saft in einem kleinen Topf aufkochen und bei mittlerer Hitze etwa 10 Minuten auf etwa ein Viertel der Menge einkochen, bis sein Geschmack intensiv wird. Eine Portion des eingekochten Fonds zum Anrichten beiseitestellen, den Rest noch heiß in ein steriles Einmachglas abfüllen und dieses sofort verschließen.

3 — Das ausgedrückte Karottenfleisch auf dem Backblech verteilen und im heißen Ofen etwa 1 Stunde trocknen lassen, bis es knusprig ist und die Feuchtigkeit verloren hat.

4 — Den knusprig getrockneten Karottencrumble mit der Hand fein zerbröseln oder – sofern vorhanden – im Standmixer fein mahlen.

! — *Tipp:* Das Karottenfleisch für den Crumble im Ofen zwischendurch immer wieder mit dem Holzlöffel wenden. Einen Kochlöffel in die Tür klemmen, damit die Feuchtigkeit entweichen kann.

FÜR DAS KAROTTENPÜREE:

- 700 G GELBE KAROTTEN, ALTERNATIV GEWÖHNLICHE KAROTTEN
- SALZ
- AUSSERDEM: STABMIXER ODER STANDMIXER

Zubereitungszeit: 25 Minuten

1 — *Für das Karottenpüree:* Die Karotten schälen und in grobe Würfel schneiden. Die Stücke in einen Topf geben und mit 1 Liter Wasser bedecken, aufkochen und bei mittlerer Hitze 20 Minuten köcheln lassen.

2 — Die restliche Flüssigkeit abgießen, die weichen Karotten mit dem Stabmixer oder im Standmixer pürieren und mit Salz abschmecken.

FÜR DIE KAROTTEN SOUS-VIDE:

- 6 KLEINE BUNTE KAROTTEN,
  ALTERNATIV GEWÖHNLICHE
  KAROTTEN
- ½ TL SALZ
- AUSSERDEM: VAKUUMBEUTEL,
  ALTERNATIV ZIP-FRISCHHALTE-
  BEUTEL,
  VAKUUMIERER (ENTFÄLLT BEI
  BENUTZUNG EINES FRISCHHAL-
  TEBEUTELS), SOUS-VIDE-GARER,
  ALTERNATIV GROSSER TOPF

Zubereitungszeit: 1 Stunde

ZUM SERVIEREN:

- KRÄUTER ZUM GARNIEREN

1 — *Für die Karotten sous-vide:* Die Karotten schälen und längs in Stücke schneiden. Die Stücke nebeneinander in einen Vakuumbeutel legen, mit ½ Teelöffel Salz bestreuen und mit dem Vakuumierer fest verschließen. Alternativ die Karotten in einen Zip-Frühstücksbeutel geben und vor dem Verschließen – am besten über einer Tischkante – die Luft so gut wie möglich herausstreichen.

2 — Im Sous-Vide-Gerät ein Wasserbad auf 85 °C erhitzen. Die Karottenstücke im heißen Wasser etwa 45 Minuten garen. Alternativ in einem großen Topf das Wasser bis zum Siedepunkt erhitzen und die Karotten darin 30 Minuten ziehen lassen.

¤ — *So geht's zusammen:* Die Brust vom Hahn auf Teller verteilen, jeweils eine Püreenocke und einige Stücke sous-vide-gegarte Karotten daneben anrichten, mit Karottensaft beträufeln, mit Karottencrumble bestreuen und nach Belieben mit Kräutern garniert servieren.

ENTENBRUST & SPITZKOHL

FÜR DIE ENTENBRUST:

- 2 ENTENBRUSTFILETS
  (À CA. 300 G; MIT HAUT)
- SALZ
- 300 G SPITZKOHL
- 4 ZWEIGE THYMIAN
- 1 CHILISCHOTE, ALTERNATIV
  SCHWARZER PFEFFER AUS DER
  MÜHLE
- ½ KNOBLAUCHZEHE
- SALZ
- AUSSERDEM: VAKUUMBEU-
  TEL, ALTERNATIV ZIP-FRISCH-
  HALTEBEUTEL, VAKUUMIERER
  (ENTFÄLLT BEI BENUTZUNG
  EINES FRISCHHALTEBEUTELS),
  SOUS-VIDE-GARER, ALTERNATIV
  GROSSER TOPF

Zubereitungszeit: 12 ½ Stunden

1 — *Für die Entenbrust mit Spitzkohl:* Die Entenbrust-filets gründlich waschen und mit Küchenpapier trocken tupfen. Die Haut mit einem scharfen Messer ganz leicht rautenförmig einritzen. Beide Seiten mit Salz würzen.

2 — Die äußeren Blätter vom Spitzkohl entfernen, den Kohl waschen und ohne Strunk in kleine Stücke schneiden. Den Thymian waschen, trocken schütteln, die Blätter abzupfen und hacken. Die Chilischote gründlich waschen, längs halbieren, entkernen und ohne Stielansatz in feine Würfel schneiden. Den Knoblauch abziehen und ebenfalls fein würfeln.

3 — Spitzkohl, Thymian, Chili und Knoblauch in einer Schüssel mischen. Den Spitzkohl auf 2 Vakuumbeutel aufteilen, je 1 Entenbrust auflegen und das Ganze im Vakuumierer fest verschließen.

4 — Im Sous-Vide-Gerät ein Wasserbad auf 59 °C erhitzen. Ente und Kohl im heißen Wasser etwa 12 Stunden – am besten über Nacht – garen. Alternativ in einem großen Topf das Wasser im Backofen sofern möglich auf dieselbe Temperatur erhitzen und das Fleisch darin ziehen lassen.

⟶

→

5 — Die Entenbrustfilets aus den Vakuumbeuteln nehmen, den Spitzkohl warm halten. Eine Pfanne sehr heiß werden lassen und das Fleisch darin auf der Hautseite bei starker Hitze 1 bis 2 Minuten kross braten.

6 — Das Fleisch herausnehmen, 1 Minute ruhen lassen und jeweils halbieren. Nach Belieben mit Salz verfeinern.

¤ — *So geht's zusammen:* Zum Servieren den Spitzkohl auf Teller verteilen und jeweils ein Stück Entenbrust auflegen.

KEULEN VON DER ENTE

MIT ROTE BETE, SELLERIE UND GRÜNKOHLCHIPS
FÜR 4 PERSONEN

FÜR DIE ENTENKEULE:

- 2 ENTENKEULEN MIT
  KNOCHEN (À CA. 350 G)
- 1 KNOBLAUCHZEHE
- 2 ZWEIGE THYMIAN
- SALZ

Zubereitungszeit: 2 ½ Stunden

1 — *Für die Entenkeule:* Die Entenkeulen in einem Topf mit 1,5 Liter Wasser bedecken. Den Knoblauch abziehen. Den Thymian waschen und mit Knoblauch und 2 Teelöffel Salz zu den Keulen geben. Alles aufkochen und bei mittlerer Hitze mindestens 2 Stunden langsam köcheln lassen.

2 — Die weichen Keulen aus dem Sud nehmen und das Fleisch von den Knochen lösen. Den Sud durch ein feines Sieb in einen kleinen Topf geben, erneut aufkochen und die Flüssigkeit fast vollständig einkochen lassen.

3 — Das Keulenfleisch in Portionsstücke schneiden und vor dem Servieren im Sud langsam erhitzen.

FÜR DAS ROTE-BETE-PÜREE:

- 500 G ROTE BETE
- 1 ZWIEBEL
- SALZ
- AUSSERDEM: STANDMIXER
  ODER STABMIXER

Zubereitungszeit: 30 Minuten

1 — *Für das Rote-Bete-Püree:* Die Roten Beten schälen, in grobe Würfel schneiden und in einem Topf mit 1 Liter Wasser bedecken. Alles aufkochen.

2 — In der Zwischenzeit die Zwiebel abziehen und fein würfeln. Die Würfel mit in den Topf geben und das Ganze etwa 20 Minuten bei mittlerer Hitze weich garen, bis die Flüssigkeit fast verkocht ist.

3 — Rote Bete und Zwiebeln mit der restlichen Flüssigkeit im Standmixer oder mit dem Stabmixer fein pürieren. Mit Salz abschmecken.

N 52°31'12.023" — O 13°24'17.834"

**FÜR DIE ROTE-BETE-REDUKTION
& DEN ROTE-BETE-CRUMBLE:**

– 600 G ROTE BETE
– AUSSERDEM: ZENTRIFUGAL-
 ENTSAFTER, EINMACHGLAS,
 STANDMIXER (OPTIONAL)

Zubereitungszeit: 2 ¼ Stunden

1 — *Für die Rote-Bete-Reduktion & den Rote-Bete-Crumble:* Den Backofen auf 120 °C Ober-/Unterhitze (Umluft und Gas nicht empfehlenswert) vorheizen. Die Rote Bete schälen, in grobe Würfel schneiden und durch den Entsafter drücken.

2 — Den Saft in einem kleinen Topf aufkochen und bei mittlerer Hitze 15 bis 20 Minuten auf etwa ein Viertel der Menge einkochen, bis sein Geschmack intensiv wird.

3 — In der Zwischenzeit ein Backblech mit Backpapier auslegen, das ausgedrückte Rote-Bete-Fleisch aus dem Entsafter darauf verteilen und im heißen Ofen etwa 2 Stunden trocknen lassen, bis es knusprig ist und die Feuchtigkeit verloren hat.

4 — Eine Portion des eingekochten Fonds zum Anrichten beiseitestellen, den Rest noch heiß in ein steriles Einmachglas abfüllen. Den knusprig getrockneten Rote-Bete-Crumble mit der Hand fein zerbröseln oder – sofern vorhanden – im Standmixer fein mahlen.

FÜR DAS SELLERIEPÜREE:

– 500 G SELLERIEKNOLLE
– SALZ
– AUSSERDEM: STABMIXER ODER
 STANDMIXER

Zubereitungszeit: 35 Minuten

1 — *Für das Selleriepüree:* Den Sellerie schälen und in grobe Würfel schneiden. 750 Milliliter Wasser angießen, alles aufkochen und bei mittlerer Hitze langsam etwa 30 Minuten köcheln lassen, bis die Selleriewürfel gar sind.

2 — Den weichen Sellerie mit dem Stabmixer oder im Standmixer fein pürieren und mit etwas Salz würzen.

⟶

FÜR DIE GRÜNKOHLCHIPS:

- 4 BLÄTTER GRÜNKOHL
- 3 EL ENTENSCHMALZ,
  ALTERNATIV NEUTRALES
  PFLANZENÖL
- SALZ

Zubereitungszeit: 25 Minuten

1 — *Für die Grünkohlchips:* Den Backofen auf 120 °C Ober-/Unterhitze (Umluft und Gas nicht empfehlenswert) vorheizen. Die Grünkohlblätter waschen, trocken schütteln und in Stücke zupfen.

2 — Ein Backblech mit Backpapier auslegen, die Blätter darauf verteilen, mit Entenschmalz beträufeln und mit 1 Prise Salz bestreuen. Den Grünkohl im heißen Backofen etwa 20 Minuten backen, bis die Blätter knusprig sind. Herausnehmen und abkühlen lassen.

¤ — *So geht's zusammen:* Auf jedem Teller einen Klecks Rote-Bete-Püree ausstreichen, eine Nocke Selleriepüree aufsetzen, ein Stück Entenkeule anlegen, mit etwas Rote-Bete-Saft beträufeln, mit Rote-Bete-Crumble bestreuen und das Ganze mit Grünkohlchips garniert servieren.

RAGOUT AUS HERZ & LEBER

VON ENTE UND HAHN MIT KÜRBISPÜREE UND GEGRILLTEM KOHL
FÜR 4 PERSONEN

FÜR DAS RAGOUT AUS HERZ & LEBER:

- ½ ZWIEBEL
- ½ KNOBLAUCHZEHE
- 2 ZWEIGE THYMIAN
- 2 EL ENTENSCHMALZ, ALTERNATIV NEUTRALES PFLANZENÖL
- 1 ENTENHERZ
- 1 HÄHNCHENHERZ
- 10 EL ENTENFOND, ALTERNATIV GEFLÜGELFOND (REZEPT SIEHE SEITE 105)
- 1 ENTENLEBER
- 1 HÄHNCHENLEBER
- 2 STANGEN STAUDENSELLERIE
- SALZ

Zubereitungszeit: 25 Minuten

1 — *Für das Ragout aus Herz & Leber:* Zwiebel und Knoblauch abziehen und in feine Würfel schneiden. Den Thymian waschen, trocken schütteln, die Blätter abzupfen. Das Entenschmalz in einem Topf erhitzen und die Zwiebel- und Knoblauchwürfel darin bei mittlerer Hitze anschwitzen. Die Thymianblätter dazugeben.

2 — Die beiden Herzen waschen und mit Küchenpapier trocken tupfen. Das sichtbare Fett der Herzen entfernen und das Fleisch in Würfel schneiden. Die Würfel in den Topf geben und gut anbraten. Den Fond angießen und alles 15 Minuten leicht köcheln lassen, bis die Flüssigkeit fast verkocht ist.

3 — In der Zwischenzeit die Lebern waschen, ebenfalls trocken tupfen und vierteln. Den Staudensellerie schälen und fein würfeln. Leber und Sellerie zu den Herzen geben, alles gut vermengen und nochmals 1 Minute leicht köcheln lassen. Die Innereien mit Salz verfeinern.

$\longrightarrow$

FÜR DEN GEGRILLTEN KOHL:

- 6 BLÄTTER KOHL
  (Z.B. SCHWARZER KOHL)
- SALZ
- AUSSERDEM: HOLZKOHLEGRILL,
  TROCKENE HOLZSTÜCKE

Zubereitungszeit: 5 Minuten

FÜR DAS KÜRBISPÜREE:

- 375 G HOKKAIDOKÜRBIS,
  ALTERNATIV GESCHÄLTER
  MUSKATKÜRBIS
- ⅛ CHILISCHOTE
- ¼ KNOBLAUCHZEHE
- SALZ
- AUSSERDEM: STABMIXER ODER
  STANDMIXER

Zubereitungszeit: 25 Minuten

1 — *Für den gegrillten Kohl:* Den Holzkohlegrill gut aufheizen. Die Kohlblätter waschen, trocken schütteln und in Stücke zupfen.

2 — Die Kohlblätter auf den heißen Grill legen und von beiden Seiten direkt über der Glut kross grillen.

3 — Die kross gegrillten Kohlblätter abkühlen lassen und mit Salz verfeinern.

1 — *Für das Kürbispüree:* Den Kürbis waschen, halbieren, entkernen und mit der Schale in grobe Würfel schneiden. Die Chilischote waschen, längs halbieren und entkernen. Den Knoblauch abziehen.

2 — In einem Topf den Kürbis mit 500 Milliliter Wasser aufkochen und bei mittlerer Hitze etwa 15 Minuten garen lassen, bis die Flüssigkeit ganz eingekocht ist.

3 — Chili und Knoblauch dazugeben. Alles zusammen mit dem Stabmixer oder im Standmixer fein pürieren. Das Püree mit Salz abschmecken.

‡ — *Zum Probieren:* Zu Hause verfeinern Sie das Kürbispüree nach Belieben noch mit 1 Prise schwarzem Pfeffer aus der Mühle.

¤ — *So geht's zusammen:* Auf jedem Teller einen Klecks Kürbispüree ausstreichen, das Ragout darauf verteilen und das Ganze mit gegrilltem Kohl garniert servieren.

ROULADE AUS DER HÄHNCHENKEULE

MIT ROTKOHL
FÜR 4 PERSONEN

FÜR DIE ROULADE AUS DER HÄHNCHENKEULE:

- 2 HÄHNCHENKEULEN (À CA. 300 G)
- 10 ZWEIGE THYMIAN
- ½ KNOBLAUCHZEHE
- 1 ZWIEBEL
- 2 EL ENTENSCHMALZ, ALTERNATIV NEUTRALES PFLANZENÖL
- ¼ WEISSKOHL
- SALZ

Zubereitungszeit: 2 Stunden

1 — *Für die Roulade aus der Hähnchenkeule:* Die Hähnchenkeulen und den Thymian waschen. Den Knoblauch abziehen. Die Keulen, die Hälfte des Thymians und den Knoblauch in einen Topf geben, 2 Liter Wasser angießen, alles aufkochen und bei mittlerer Hitze etwa 1 ½ Stunden köcheln lassen, bis das Fleisch weich ist.

2 — Die Keulen herausnehmen und den Fond durch ein feines Sieb gießen, dabei auffangen. Die restlichen Thymianblättchen von den Zweigen streifen. Das Keulenfleisch vom Knochen lösen und fein hacken. Die Zwiebel schälen und in feine Würfel schneiden. Das Entenschmalz in einem Topf erhitzen und die Zwiebelwürfel darin bei mittlerer Hitze glasig anschwitzen. Thymian und Entenfleisch dazugeben, 250 Milliliter aufgefangenen Fond angießen und das Ganze bei schwacher Hitze schmoren.

3 — Vom Kohl die äußeren Blätter entfernen, die inneren Blätter vom Strunk befreien. In einem Topf ausreichend Salzwasser aufkochen und die Kohlblätter darin 2 Minuten weich garen. Herausnehmen, in Eiswasser abschrecken und auf einem sauberen Küchenhandtuch abtropfen lassen.

→

4 — Den Backofen auf 130 °C Umluft (150 °C Ober-/ Unterhitze, Gas Stufe 1) vorheizen. Die Blätter auf der Arbeitsfläche auslegen, je nach Größe 1 bis 2 Esslöffel Füllung aufsetzen und einrollen. Ein Backblech mit Backpapier auslegen. Die Rouladen mit der Öffnung nach unten darauf verteilen und im heißen Ofen etwa 5 Minuten erhitzen.

FÜR ROTKOHLSAFT & ROTKOHLCHUTNEY:

- 750 G ROTKOHL
- 3 ZWEIGE THYMIAN
- 1 STANGE STAUDENSELLERIE
- 1 ZWIEBEL
- ½ KNOBLAUCHZEHE
- SALZ
- 5 EL ENTENSCHMALZ, ALTERNATIV NEUTRALES PFLANZENÖL
- AUSSERDEM: ZENTRIFUGAL-ENTSAFTER, EINMACHGLAS

Zubereitungszeit: 40 Minuten

1 — *Für Rotkohlsaft & Rotkohlchutney:* Vom Kohl die äußeren Blätter entfernen, den Strunk herausschneiden und den Kopf in grobe Würfel schneiden. Die Rotkohlwürfel durch den Entsafter drücken. Das Rotkohlfleisch aus dem Entsafter in einer Schüssel mit der Hälfte des Safts mischen.

2 — Den restlichen Saft bei mittlerer Hitze etwa 20 Minuten einkochen. Den eingedickten Saft durch ein feines Sieb streichen und noch heiß in ein steriles Einmachglas abfüllen.

3 — Für das Chutney den Thymian waschen, trocken schütteln, die Blättchen abstreifen und fein hacken. Den Staudensellerie waschen und in feine Würfel schneiden. Zwiebel und Knoblauch abziehen. Die Zwiebel ebenfalls fein würfeln. Den Knoblauch mit ½ Teelöffel Salz auf einem Brett mit einem großen Messer zerdrücken beziehungsweise zerreiben. Sellerie, Thymian, Zwiebelwürfel und Knoblauch zum Rotkohlfleisch in die Schüssel geben. Je 5 Esslöffel Wasser und Entenschmalz untermischen und das Ganze durchziehen lassen. Abschließend mit Salz verfeinern.

FÜR DEN GESCHMORTEN
ROTKOHL:

- 750 G ROTKOHL
- ½ ZWIEBEL
- SALZ
- 500 ML ENTENFOND,
  ALTERNATIV GEFLÜGELFOND
  (REZEPT SIEHE SEITE 105)

*Zubereitungszeit: 45 Minuten +
1 Stunde Marinierzeit*

1 — *Für den geschmorten Rotkohl:* Vom Kohl die äußeren Blätter entfernen, den Strunk herausschneiden und den Kopf in feine Streifen schneiden. Die Zwiebel abziehen, fein würfeln und zusammen mit dem Rotkohl und etwas Salz in einem Topf gut vermengen. Den Deckel auflegen und den Kohl bei Zimmertemperatur 1 Stunde ziehen lassen.

2 — Den Kohl in einen Topf geben, mit dem Entenfond aufkochen und bei schwacher Hitze etwa 30 Minuten einkochen, bis der Kohl schön weich ist. Nach Belieben noch einmal mit Salz abschmecken.

‡ — *Zum Probieren:* Zu Hause können Sie den geschmorten Rotkohl, aber auch das Rotkohlchutney links zusätzlich mit etwas Honig und 1 Prise schwarzem Pfeffer aus der Mühle verfeinern.

¤ — *So geht's zusammen:* Die Rouladen mit Rotkohlchutney und geschmortem Rotkohl auf Tellern anrichten, mit Rotkohlsaft beträufeln und mit Thymian garniert servieren.

- MAINHATTAN
- STADT-WILDSCHWEINE
- BLICK AUF DIE SKYLINE
- BESTE SUPPENKÜCHE

N
S

LOKAL – TOUR № 4

FRANKFURT

DEUTSCHLAND IM DEZEMBER

N 50° 6' 39,32" — O 8° 40' 55,656"

AUF GEHT'S NACH MAINHATTAN!

Es ist Dezember geworden. Frankfurt am Main mit seiner berühmten Skyline, liebevoll Mainhattan genannt, wir freuen uns auf dich! Simon und ich kennen die Stadt nicht zuletzt von unseren Ausflügen zur Buchmesse. Gerade erst im vergangenen Oktober haben wir hier eine Medaille für unser Buch „Fleisch" abholen dürfen.

Dort haben wir auch Dominik Flammer aus der Schweiz kennengelernt, der so tolle Bücher wie „Das kulinarische Erbe der Alpen" macht und für seine Werke nun schon zum dritten Mal die Goldmedaille bekommen hat. Ihn zu kennen ist wunderbar, denn erstens ist er ein wirklich sympathischer Kerl und zweitens ist er im Alpenraum hervorragend vernetzt. Spontan bot er uns damals seine Hilfe an, die wir sicher eines Tages auf einer unserer LOKAL-Touren noch brauchen werden können!

Ein bisschen stolz macht es einen auch nach vielen Jahren als Autor und diversen Veröffentlichungen immer wieder, wenn das fertige Produkt unumstößlich an prominenter Stelle in den Verlagsregalen oder auch in den Buchhandlungen vor einem steht oder liegt. Die Anstrengungen der Produktion

Gärtner aus Leidenschaft: Gerhard Klein

sind plötzlich wie weggefegt und es bleibt das erhabene Gefühl: Es hat sich gelohnt!

Mit diesen noch ziemlich frischen Erinnerungen im Herzen machen wir uns also wieder auf den Weg nach Frankfurt. Lisa Schölzel, unsere Bloggerin sowie rechte und linke Hand, hat im Vorfeld wieder eine Airbnb-Wohnung ausgekundschaftet. Nachdem wir es mit diesem Community-Marktplatz in Berlin so gut getroffen hatten, haben wir für Frankfurt wieder diese Option gewählt. Unser Domizil liegt in Frankfurt-Ost – wir können gespannt sein. Freitag und Samstag haben wir alle vorab die Bioerzeuger in und um Frankfurt herum „ausgemessen" und schon fleißig telefoniert. Hier ist für uns alles im Gegensatz zu unserer letzten Tour relativ einfach, denn Frankfurt ist im Vergleich mit Berlin ein Dorf, obwohl es nicht danach aussieht! In jeder Richtung ist man rasch raus aus der Stadt, das ist ein großes Stück Lebensqualität für die Bewohner, denn mit dem Fahrrad ist man im Nu im Grünen!

Toby Binder, den wir schon aus Gammertingen und Heilbronn kennen, ist als Foto-graf mit an Bord, wir treffen uns am frühen Montagmorgen in München, um gemeinsam hinaufzufahren. Am „Quellenhof" von Sven Heinrich und seinem Vater Gerhard nördlich von Frankfurt wollen wir uns mit Lisa und Simon treffen, denn beide reisen direkt aus Stuttgart an. Toby und ich kommen hoffnungslos zu spät am Treffpunkt an, wir hatten nicht nur einige Staus zu überwinden – Montagmorgen wollen alle hinein in die Finanzmetropole –, sondern wir müssen zuvor mit Tobys Kamera auch noch den herrlichen Blick auf die Skyline einfangen. Über die weiten Felder nördlich von Frankfurt fahren wir, um den optimalen Blick zu erhaschen: Die Wolkenkratzer steigen aus dem Dunst auf, die Sonne fädelt sich fahl durch den letzten Nebel. Jeder kennt dieses Panorama, wenn er die A 5 von Gießen hinaufkommt und die Ausläufer des Taunus hinunterfährt. Es muss nicht immer New York oder Toronto sein. Bei meinen früheren Besuchen in Frankfurt bin ich immer in die Zeil gegangen, die ist vom Umsatz her nach der Schildergasse in Köln und der Kaufingerstraße in München die drittstärkste Fußgängerzone in Deutschland. Im Karstadt dort ging ich immer gleich auf die Dachterrasse des Cafés ganz oben, weil der Ausblick von hier auf die Skyline der Hochhäuser wirklich absolut spektakulär ist.

Station 1: „Quellenhof" in Steinbach im Taunus

Die Heinrichs betreiben 10,2 Kilometer von Frankfurts City entfernt Ackerbau mit Fein- und Feldgemüse auf 500 Quadratmetern unter Folie, haben Streuobstwiesen und Grünland für Rinder und Gänse. Das Besondere ist: 90 Prozent der Erzeugnisse gehen über den Hofladen an die Käufer. Vater Gerhard ist an Parkinson erkrankt, die 17 Hektar waren für ihn irgendwann nicht mehr alleine zu bewältigen. Darum ist Sohn Sven aus seinem langjährigen Job aus- und auf dem Hof der Familie eingestiegen und bildet jetzt mit seinem Vater ein gutes Team. Schon seit 1984 sind sie Demeter-zertifiziert. Demeter ist für viele die Königin der Anbauverbände, weil der Verband die am weitesten reichenden Richtlinien hat und seine Landbaumethoden auf einer ausgeklügelten Präparatearbeit basieren, die stärkend auf Pflanzen und Boden wirkt. Man kann das tatsächlich schmecken und in Feldversuchen hat Demeter beweisen können, dass die Pflanzen, die mit Präparaten behandelt sind, und Böden, die ebenfalls mit einem besonderen Präparat „beimpft" werden, sehr viel mehr Vitalität haben als organisch-biologisch erzeugte Pflanzen.

„Wir versuchen noch, direkt zu vermarkten, obwohl sich viele Erzeuger, insbesondere Demeter-Bauern, an den Großhändler

Bei milden Temperaturen bleiben die Schafe auch im Winter auf der Wiese.

Dennree anhängen, der Preiskampf geht schon los, und auch Edeka hat eine Kooperation mit Demeter." Sven findet das den falschen Weg, weil der niedrige Preis wieder auf den Erzeugern lastet. „Edeka verweigere ich." Und er fügt überzeugt hinzu: „Die Gier macht auch bei den Bioverbänden nicht halt. Denn die fördern dieses System." Sven glaubt, dass genau das „uns irgendwann um die Ohren fliegen wird". Was Fleisch betrifft, sagt Sven, ist es so, dass die Abfälle von Rind und Schwein, die die Menschen nicht mehr essen wollen, zu Katzen- und Hundefutter verarbeitet werden. „Davon kosten dann im Geschäft 100 Gramm 2,99 Euro – so viel würden die Besitzer in aller Regel für ihr eigenes Essen kaum ausgeben!"

Wir sind begeistert, was die Felder für uns Mitte Dezember noch bereithalten.

Wir schauen uns jedes frische Produkt im Hofladen genau an – alles beste Qualität und wunderbar dargeboten. Hier gibt es sage und schreibe über 2 300 eigene Produkte, in der hauseigenen Manufaktur wird traditionell „geweckt", sodass im Laden neben allen Grundprodukten selbst gemachte Suppen, Saucen, Gerichte im Glas, Apfelsaft und „Äppelwoi" angeboten werden. Aber auch Zugekauftes von anderen Biobauern aus der Umgebung wird hier verkauft. Das kleine Café-Restaurant in der ehemaligen Scheune und der Biergarten im historischen Mini-Innenhof laden den Besucher zum Bleiben ein. Und wer noch länger bleiben möchte, kann in einem der hofeigenen Apartments wohnen. Alleine das alles macht sicherlich schon sehr viel

Arbeit. Hinzu kommt die Feldarbeit. Und von Sven erfahren wir schließlich, dass viele Schulklassen aus Frankfurt hierher pilgern – der „Quellenhof" ist zusätzlich Demonstrationsbetrieb für ökologischen Landbau. Respekt für den, der all das unter einen Hut bekommt! Und trotz allem nimmt sich Sven für uns Zeit.

Wir fahren hinaus auf die Äcker, und Gerhard Klein, der nette ältere Demeter-Gärtner, der Partner der Heinrichs ist, empfängt uns dort. Hemdsärmelig stehen wir auf dem sonnenbeschienenen Feld und um uns herum gibt es tatsächlich noch einiges an Gemüse, obwohl doch schon Mitte Dezember ist. Wir ernten eine schöne gemischte Kiste mit rotem Mangold, Lauch, Wirsing, Bohnenkraut und Rosmarin. Der Blick auf die Skyline ist immer dabei, ein erhabenes, aber auch leicht skurriles Gefühl. Hier der Gartenbau, wie es sich gehört, dort die Hochhäuser mit Tausenden weltweit vernetzten Bankern vor ihren PCs. Ein Gegensatz, der krasser nicht sein kann. Aber auch die müssen jeden Tag essen und gesund bleiben, Auch die gehen bevorzugt zum Biogärtner wie überhaupt alle Frankfurter, denen das Essen und die Gesundheit im großen Rahmen nicht egal ist. Wir lassen uns von Toby ablichten, mit Gerhard, Sven und den Feldfrüchten dieses Dezembers. Ich habe mein altes gelbes Wollsakko angezogen, als Gruß an die Banker und weil es für Dezember eben sehr warm ist. Gerhard zeigt uns noch die großen Bottiche für die Präparate-Herstellung, wo das Hornmist-Präparat für den Boden, das die Bodenfruchtbarkeit erhöht, und das Horn-Kiesel-Präparat für die Pflanze mit einem bestimmten Rhythmus von Hand verrührt wird. Letzteres „hält die Pflanzen gesund und führt zu mehr Ertrag und besserer Qualität", erklärt Gerhard.

Als wir von den Feldern zurückkommen, kaufen wir in seinem herrlichen Hofladen noch Currykraut, Topinambur, Lauch, Wirsing, Äpfel und vieles andere mehr. Wir verabschieden uns von allen und fahren gemeinsam in die Rhein-Main-Metropole weiter.

Wohnen mit 1950er-Jahre-Charme

Wir beziehen unsere Wohnung in der Nähe der neuen Uni, eigentlich ist es eine Baustelle, auf dem der 1950er-Jahre-Wohnblock steht. Nicht gerade schön hier, aber wir sagen uns: Das ist eine Challenge, und das ist der Charme an der Geschichte. Nichts wird vorher organisiert, um am Ende doch immer schöne Bilder, verbunden mit tiefen, prägenden Erinnerungen zu haben. Uns geht es um das LOKAL-Prinzip. So hat das fertige Werk auch die Chance, eine interessante neue Buchform zu werden, die aus der Menge der „schönen" Bücher heraussticht. Das Entstehen aus der Facebook-Community und aus dem Riesenarchiv kleiner Filme bei YouTube, das gerade entsteht, ist ohnehin schon etwas sehr Besonderes, das zu diesem Buch gehört.

Und eigentlich ist es ganz gut, dass die Wohnung uns zugegebenermaßen heute etwas müde Truppe nicht besonders gastlich empfängt. Denn obwohl wir bei Sven schon so vieles für unser Essen bekommen haben,

müssen wir natürlich noch weiterschauen, was innerhalb unseres 15-Kilometer-Radius verfügbar ist. Auf geht's!

Station 2: Gemüsegärtnerei „Bärengarten" in Frankfurt-Oberrad

Der „Bärengarten" liegt am südöstlichen Rand von Frankfurt gleich am Main, lediglich die ICE-Strecke trennt den Fluss vom Hof! Von hier aus sind es mit dem Auto nur 2,3 Kilometer bis in die Innenstadt. Das Besondere an der Gemüsegärtnerei ist, dass im „Bärengarten" – wie wir es schon in Gammertingen (siehe Seite 19 ff.) kennengelernt haben – Menschen mit Behinderung dauerhaft eine reguläre Beschäftigung finden. Es gibt Obst und Gemüse aus Gewächshäusern und dem Freiland: Äpfel, Birnen, Obstsäfte und Gemüse von der Bohne bis zur Zucchini. Tomaten finden wir auch in ordentlicher Vielfalt, zum Beispiel die Berner Rose, das Ochsenherz und die anthrazitfarbene Black Cherry – hier geht man mit dem Trend. Wir sehen Feldsalat, so weit das Auge reicht! Rote, dunkelrote, gelbe und orange Minipaprika vom Strauch, Grünkohl, Wirsing, diverse Blattsalate im Mix, saurer Klee, Spitzwegerich, Mini-Kimchis, Rote Bete und allerlei mehr gibt es hier.

Der „Bärengarten" ist eine uralte Einrichtung und wir haben das Gefühl, das hier ist richtig gut. Weil viel unter Glas stattfindet, kann reichlich produziert werden. Es gibt einen kleinen Garten – alles nicht spektakulär, aber die Menschen sind es dafür umso mehr. Die Mitarbeiterinnen kümmern sich liebevoll um die Behinderten. Leider haben wir kaum noch Zeit, um das alles gebührend zu erfassen. Toby hat sich auf das Gemüse gestürzt, weil es so schön präsentiert dasteht. Unter einem offenen Dach ist es – wahrscheinlich zum Abtransport – aufgestellt. Das ist so proper gemacht und noch einmal – es ist *Dezember!* Als wenn das nicht schon ungewöhnlich genug wäre, etwas skurril ist es auch, wie hier in einem fort die ICEs vorbeidonnern.

Und wie wir so zwischen dem vielen Gemüse hin und her wandern, entsteht die Idee, morgen verschiedene Suppen zu kochen! Ob mit oder ohne Fleisch, wird sich aus der Frage ergeben, ob wir heute ein Stück Wildschwein aus dem Stadtwald bekom-

men werden. Denn wir haben gehört, dass es dort welche direkt angrenzend an die City gibt, und auch schon nachgehakt. Allerdings müssen wir uns noch etwas gedulden, weil wir von der Stadtverwaltung noch eine Drehgenehmigung für unser Vorhaben benötigen. Wir schreiben Tina Baumann an, die Abteilungsleiterin im Stadtforst, und stellen eine „öffentliche Anfrage", ob wir Fleisch bekommen und in jedem Fall filmen und fotografieren dürfen. Später müssen wir unbedingt selbst dorthin und einen Revierförster erwischen. Aber nun schauen wir, dass wir genügend LOKALe Aromen zusammenbekommen, und räumen erst einmal unseren Kofferraum voll. Leider sind nicht alle frischen Zutäten zum Nationalgericht der Frankfurter verfügbar, der Grünen Sauce. Aber wir lernen immerhin, dass sie neben Sahne, Crème fraîche oder Schmand, Salz und Pfeffer aus Borretsch, Kerbel, Kresse, Petersilie, Pimpernelle, Sauerampfer und Schnittlauch gemacht wird, eventuell kommen noch hart gekochtes Eigelb, Joghurt, Quark, Öl oder etwas Essig dazu.

Station 3: Der Frankfurter Stadtwald

Frankfurt ist ein wenig wie Wien, es hört nämlich recht schnell auf, wenn man sich an den Rand der City begibt. Die Stadt klebt zwischen Taunus, Spessart und Main, hat sich darum wahrscheinlich auch so in die Höhe entwickelt, weil sie sich gar nicht so ausdehnen konnte. Sicher haben wir aber heute die Wolkenkratzer auch, weil die Banken so protzige Gebäude lieben, um ihre Macht zu demonstrieren.

Das Gewächshaus vom „Bärengarten" bietet eine riesige Auswahl unterschiedlichster Gemüsesorten.

In Frankfurt ist man rasch raus aus der Stadt im Grünen.

Südlich des Mains beginnt der Frankfurter Stadtwald – ein sage und schreibe 5 987 Hektar großes Waldgebiet, von dem knapp 3 847 Hektar tatsächlich innerhalb der Stadtgrenzen liegen. Damit ist er einer der größten deutschen Stadtwälder. Hier gibt es tatsächlich noch Wildschweine und von der Zahl her nicht zu knapp. Wir finden das ziemlich cool, mancher Einwohner sieht das allerdings ganz sicher anders, denn die Wildschweine tauchen hin und wieder in den Grünanlagen des angrenzenden Ortsteils Goldstein auf. Würden wir in Frankfurt leben, gingen wir nachts auf die Jagd!

Wir möchten natürlich unbedingt ein Wildschwein haben. Aber da der Wald der Stadtverwaltung gehört, müssen wir uns nach den Öffnungszeiten des Waldladens richten, um unseren Wunsch zu erfüllen. Wir müssen das Wild für unser Fleisch noch nicht einmal selbst schießen. Denn da der Stadtwald voll von ihnen ist, muss die Stadt ihre Zahl tatsächlich im Zaum halten, um die Ausbreitung von Krankheiten und das Eindringen der Tiere in angrenzende Wohngebiete zu vermeiden. Alleine zehn Forstbedienstete sind damit beschäftigt, sie

zu bejagen. Wildschweine sind Rottentiere mit ihren besonderen Lebensgewohnheiten. Sie lieben es, in der Erde zu wühlen, immer auf der Suche nach Larven und Würmern. Eine durchschnittlich große Rotte hat einen Heidenspaß daran, an nur einem Tag 100 Quadratmeter Mais inklusive Wurzeln einfach niederzufressen. Das Fleisch der Wildschweine ist allerdings auch wirklich lecker, weil die Futtergrundlage – wie bei jedem Wild – äußerst vielfältig ist. Du bist nun einmal, was du isst – das gilt auch für Schweine.

Die Regulierung der Population wird zusätzlich von drei Jägern unterstützt, die ausschließlich am Rand des Stadtwalds und in den innerstädtischen Grünanlagen von Goldstein jagen. Aktuell wird im gesamten Stadtwald jährlich die beachtliche Zahl von 200 bis 350 Wildschweinen erlegt.. Sie zu jagen, ist allerdings nicht ohne Anspruch, da Wildschweine sehr scheu und nachtaktiv sind. Der Einsatz von elektronischen Zielvorrichtungen zum Erlegen ist aus weidmännischen Gründen verboten. Die milden Winter der vergangenen Jahre, dauerhaft ausreichend Futter und das Fehlen natürlicher Feinde tun ihr Übriges dazu, dass die Zahl der Wildschweine – nicht nur in Frankfurt – immer weiter zunimmt.

Wir setzen alle Hebel in Bewegung, um für unser Essen ein wenig köstliches Wildschweinfleisch zu ergattern, und fahren selbst in den Stadtwald. Das Informationszentrum „StadtWaldHaus & Fasanerie" inklusive Waldladen liegt mittendrin. Letzterer hat zweimal pro Woche, nämlich dienstags und donnerstags von 15 bis 18 Uhr, geöffnet und verkauft das Wild, das in der Woche zuvor im Stadtwald geschossen wurde und das in dem kleinen Schlachthaus mit entsprechenden Kühlhäusern nebenan zerwirkt und topffertig eingetütet wird. Der Laden ist natürlich schon zu. Schließlich haben wir dennoch Glück und treffen Tina Baumann persönlich, die promovierte Forstwissenschaftlerin ist, wie sie uns erzählt. Sie öffnet den kleinen „Waldladen" tatsächlich für uns und wir bekommen ein Stück Wildschweinschulter. Es ist für alle Frankfurter eine tolle Geschichte, hier gutes Fleisch zu bekommen, von dem man weiß, woher es stammt. Und es schmeckt, wie gesagt, wirklich gut, hat keine Medikamenten- und Hormonrückstände, besitzt dafür aber durch das viele Grün, das die Tiere fressen, wertvolle Omega-3-Fettsäuren. Wir hatten bei jeder Tour eigentlich den Wunsch, dort, wo wir sind, jeweils noch viel mehr Jäger und Sammler aufzuspüren. Jäger, die gerade während der Jagdzeit Tiere erlegt haben, Sammler, die sich selbst auf den Weg machen und schauen, was am Wegesrand wächst. Das ist das, was vielen Leuten insbesondere in den Städten nicht mehr geläufig ist. Das Wissen und die Lust

daran sind den Menschen durch Industrie und Supermärkte abtrainiert worden. Wobei der Trend gerade wiederkommt – momentan ist es ein regelrechter Hype, und das Wissen von Menschen, die sich noch richtig gut mit Kräutern auskennen – wie unsere Heilbronner Freundin Ingrid Hagner –, ist wieder gefragt.

Wie wild und „bio" ist Wildfleisch?

Man muss unterscheiden zwischen wildem Wildfleisch und Gehegewildfleisch. Ersteres kann sich frei bewegen und ist artgerecht „gehalten", wenn es genug Lebensraum hat. Bei Gehegewild wird im Prinzip so gearbeitet wie beim domestizierten Tier, wobei Gehegetiere natürlich mehr Platz haben als andere domestizierte Tiere zum Beispiel im Zoo. Eines kann man aber sagen: Das „echte", also wilde, Wild ist sehr viel schmackhafter, weil es eine vielseitigere Ernährung genießen kann. Wenn es im Wald lebt, wo keine Intensivlandwirtschaft stattfindet, ist es immer „bio", obwohl es nicht zertifiziert ist, aber natürlich auch nicht zertifiziert werden kann. Es wird allerdings – zumindest in bestimmten Regionen – immer auf Radioaktivität geprüft. Denn wegen des Reaktorunglücks von Tschernobyl 1986 haben wir in den Teilen Süddeutschlands, wo damals radioaktiver „Fallout" heruntergeregnet ist, noch heute mit einer erhöhten Strahlenbelastung zu kämpfen. Zudem wird eine Wildsau, die in einem konventionellen Maisacker wildert, immer auch Biozide aufnehmen. Diese beiden Punkte kann man natürlich einer Bioeinordnung entgegenhalten und hier muss

Die zubereiteten Suppen werden wir im Anschluss an die Tour über Facebook an unsere Fans verlosen.

letztendlich jeder für sich die Entscheidung treffen.

Für uns ist es spät geworden. Wir bedanken uns bei unserer Jägerin, fahren mit unserer „Beute" zurück in die Wohnung und bereiten die Suppen für den nächsten Tag vor. Wir zerlegen die Schulter und schnippeln das viele Gemüse vor. Und nach einer letzten Runde zu Fuß durch das inzwischen menschenleere Frankfurt mit einem kurzen Abstecher in die berühmt-berüchtigte „Rote Bar", die man als Besucher der Stadt gesehen haben sollte, fallen wir schnell in unseren wohlverdienten Schlaf.

Shooting im „Oosten"

Nach dem Aufstehen wird am Dienstag erst einmal gekocht. Erst als alle Suppen fertig sind, geht es auf ins „Oosten", ein cooles Restaurant gleich am Mainufer Richtung Osten, wie der Name schon vermuten lässt. Hier bekommen wir ein biologisches, wenn auch nicht LOKALes Frühstück, Wir machen Fotos für unser Buch und drehen Videos, um unsere vielen Fans bei Facebook auch an dieser Reise teilhaben zu lassen. Lisa filmt unseren letzten Aufruf in diesem Jahr für unsere fünfte Tour im kommenden Januar. Die Suppen werden wir dieses Mal über Facebook verlosen und noch vor Weihnachten verschicken. So haben unsere vielen Fans und treuen Follower, zu denen wir nicht selbst kommen können, doch wenigstens auch einmal die Gelegenheit, in den Genuss von Simons Kreationen zu kommen.

Wir wünschen uns alle schöne Weihnachten und ein gutes neues Jahr. Und wieder heißt es Abschied nehmen, wir trennen uns von dieser interessanten und irgendwie auch schönen Stadt mit einem weiteren wunderbaren Bild des Mains und der Wolkenkratzer von der Dachterrasse des „Oosten". Auf Wiedersehen, ihr lustigen FrankfurterInnen, die ihr, wenn es um LOKALes Essen geht, eigentlich nicht klagen könnt!

Welche Bioerzeuger wir gefunden haben und
welche Lebensmittel sie uns geben konnten:

- Roten Mangold, Lauch, Spitzkohl, Topinambur,
  Äpfel, Kräuter und Honig gibt uns Sven Heinrich
  vom „Quellenhof", Kirchgasse 9,
  61449 Steinbach im Taunus
  ▲ — Entfernung: 10,2 Kilometer

- Kürbis, Rettich, Sellerie, Kartoffeln, Knoblauch,
  Schalotten und Chili bekommen wir in der
  Gemüsegärtnerei „Bärengarten", Im Bärengarten 5,
  60599 Frankfurt am Main-Oberrad
  ▲ — Entfernung: 2,3 Kilometer

- Wildschweinschulter von Tina Baumann
  im „Waldladen", Stadt Frankfurt am Main,
  Stadtwald, 60599 Frankfurt am Main
  ▲ — Entfernung: 7,0 Kilometer

FRANKFURTER SUPPENKÜCHE

MIT ROTKOHL-APFEL-SUPPE, KÜRBISSUPPE, EINTOPF VOM
WILDSCHWEIN, RÜBCHENSUPPE & SELLERIE-SPITZKOHL-SUPPE
FÜR JEWEILS 4–5 GLÄSER À 500 ML

ROTKOHL-APFEL-SUPPE:

- 1 KG ROTKOHL
- 500 G ÄPFEL
- 150 G KARTOFFELN
- 1 BEET THAIKRESSE,
  ALTERNATIV GARTENKRESSE
- 1 KNOBLAUCHZEHE
- ½ BUND ZITRONENTHYMIAN
- 2 EL HONIG
- SALZ
- AUSSERDEM: STABMIXER

Zubereitungszeit: 40 Minuten

1 — *Rotkohl-Apfel-Suppe:* Die äußeren Blätter vom Rotkohl entfernen und den Kopf ohne Strunk in Streifen schneiden. Die Äpfel waschen, vierteln und das Kerngehäuse entfernen. Die Kartoffeln schälen und ebenfalls vierteln.

2 — Rotkohl, Äpfel und Kartoffeln in einen Topf geben. 2 Liter Wasser angießen. Alles aufkochen und bei mittlerer Hitze etwa 25 Minuten garen, bis Rotkohl und Kartoffeln weich sind.

3 — Die Thaikresse vom Beet schneiden, dazugeben und die Suppe mit dem Stabmixer pürieren. Den Knoblauch schälen und sehr fein würfeln. Den Zitronenthymian waschen und trocken schütteln. Die Blätter abzupfen und grob hacken.

4 — Die Suppe mit Honig und Salz abschmecken, abschließend mit Zitronenthymian und Knoblauch verfeinern.

$\longrightarrow$

KÜRBISSUPPE:

- 1 KG HOKKAIDOKÜRBIS
- 250 G KARTOFFELN
- 50 G SCHALOTTEN
- 1 GELBE CHILISCHOTE
- 2 ZWEIGE ROSMARIN
- 2 EL HONIG
- SALZ
- AUSSERDEM: STABMIXER

Zubereitungszeit: 45 Minuten

1 — *Kürbissuppe:* Den Kürbis waschen, halbieren, entkernen und mit Schale in grobe Würfel schneiden. 150 Gramm Kürbis in feine Würfel schneiden und in einem Schälchen beiseitestellen. Kartoffeln und Schalotten schälen und ebenfalls würfeln.

2 — Grobe Kürbiswürfel, Kartoffeln und Schalotten in einen großen Topf geben und 2 Liter Wasser angießen. Alles aufkochen und bei mittlerer Hitze etwa 25 Minuten köcheln lassen, bis Kürbis und Kartoffeln weich sind. Die Chilischote waschen, der Länge nach halbieren, entkernen und ohne Stielansatz fein würfeln. Den Rosmarin waschen und trocken schütteln. Die Nadeln abzupfen und fein hacken.

3 — Die Chiliwürfel dazugeben und die Suppe mit dem Stabmixer pürieren. Den fein gewürfelten Kürbis dazugeben und alles weitere 5 Minuten köcheln lassen.

4 — Die Suppe mit Honig und Salz abschmecken, abschließend mit dem gehackten Rosmarin verfeinern.

Rotkohl-Apfel-Suppe

Kürbissuppe

EINTOPF VOM WILDSCHWEIN:

- 1,2 KG WILDSCHWEINSCHUL-
  TER, ALTERNATIV SCHWEINE-
  SCHULTER
- 100 G SCHALOTTEN
- 1 GROSSE KNOBLAUCHZEHE
- 150 G LAUCH
- 150 G SELLERIE
- 100 G KARTOFFELN
- 2 ZWEIGE ROSMARINZWEIGE
- 1 EL HONIG
- SALZ

Zubereitungszeit: 40 Minuten

RÜBCHENSUPPE:

- 650 G KLEINE RÜBCHEN
- 150 G KARTOFFELN
- 100 G ROTER MANGOLD-
  STRUNK
- 50 G SCHALOTTEN
- 1 GELBE CHILISCHOTE
- 2 BEETE KRESSE
- 2 EL HONIG
- SALZ
- AUSSERDEM: STABMIXER

Zubereitungszeit: 40 Minuten

1 — *Eintopf vom Wildschwein:* Das Wildschweinfleisch in mundgerechte Stücke schneiden. Schalotten und Knoblauch abziehen und fein würfeln. Den Lauch waschen, putzen und in feine Ringe schneiden. Sellerie und Kartoffeln schälen und in gleich große Würfel schneiden.

2 — Fleisch, Schalotten, Knoblauch, Lauch, Sellerie und Kartoffeln in einen großen Topf geben und 2,5 Liter Wasser angießen. Alles aufkochen und bei mittlerer Hitze etwa 1 Stunde köcheln lassen. Den Rosmarin waschen und trocken schütteln. Die Nadeln abzupfen und fein hacken.

3 — Die Suppe mit Honig und Salz abschmecken, abschließend mit dem gehackten Rosmarin verfeinern.

1 — *Rübchensuppe:* Rübchen und Kartoffeln schälen und grob würfeln. Den Mangold verlesen, waschen und das Blattgrün vom Strunk trennen. Die Strünke in Streifen schneiden, das Blattgrün anderweitig verwenden (siehe Tipp). Die Schalotten abziehen und fein würfeln.

2 — Rübchen, Kartoffeln, Mangoldstrünke und Schalotten in einem großen Topf mit 2 Litern Wasser bedecken. Alles aufkochen und bei mittlerer Hitze etwa 25 Minuten weich garen. Die Chilischote waschen, längs halbieren, entkernen und ohne Stielansatz fein würfeln.

3 — Die Chiliwürfel sowie zwei Drittel der Kresse dazugeben und die Suppe mit dem Stabmixer pürieren. Mit Honig und Salz abschmecken, dann mit der restlichen Kresse garnieren.

! — *Tipp:* Die Mangoldblätter natürlich nicht wegwerfen, sondern zum Beispiel zu einem leckeren Gemüse wie Spinat verarbeiten.

SELLERIE-SPITZKOHL-SUPPE:

- 1 KG SELLERIE
- 500 G SPITZKOHL
- 100 G KARTOFFELN
- 2 EL HONIG
- SALZ
- AUSSERDEM: STABMIXER

Zubereitungszeit: 40 Minuten

1 — *Sellerie-Spitzkohl-Suppe:* Den Sellerie schälen und in feine Würfel scheiden. Die äußeren Blätter vom Spitzkohl entfernen und den Kopf ohne Strunk in Streifen schneiden. Die Kartoffeln schälen und vierteln.

2 — Sellerie, Spitzkohl und Kartoffeln in einem großen Topf mit 2 Litern Wasser bedecken. Alles aufkochen und bei mittlerer Hitze etwa 25 Minuten garen, bis Sellerie und Kartoffeln weich sind. Die Suppe mit dem Stabmixer pürieren.

3 — Die Suppe mit Honig und Salz abschmecken.

Eintopf vom Wildschwein

Rübchensuppe

Sellerie-Spitzkohl-Suppe

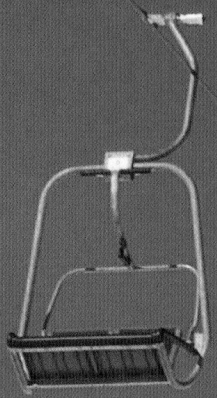
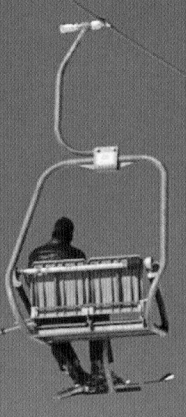

📍

◀ Liechtenstein

- HÖCHSTER ORT
- KEIN GEMÜSE
- ÄLTESTER GESPRÄCHSPARTNER
- PISTENKÜCHE

N
S

LOKAL – TOUR № 5

LECH

.

ÖSTERREICH IM JANUAR

N 47° 12' 40.293" — O 10° 8' 38.183"

DER ARLBERG RUFT!

Endlich! Wir dürfen in die Berge – Österreich, wir kommen! Es ist Januar, also zutatenmäßig eigentlich eher Saure-Gurken-Zeit, und die Challenge wird extrem, es geht ins westösterreichische Lech am Arlberg im Bundesland Vorarlberg. Das Gebiet ist vor allem bei Wintersportlern beliebt sowie international bekannt – und gerade jetzt ist Hochsaison. Der Ortskern liegt auf knapp 1 500 Meter Höhe – also dort, wo selbst im Sommer nicht viel zum Essen wächst außer Gras und Bergkräutern … fast! Aber dazu später mehr.

Die ersten Siedler ließen sich am Arlberg bereits im 13. Jahrhundert nieder, Popularität erlangte Lech, das früher Lech am Tannberg hieß, allerdings erst – wie viele andere Wintersportorte auch – mit Einsetzen des Skitourismus ab Ende des 19. Jahrhunderts. Und nicht ohne Grund kommen die Touristen seitdem in dieses geschützte weite Hochplateau, um sich ein Stück dieser wundervollen Welt für eine kurze Zeit in ihr Leben zu holen und davon das Jahr über zu zehren, denn die Berglandschaften hier sind grandios.

Doch seit Beginn des Skitourismus ist viel geschehen, den rund 1 500 Schlafstätten der Einwohner stehen heute fast sechsmal so viele Hotelbetten gegenüber. Und mit jährlich etwa einer Million Übernachtungen ist die Tourismusbranche hier definitiv der führende Wirtschaftszweig. Man sagt: Lech ist für die Reichen, die nicht gesehen werden wollen – im Gegensatz zu anderen Skiorten wie St. Moritz und Kitzbühel. Schauen wir mal … Uns reizt es, die Skifahrer irgendwie mit einzubeziehen. Schnell entscheiden Simon und ich daher, unsere anstehende Kochaktion am Dienstag direkt an der Piste stattfinden zu lassen, wo die Wintersportgäste von uns eine Stärkung bekommen können. Aber was? Was können wir kochen?

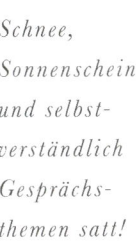

Schnee, Sonnenschein und selbstverständlich Gesprächsthemen satt!

Wie gehabt lebt unser Kochexperiment von der Spontaneität. Und je nach Ort gibt es manchmal viele, meistens wenige Optionen, mögliches Scheitern inbegriffen. Hier oben wird's schwer werden, denken wir. Da ist Improvisation gefragt, aber darin sind wir inzwischen schon ziemlich gut geworden. Deshalb haben wir direkt am Freitagmorgen, nachdem Andreas Hoppe uns nach Lech am Arlberg gelost hat, mit dem Networking begonnen: Welche Bioerzeuger gibt es dort oben in Lech? Oder finden wir vielleicht einen Jäger, der uns Wildbret bringen könnte? Oder eine Kräutersammlerin wie unsere Ingrid Hagner aus Heilbronn, die für den Winter vorgesorgt hat und uns etwas abgeben kann?

Wir sind wieder einmal Glückskinder: Wie gut, dass ich im vergangenen Jahr am Ende der Saison hier auf Skitour war. Damals waren schon alle Seilbahnen und fast alle Hotels geschlossen. Alle Hotels bis auf eines, das sich auf diese Wochen der Zwischensaison spezialisiert hat: das „Hotel Lech" gleich am Ortseingang. Gastfreundschaft wird hier großgeschrieben, und mit

der Familie Wingelmayr, die das Hotel in der zweiten Generation betreibt, war damals schon ein freundschaftlicher Austausch entstanden. Neben unseren eigenen Recherchen können wir also bereits vor unserer Ankunft an deren Kontakte anknüpfen. Und Vreni Wingelmayr, auch Vreni vom Berg genannt, hat sich mit ihrer Mutter Andrea, die wie Vreni hier oben geboren und aufgewachsen ist, auch direkt zusammengesetzt und für uns eine kleine Liste mit Personen angefertigt, an die wir uns wenden können. Fest steht leider schon jetzt: Die Lecher Jäger haben kein Wild mehr.

Aber wir sind auf keinen Fall entmutigt, als wir alle am Sonntagabend in Lech eintrudeln. Andrea und Vreni empfangen uns mit einer leckeren Lecher Brotzeit. Wir sind froh, dass wir uns entschlossen haben, am Vorabend der Challenge anzureisen. Ein bisschen mehr Schlaf als in Berlin oder Frankfurt tut uns allen und nicht zuletzt unseren Fotos gut. Außerdem können wir die Zeit nutzen, um weitere Erzeuger ausfindig zu machen und uns anzukündigen.

Alle, die wir telefonisch erreichen, sind wahnsinnig nett und hilfsbereit, auch weil die Wingelmayrs uns den Weg geebnet haben. Simon kann während des Telefonats mit Leo und Claudia Walch aus Lech schon im Vorfeld einige Zutaten „klarmachen". Sie stellen uns tatsächlich Rindermarkknochen, Heumilch, einen Tafelspitz und Fleisch von der Rinderhüfte für unser Koch-Event in Aussicht!

Nach dieser erfreulichen Nachricht besprechen wir sofort, wie wir den Tafelspitz zubereiten können. Vielleicht sollten wir ihn über Nacht in Heurohmilch im Sous-Vide-Verfahren (mehr Infos dazu gibt es auf Seite 47) bei sehr schwacher Hitze und einer Temperatur um die 65 Grad Celsius garen? Die Hüfte wollen wir zerlegen und auf dem Grill brutzeln. Simon schlägt vor, aus dem Knochenmark eine mit Bergkräutern aromatisierte Espuma, also einen Rindermarkschaum, zu machen (die Rezepte dazu gibt es übrigens auf Seite 99 ff.)! Wenn wir gute getrocknete Kräuter vom letzten Sommer bekämen, könnten wir außerdem einen Bergtee für die Skifahrer zubereiten – ganz ursprünglich auf unserem Dreifuß in einem Kessel über dem Holzfeuer! Das wäre eine gute Basis, um ein Lech-am-Arlberg-LOKAL-Menü bestreiten zu können. Es wird definitiv keinen Strom auf der Piste geben, also passen diese Ideen. Was sonst noch? Mal sehen, wie es mit Gemüse aussieht … sehr wahrscheinlich mau, da es hier oben keinen Biogärtner gibt und Gemüse nicht wild wächst (wir wollten es lange nicht glauben). Vielleicht getrocknete Pilze, Tannenzapfen für den Sud, Latschenzapfen würden zum Beispiel schöne Bitterstoffe mitbringen …

In den nächsten zwei Tagen haben wir einiges vor, da sollte möglichst alles gut klappen. Darum kontrollieren wir noch rasch, ob alles Material beisammen ist:

Oben: Bei dieser tollen Sicht ist der Blick auf das Bergpanorama von hier oben grandios!

Rechts: Lech zeigt sich uns wirklich von seiner schönsten Seite.

Teller – Tassen – Besteck – Servietten – Schüsseln – Schneidebretter – Messer – Küchenhelfer – Gläser – Kochtöpfe – Pfannen – Grills – Grillanzünder – Brennholz – Tische – Stühle – Beleuchtung – Dienstkleidung – Musikanlage? Es ist doch jedes Mal aufs Neue sehr viel Kram und Kleinkram zu klären und zu beschaffen. Wie wollen wir uns kleiden, vor allem Simon und ich: Schal – Kappe – Hut – Fellmütze – Wollpullover – dicke Schuhe – Schürze – Metzger- und Kochjacke dieses Mal? Messer umhängen? Sonnenbrillen ja oder nein? Es ist sonnig und der erste Probebesuch an der Piste ohne Brille war anstrengend ...

Während wir uns in Gammertingen noch in kleine Trupps aufgeteilt hatten, machen wir mittlerweile alles zusammen: Wir besuchen gemeinsam die Erzeuger und Protagonisten, das ganze Team hilft beim Aufbau, denn die Kamera und der Fotoapparat müssen überall dabei sein, natürlich auch beim Kochen. Das hatten wir in Gammertingen noch unterschätzt, in Heilbronn hatten wir schon umgestellt.

Den Abend beschließen wir mit einem gemütlichen Plausch mit den Wingelmayrs. Der Ursprung der Lecher ist das Wallis in der Schweiz und die Siedler, die im 18. Jahrhundert hierherkamen, sind Walser. Nach ihnen sind auch das Kleine und das Große Walsertal benannt. Und wir hören, wie die Menschen hier oben lebten und leben, vor allem mit den vielen Sommer- und Wintergästen. Wie die Ansässigen hier zusammenhalten, gemeinsam für eine bestimmte Qualität von Gastfreundschaft

einstehen und miteinander weiterentwickeln. Ist es überhaupt möglich, bei der Bewirtung solcher Menschenmassen noch einen LOKALen Gedanken zu fassen? Ja, das scheint hier in der Tat zu funktionieren. Und unser LOKAL-Herz hüpft, als wir erfahren, dass sich in Lech Bauern, Sennereien, Käsereien, Fischzüchter und Bäcker in einem eigenen Netzwerk zusammengeschlossen haben, um ihre Produkte Gastronomen, Hoteliers und natürlich auch Einheimischen anzubieten. Das Netzwerk heißt „vo:dô", Lautschrift für die mundartliche Variante des Begriffs „von hier". Das fördert die Nachhaltigkeit, davon profitieren alle gemeinsam samt der großartigen Natur dieser Gegend. Wir würden uns wünschen, dass es auch in anderen Landstrichen viel mehr solcher Initiativen gibt.

Station 1: „Biobauernhof Juliana" in Lech

Gut ausgeruht starten wir am nächsten Morgen zu unserer ersten Station am Ortsrand von Lech. Die Walchs leben und arbeiten hier in bäuerlicher Tradition bereits seit dem 17. Jahrhundert – also schon lange bevor der Tourismus Einzug gehalten hat. Claudia Walch zeigt uns ihr Reich mit Gästehaus, Werkstätten, Ställen und Tieren: Neben vier Pferden leben hier momentan neun Kühe und zehn Jungtiere, eine Kreuzung aus Braunvieh, Fleckvieh und Holsteiner. Die Walchs haben diese Kreuzung gewählt, weil die Kühe nicht nur Schlachtvieh sind, sondern auch Milch produzieren. Die Fleischmenge, die später gegessen werden kann, fällt dadurch geringer aus als bei einer reinen Mastrasse, die mehr ansetzt. Aber dafür ist das Fleisch später zarter und schmackhafter. Vor diesem Hintergrund ist die vergleichsweise geringe Anzahl der Tiere noch bemerkenswerter.

Claudia erklärt: „Wir können hier oben generell nicht auf großes Wachstum und Massentierhaltung setzen, das wäre auch schlimm für diese wunderbaren Bergregionen. Wir wollen unsere Umgebung erhalten und pflegen." Der Bauer als Kulturpfleger, das ist ja auch uns beiden ein Anliegen! „Natürlich könnten wir schon ein paar mehr Tiere halten, aber wir wollen Qualität. Wenn alle diese Einstellung hätten und es keine Überproduktion gäbe, würde nicht so viel weggeworfen." Und dann schlägt Claudia den großen Bogen: „Die Menschheit wird nur überleben, wenn wir den Boden erhalten." Genau deswegen haben sich die Walchs anstelle des Prinzips „immer mehr, immer größer" für Extensivität – also auf Nachhaltigkeit angelegte Bodennutzung –, biologischen Landbau und reine Heufütterung, also keine Grassilage, und erst recht gegen Maissilage entschieden. Dieses Thema ist uns ja schon in Gammertingen und Heilbronn begegnet. Und fast alle sprachen sich gegen Silage,

Ganz links:
Aus dem
Fotoalbum
der Familie
Walch

Links:
Claudia
Walch ist in
den Bergen
zu Hause und
glücklich.

auch Gärfutter genannt, aus, obwohl die EU-Öko-Verordnung dazu keinerlei Vorschriften macht und die Richtlinien von Anbauverbänden wie Bioland, Naturland oder Demeter diese lediglich als Ganzjahresfütterung verbieten. Doch was ist Silage überhaupt? Seit

Mitte des 20. Jahrhunderts wird Heu, das in den Wintermonaten, die die Tiere nicht auf den Weiden verbringen, seit Urzeiten DAS Winterfutter ist, mehr und mehr von ihr verdrängt. Bei der Silage wird beispielsweise Heu geschnitten, nur einen Tag angetrocknet, dann mit einer Ballenpresse geformt und mit Plastikfolie fest eingeschlossen. Der praktische Vorteil gegenüber Heu liegt also ganz klar in der relativen Wetterunabhängigkeit. Zum Vergleich: Für gutes trockenes Heu brauchen Sie mindestens drei schöne trockene und sonnige Tage. Und die sind in unseren Breitengraden leider nicht immer garantiert. Ein zweiter Vorteil ist die unkomplizierte Lagerung, denn die in Folie verpackte Silage kann an einem beliebigen Ort draußen lagern. Ganz sicher haben Sie bei einer Überlandfahrt auch schon einmal in Folie fest verschlossene Futtermittel gesehen. In dieser luftdichten Verpackung vergären Zucker, Eiweiß sowie Schmutzbakterien. Die Milchsäurebakterien konservieren auf diese Weise das Futter, das vor allem in der konventionellen Milchviehfütterung Einsatz findet. Wobei sein Einsatz auch in der ökologischen Landwirtschaft nicht prinzipiell verboten ist. Mit Silage kann man generell alle Grünfuttermittel aufbereiten – am populärsten ist die von Gras und Mais. Zudem werden durch diese Technik die Nährstoffe der silierten Pflanzen besser ausgenutzt. Auch der Preis für Silage ist vergleichsweise günstig. Hört sich doch alles ganz gut an, finden Sie jetzt vielleicht? Der größte Haken an der Sache liegt darin, dass sich im oben beschriebenen Vakuum leider nicht nur Milchsäurebakterien, sondern auch unerwünschte Bakterien vermehren können. Und zum Beispiel im Pansen von Wiederkäuern an-

gekommen, verursachen diese kleinsten Trittbrettfahrer leider unerwünschte, teils starke Nebenwirkungen. Die Begleiterscheinungen reichen von einem übersäuerten Organismus und rheumatischen Schmerzen durch kristalline Ablagerungen im Gewebe bis hin zu Autoimmunerkrankungen sowie chronischen oder auch akuten Vergiftungen. Wollen wir das unseren Tieren wirklich antun? Wir finden: nein! Auf der anderen Seite ist erwiesen, dass silofreie Heumilch im Vergleich zur Standardmilch einen höheren Gehalt an den für uns Menschen wichtigen Fettsäuren CLA und Omega-3 hat. Dafür enthält sie sehr viel weniger unerwünschte Clostridien-Sporen als Silomilch. Das hört sich wiederum so gut an, dass wir uns das eigentlich immer so wünschen würden!

Das Heu, mit dem Familie Walch die Tiere füttert, stammt allein von den Wiesen rund um Lech. „Wir halten genau so viele Tiere, wie wir hier oben in den Bergen von den eigenen Wiesen ernähren können, das ist gesund", erklärt uns Claudia. Nur wenig kontrolliert-ökologisches Getreide wie Hafer und Gerste, das aus dem benachbarten Allgäu kommt, wird im Winter zugefüttert. Denn bei zu starker Zufütterung von Getreide leidet das Verdauungssystem der Wiederkäuer und es kann beispielsweise zu einer Übersäuerung des Pansens kommen. Kein Genfutter und kein Tiermehl, das versteht sich von selbst. „Die Lebensdauer und die Gesundheit der Tiere ist uns wichtiger als die Milchleistung."

In einer einfachen Gästeinformation steht der Satz: „Wir danken Ihnen, wenn Sie auch weiterhin unsere Bemühungen unterstützen, eine intakte Berglandwirtschaft zu erhalten, und dabei auch bewusst Produkte aus der Region und wenn möglich biologisch einkaufen." Und dann der Satz, der

uns so wichtig ist: „Das ist auch in Ihrem Umfeld möglich, denn wenn nur noch ein bis zwei Großhändler übrig bleiben, werden auch diese in Zukunft die Preise bestimmen." Uns sprechen die Walchs damit aus dem Herzen und wir Sie als unsere Leser direkt an, das Ihrige dazuzutun, mit Ihrem Einkaufsverhalten wo immer möglich dagegenzuarbeiten, dass so etwas passiert.

2001 haben die Walchs einen Laufstall für die Tiere gebaut, den wir besichtigen: Ein wunderbarer Heuduft schlägt uns entgegen, der Stall ist licht und sonnendurchflutet. Tatsächlich ist ein solches Gebäude für die Tiere die Ausnahme. „Unser Laufstall ermöglicht den Tieren Bewegungsfreiheit, Auslauf, soziale Kontakte innerhalb der Herde, es gibt viel Licht und gute Luft." Claudia strahlt diese Haltung und Lebensweise auch aus, gesund, eloquent und stolz erklärt sie uns ihren Weg. „Die Tiere werden nicht an Tierhändler abgegeben, sondern das Fleisch wird privat und direkt vermarktet. Die Milch wird komplett ohne hohen Verpackungsaufwand verkauft, weil sie in kleinen und großen Kannen täglich frisch ausgeliefert wird." Das ist ein Luxus, der heutzutage eigentlich unbezahlbar geworden ist!

Wir alle stürzen uns in die Heuberge, die im Stall liegen, mit geschlossenen Augen riecht man das dunkelgrüne Heu mit den Heilkräutern aus der Naturapotheke ganz intensiv: Arnika, Thymian, Rosmarin, Heidelbeeren, Augentrost, Preiselbeeren und Disteln. Alle Kräuter haben ihren Sinn und ihre spezielle Heilfunktion. Prophylaxe sozusagen. Das Gras wird zwar nicht mehr den Berg heruntergetragen, aber auch heute noch nur mit geländegängigen Einachsschleppern und kleinen Maschinen geerntet. „Wir haben keinen großen Traktor", erklärt Claudia.

„Wir haben ein Erbe übernommen und wollen es weitergeben. Und wir haben Spaß daran, unsere Gäste zu verwöhnen. Es ist bei uns wie früher zu Hause – wir waren eine große Familie, allein 15 Kinder saßen um den Esstisch herum. Ich koche täglich frische Gerichte für unsere Gäste und uns, das sind zusammen schnell um die 20 Menschen!" Aber Claudia genießt das, denn sie möchte genau so leben, und nichts ist ihr und ihrem Mann Leo wichtiger als diese Lebenseinstellung, nicht einmal Geld: „Wir könnten die Wiese für zehn Millionen Euro verkaufen, wenn wir nur wollten ..."

Station 2: Selbstversorger Angelika und Josef Stöckler

Der nächste Weg in Lech führt uns zum Ehepaar Stöckler, das hier ein Apartmenthaus betreibt. Die Wingelmayrs haben uns diesen Tipp gegeben. Als wir zu sechst auf ihrem Hof einfallen und uns um ihren runden Erkertisch setzen, ist Angelika noch skeptisch. „Bio ist für mich ein weitläufiges Gebiet, da bin ich vorsichtig." Oh, denken wir, hier sind wir vielleicht falsch! Aber nachdem wir in aller Ausführlichkeit unsere Anliegen erklärt haben – also wer wir sind, was wir im „normalen" Leben machen, was der Sinn von LOKAL ist: die Vision von kleinen lokalen Kreisläufen, von der Rückkehr zum Handwerk, der Sauberkeit von Rohstoffen, einer Konsumwelt ohne Plastik –, ist sie besänftigt und die anfängliche Vorsicht schlägt im Laufe unseres Besuchs um in wundervolle Gespräche über die Natur, die Landwirtschaft, unsere Werte.

Wir können Angelika gut verstehen: Alle reden von bio, von Regionalität und davon, dass man etwas tun muss, aber nur wenige handeln auch konkret! Da wird man verständlicherweise vorsichtig. Und wenn hier oben die Kamerateams in die Idylle einfallen und eine Scheibe vom natürlichen Leben abbekommen wollen, aber letztendlich manchmal schlecht über die Anliegen der Leute berichten, weil sie selbst so weit von der echten Landwirtschaft und der Natur entfernt sind, fragt man sich, wozu man die Türen geöffnet hat.

Diese Art der naturverbundenen Landwirtschaft wird eher als Nische gesehen, hübsch und romantisch, aber eigentlich überflüssig. Im Gegensatz dazu steht die ineffiziente Wegwerf-Landwirtschaft der großen Industrienationen, die zu viele Ressourcen verbraucht und sich einreiht in das System der Verschwendung bis hin zum Endverbraucher. Ja, genau, am Ende sind Sie es, liebe Leser, die das alles und damit auch den Preis bestimmen. Wo liegt der Wert eines Lebensmittels, wenn die Milch billiger ist als Mineralwasser, wenn das Fleisch so günstig angeboten wird, dass wir uns täglich Unmengen davon leisten können? Was sagt das über unsere Einstellung zu Ernährung und Umwelt aus, wenn die marinierten Nackensteaks in unseren Haushalten regelmäßig montags weggeworfen werden, weil das Wetter am Sonntag schlecht war und der Grillnachmittag ins Wasser gefallen ist?

Links: Selbst-
versorger wie
Angelika
Stöckler sind
heute selten.

Rechts: Stöck-
lers machen
auch ihren
Käse selbst.

Menschen wie Angelika und Josef Stöckler stehen für eine andere Art der Landwirtschaft, für eine andere Haltung. Das merkt man schon daran, wie sie voller Herzblut über die Käsefertigung, das Salz, den „Zick" in der Butter und auch ihre Tiere sprechen.

So haben die Stöcklers sechs Pferde, die die Kutsche ziehen, mit der Josef im Winter die Touristen durch den Ort oder auch schon mal ins benachbarte Zug chauffiert. Es gibt auf dem Hof einige Rinder samt Milchkälbern, genauer gesagt Weißblaue Belgier, eine alte Mehrnutzungsrasse, die so heißt, weil die Tiere ein weißes Fell mit blauschwarzen Schecken haben. Hinzu kommen im Stall drei Sauen. Angelika berichtet, dass eine Sau innerhalb von fünf Monaten auf 200 Kilogramm zunimmt! Das ist fast nicht zu glauben! „Ja, weil sie bei uns mit Vollmilch und Getreide gefüttert wird!" Gehalten werden die Tiere für den Hausgebrauch – denn was ihre eigene Nahrung angeht, so sind die Stöcklers weitestgehend Selbstversorger. Angelika stellt aus der Milch der Kühe, die nach der Fütterung der Kälber übrig bleibt, Quark

her, rahmt ihre Butter selbst und macht Frischkäse – so weiß sie immer, was sie isst und hat. Davon profitieren hin und wieder auch schon mal gute Freunde und Bekannte, aber einen Vertrieb für die Waren gibt es nicht. „Wobei immer mehr junge Leute kommen und von unseren Produkten haben wollen", wie Angelika berichtet.

„Wir schicken die Tiere im Sommer auf die Hochalp. Die Kühe werden per Hand gemolken, die Kälber mit Vormilch gefüttert. Das ist der Höhepunkt von allem, das macht keiner mehr", sagt Angelika stolz. „Aus der Milch machen wir unseren originalen Alpkäse, den ihr hier probieren könnt", bietet Angelika an und wir kosten gern. Der schmeckt herrlich! Leider können wir nichts davon mitnehmen, das wäre gegen die Spielregeln, weil ihre Produkte zwar durchweg bio, aber nur für den Hausgebrauch und darum eben nicht zertifiziert sind. „Die Milch muss sanft in den Käsekessel gegossen werden, der Vater hat immer a G'schiss gemacht, denn wir wollten immer schnell-schnell. Jetzt hab ich es kapiert!" Darum rührt Angelika ihren Käse heute ebenfalls mit Ruhe.

Die Butter muss einen „sauren Zick" bekommen, damit sie länger hält. Wir probieren alle ein Stückchen Butter, die ihre Schwester wie auch das Butterschmalz auf der Alp herstellt – voller Bergkräutergeschmack, ziemlich gelblich, auch innen ... „Wir kochen nur mit Butterschmalz, denn da sind das Wasser und der Schmutz raus. Man macht es nicht zu heiß in der Pfanne, sonst verbrennt man das Beste." Simon sitzt mit großen Ohren da, denn er handhabt es genauso. „Butterschmalz hält die Hitze und das Fleisch ist nach dem Braten immer zart."

Auch mit Gemüse versorgt sich die Familie weitestgehend selbst. Vor dem „Huber-Hus", einem Museum hier in Lech, das seine Besucher bäuerliches Leben und Arbeiten entdecken lässt, betreut sie den Garten und baut dort neben Salat auch allerlei Gemüse wie Möhren, Rüben und Kohl an. Was nicht sofort auf den Tisch kommt, wird für den Winter haltbar gemacht. Wir testen das selbst gemachte Sauerkraut, das hier seit Jahrhunderten im Winter gemeinsam mit dem Speck ein wichtiger Energie- und Vitaminbringer ist, aber auch die milchsauer eingelegte Rote Bete, mundartlich hier auch als „Randig" bekannt. Alles wirklich großartig und rein im Geschmack!

Angelika kocht nur mit Sole, die sie selbst fertigt, indem sie einen Salzstein ins Wasser legt. „Irgendwann ist der Salzgehalt genau bei 26 Prozent. Das ist perfekt." Auch die Pferde bekommen Wasser mit Sole – „was gut für uns ist, ist auch für die Tiere gut". Der Apfelessig, den die Stöcklers aus Apfelsaft natürlich auch selbst herstellen, dient ebenso als Futterzugabe für die Tiergesundheit. Apfelessig? Da war doch etwas ... erinnern Sie sich auch? In den 1980er-Jahren gab es in der aufkommenden Biobewegung einen wahren Apfelessig-Boom, damals wurde er als Allheilmittel gehypt. Die Aufregung um den Apfelessig hat sich zwischenzeitlich wieder gelegt, sein Anwendungsgebiet in der Naturheilkunde ist hingegen in der Tat auch heute noch groß. So besitzt er eine antibakterielle Wirkung, lindert Entzündungen sowie Husten und sorgt im Körper für ein ausgeglichenes Säure-Basen-Verhältnis.

„Wacholder sammeln wir im Zuger Tal", sagt Angelika. „Damit sollte man jeden Tag ein bisschen die Speisen würzen, ebenso mit Lorbeer – wegen der Bitterstoffe und der guten Öle darin. Denn die Bitterstoffe regen im Körper die Verdauung an und nur wenn diese gut funktioniert, können von unserem System Vital- und Nährstoffe optimal aufgenommen werden. Und schon geht es weiter zum nächsten Thema: „Sirup aus roten Nacktschnecken lindert übrigens starken Hustenreiz genauso, wie Sauerkraut gegen Fieber hilft." Okay, Letzteres lassen wir uns eingehen, aber Nacktschnecken?! „Ja, einfach die rohe Nacktschnecke herunterschlucken oder in Zucker auflösen, wenn's gar nicht geht. Alles besser, als am Husten zu ersticken", sagt Angelika mit so viel Überzeugung in ihrer Stimme, dass wir das jetzt einfach so stehen lassen.

Nach dem Probieren des „Zickers", einem sehr intensiven Käse aus Molke und Kräutern – auch wirklich lecker – verabschieden wir uns von Angelika. Auch wenn wir keine Zutaten für unser Menü mitnehmen, haben wir von dieser wirklich außergewöhnlich vitalen Frau viel lernen können und sind um die Erfahrung reicher, dass Menschen, die sich mit traditioneller Gelehrtheit selbst zu versorgen wissen, einfach besser und gesünder leben.

Station 3: „Arlenhof" in Lech-Anger

Als Nächstes steht ein ganz besonderer Besuch auf dem Programm: Wir machen uns auf den Weg zu Angelika Stark-Wolf und ihrem 101-jährigen Vater Bernhard. Der gute Draht und das verwandtschaftliche Verhältnis zu Andrea Wingelmayr haben uns diese Tür geöffnet. Angelika und ihr Mann betreiben auf einer kleinen Anhöhe im Ortsteil Anger einen Bergbauernhof mit Mutterkuhhaltung, den sie von ihren Eltern übernommen haben. Das Fleisch der etwa 15 Tiere vermarkten sie direkt an die ortsansässigen Hotels. Zusätzlich bewirtet das Ehepaar Pensionsgäste.

Wir fühlen uns geehrt, dass Bernhard uns empfängt. „Mit 40 oder 50 geht's normalerweise los mit den Knochen, deswegen hab ich immer gute Milchprodukte und

Links: In der „Gepse" wird die Milch aufbewahrt, bis sich eine Rahmschicht bildet. Aus ihr wird anschließend der Käse gemacht.

Unten: Auch Angelika Stark-Wolf kann in ihrer Küche aus viel Selbstgemachtem wählen.

N 47° 12′ 40.293″ — O 10° 8′ 38.183″

Es ist großartig, einen Moment lang an der Lebenserfahrung des 101-jährigen Bernhard teilhaben zu dürfen.

gutes Fleisch gegessen", sagt der 101-Jährige, mit dem wir auf der Hausbank vor dem alten Bauernhof mit Blick auf Lech und die schneebedeckten Berge in der Sonne sitzen. Irgendwie haben wir es tatsächlich geschafft, mit ihm dort zu landen, er interessiert sich offenbar für diese junge, verrückte LOKAL-Crew und fragt sich, was wir da eigentlich vorhaben. Wir dürfen Bernhard ein paar Fragen stellen. Alle wollen wissen, wie man so alt wird und wie es sich so lebt mit 101 Jahren – na klar, alle würden gern so alt werden und gleichzeitig so fit sein wie Bernhard! Vor allem interessiert uns, wie die Menschen hier in der ersten Hälfte des letzten Jahrhunderts gelebt oder, besser gesagt, überlebt haben. „Damals", erzählt Bernhard, „lebten 300 Menschen in Lech, heute sind es knapp 1 500. Die Lebensmittel wurden größtenteils aus dem Vorarlberger Unterland heraufgeholt, lastzugweise Kartoffeln, um den Winter zu überstehen. Häufig wurde real getauscht: Käse, Milch und manchmal Tiere gegen Getreide und Gemüse. Sauerkraut war im Winter die wichtigste Nahrung und hat uns gesund gehalten. Dazu G'selchtes und Kartoffeln." Süßes wurde weniger gegessen.

„Und ich bin auch kein Süßer. Zucker ist nur Anreiz, um noch mehr zu essen."

Bernhard und die anderen Bauern hier oben haben die Wiesen bewirtschaftet. „Wir waren ja dazu gezwungen", und er meint damit, dass man ohne das Gras und die Kühe, die dieses in Fett, Kohlenhydrate und Eiweiß umwandeln, nicht hätte überleben können. Auf die Frage, wie er es geschafft habe, so alt zu werden und dabei so gesund zu bleiben, antwortet er ganz lapidar: „Ich habe für zwei gearbeitet und für einen gegessen." Der Mangel hat den Menschen hier oben nicht geschadet, im Gegenteil. „Ich war immer 68 Kilogramm schwer, eigentlich mein ganzes Leben", sagt er und lacht. „Viele hören nicht, wann man aufhören muss zu essen."

Dann ruft Angelika uns alle hinein in die Stube. Bernhard schwingt sich leichtfüßig durch den Flur und setzt sich an den Tisch. Er fordert uns ebenfalls zum Hinsetzen auf, um den Meisterwurzschnaps seiner Tochter Angelika zu kosten. Diese Stube ist ein Traum, alles holzvertäfelt, die alten hölzernen Tische mit Intarsien verziert, eine

Eckbank, die über 100 Jahre alt sein muss, hölzerne Kastenfenster Richtung Süden und Westen mit Blick über Lech hinweg, Einbaukästen, Holzdecke … Das ist schon sehr begnadet hier. Und Angelika erklärt, was es mit dem Meisterwurz auf sich hat. „Die Wurzeln werden Ende September ausgegraben, nach Michaeli. Dann haben sich alle Säfte darin gesammelt. Meisterwurz gibt Kraft, Schutz und Abwehr, ist ein Mittel gegen Zahnschmerzen. Er wächst in Mulden, in denen es feucht und schattig ist, am Rüfikopf zum Beispiel. Man braucht zum Pflücken und Graben keine Erlaubnis wie beim Enziankraut, man muss aber für Ausgleich sorgen und viel stehen lassen!" Klingt so, als würde man nur um ihn zu sammeln extra auf den Rüfikopf klettern – was für ein Luxus! Aber er hat Bernhard vielleicht so gesund gehalten, deswegen hat sich´s wohl all die Jahre gelohnt! Und wir sind im Jahr zuvor mit den Tourenski auf den Rüfikopf geklettert und haben nichts mit heruntergebracht – also doch kein Luxus, sondern das, was wir gemacht haben, war Luxus.

Wahrer Luxus ist übrigens das Lecher Wasser mit seiner herausragenden Qualität. Denn hier fließt in der Tat das Quellwasser der Schwarzbachquelle aus den Wasserhähnen der Bewohner, also das, was andernorts in Flaschen abgefüllt teuer verkauft wird. Das Lecher Wasser komme „gleich nach dem Gasteiner", führt Angelika aus. Es ist nitratarm und besitzt eine optimale Zusammensetzung wichtiger Mineralstoffe.

Angelika kennt sich auch mit Kräutern und deren Heilwirkungen unglaublich gut aus,

ähnlich wie unsere Ingrid Hagner in Heilbronn (siehe Seite 54 ff.) und hält diesbezüglich sehr viel von den Lehren der Hildegard von Bingen aus dem 11. Jahrhundert. Mit allem, was sie sagt, spürt man, in welch großem Einklang sie mit der Natur lebt. „Um so vollständig wie möglich in und mit der Natur zu leben, ist es wichtig, ihr auch ein wenig Demut entgegenzubringen", erklärt uns Angelika und wir glauben ihr das sofort. Und jedes Kraut hat seinen Platz und seine naturheilkundliche Bestimmung. Der Huflattichtee ist ein wirksames Mittel gegen Erkältung, Salbeitee ist gut für den Hals, Rotklee wirkt als Tinktur gegen Schuppenflechte, die Blüten helfen – auf der Haut zerrieben – gegen Insektenstiche, gelber Wundklee findet Verwendung zur Desinfizierung von Wunden. „Wenn es viel Heu im Sommer zu ernten gibt, wird es ein kalter Winter", sagt sie aus voller Überzeugung. „Und wenn es viel Rotklee in einem Jahr gibt, heißt das, dass man für seine Gesundheit viel davon braucht."

Für uns stellt Angelika aus ihrer Schatztruhe an getrockneten Kräutern eine Teemischung zusammen und gibt uns getrockneten Liebstöckel mit, der wird bei unserem Koch-Event dem Milchsud für den Tafelspitz eine leichte Bitternote geben. Wir bekommen darüber hinaus auch noch Brennnesselsamen, damit werden wir der Rindermark-Espuma eine nussige Note einhauchen. „Wie viel bekommst du dafür?", fragen wir Angelika. „Gar nichts, das ist ein Geschenk der Natur!" Schöner lässt sich Angelikas Großzügigkeit nicht ausdrücken!

Station 4: Drei-Hauben-Koch Thorsten Probost

Auf Empfehlung von Angelika Stark-Wolf können wir kurzfristig ein Gespräch mit dem bekannten Küchenchef und Kräuterexperten Thorsten Probost bekommen, der es zu viel Bekanntheit gebracht hat in seinen 13 Jahren Oberlech. Dass der Chefkoch aus dem „Burg Vital Resort" sich extra für uns Zeit nimmt, ehrt uns beide sehr. Und er kennt sogar unsere Namen, denn er stammt aus dem Schwäbischen ganz in der Nähe von Simons Heimat und war zudem schon in Herrmannsdorf!

Thorsten, den wir direkt duzen, ist ein lässiger Typ in den 40er-Jahren und total offen. Es interessiert ihn sehr zu erfahren, was wir mit LOKAL erreichen wollen. Wir erklären

ihm, welche Werte wir vertreten und wie wir LOKAL zu Hause in unseren eigenen Betrieben umsetzen. Da sind wir natürlich schnell auf einer Linie! Ob er Wild abzugeben hätte, ist nach dem Kennenlernen eine unserer ersten Fragen, denn die Zeit läuft und wir müssen schon morgen etwas Gutes zaubern. Nein, damit kann auch er uns leider nicht helfen, denn Thorsten hat letzten Herbst selbst nur insgesamt neun Gämsen und vier Steinböcke bekommen, die wurden bei ihm sofort verarbeitet und verkauft. Er erklärt uns, sich dem „kulinarischen Erbe der Alpen" – ein Begriff, den wir natürlich vom Schweizer Dominik Flammer mit seiner wunderbaren Buchserie gleichen Namens kennen – verpflichtet zu sehen. „Global können wir gerne denken, handeln aber müssen wir LOKAL", meint er. „Die Milch von hier wird ins Unterland gebracht, dort verarbeitet, gekühlt, verpackt, mit dem Lkw

Der gebürtige deutsche Drei-Hauben-Koch Thorsten Probost und wir teilen viele Einstellungen.

ins Zentrallager des Grossisten transportiert und kommt von dort irgendwann wieder zu uns." Deshalb holt er sich die Milch lieber direkt von Julia Huber und Elmar Walch gleich oberhalb von Lech.

Alles hier im Restaurant, mit dem sich Thorsten beim Gault&Millau drei Hauben erkocht hat, ist anders! Zu jedem Produkt, das er verwendet, gibt es mindestens zwei Geschichten – eine über den Hersteller, der aus der Gegend sein muss, also wirklich und nicht nur so halb, und die andere über das Produkt selbst.

Sämtliches Fleisch, das Thorsten Probost seinen Gästen im Restaurant serviert, stammt von Höfen, die er selbst gut kennt – Kälber und Schweine aus Rietz, Rinder aus dem Salzburger Land, Ochsen und Kalbinnen sind ausschließlich Schottische Hochlandrinder. „Kalbinnen" ist übrigens ein österreichischer Begriff für das, was wir Färsen nennen: Diese Kühe haben noch kein Kalb zur Welt gebracht und sind etwa zwei Jahre alt, wenn sie geschlachtet werden. Es wird kein Bullenfleisch verarbeitet, denn das ist häufig zu mager und etwas zäher. Sodann verkocht der Meister nur das momentan so populäre Sulmtaler Kaiserhuhn, dessen Hennen einen kleinen Schopf und einen Wickelkamm auf den Köpfen tragen. Das Kaiserhuhn, auch als Steirerhuhn bekannt, ist eine alte, auf eine lange Vergangenheit zurückblickende widerstandsfähige Naturrasse, die schon im 17. Jahrhundert als Delikatesse galt. Das in Freilandhaltung lebende Zweinutzungshuhn liefert gerade kleineren Landwirtschaften einen guten Ertrag sowohl an

Fleisch als auch an Eiern. Das Biogemüse für das Restaurant kommt aus Lustenau.

Thorsten hat hier oben die „Akademie vital kochen" gegründet. Hier wird gelernt, wie man Wurst macht oder gutes Brot backt. Und natürlich vieles andere mehr. „Ich kaufe auch schon mal zum Beispiel Fleisch im Supermarkt und zeige den Unterschied. Das klappt immer!" Das haben wir mit verschiedenen Lebensmitteln früher auch immer für die Journalisten gemacht, ohne vorher testen zu müssen, ob die Demonstration gelingt: Die konventionellen Karotten schmecken immer fad, das konventionelle Kotelett schrumpft zuverlässig stets zusammen, eine Ananas konnte noch nie mit einer Bioananas mithalten.

Für die Schule in Lech beteiligt sich Thorsten wie viele seiner Kollegen an der täglichen Bereitstellung von gutem Schulessen. „Pausenbrot aus Dinkel und Roggen, vom Bäcker Martin Walch gebacken, gibt´s in der großen Pause", erklärt Thorsten. „Vom ‚Waldhof' im Ortsteil Zug kommt der Joghurt, den wir mit echten Früchten für die Kinder in Gläser füllen. In der Schule haben wir sieben Hochbeete angelegt, für jede Klasse eines."

„Die Stadtkinder, die mit ihren Eltern anreisen, bekommen statt Energydrinks aus der Dose Lecher Heumilch im Glas." Man merkt, wie wichtig ihm das Ganze ist, und spürt seine Freude daran, wie gut das bei den Kindern ankommt. „Die Zeit vergeht sowieso so schnell, und da zählt jeder Moment, in dem wir den Kindern etwas Gutes zeigen können!"

Und Thorsten schwärmt von seinen Chefs, Hannelore und Thomas Lucian, die mit ihm all das entwickelt haben, und erzählt eine kleine Geschichte: „Einmal kam ein Gast und fragte: ‚Warum muss ich immer Süßwasserfische essen? Ich kann mir doch etwas Besseres leisten!‘ Thomas Lucian antwortete freundlich: ‚Dann müssen Sie woanders hingehen!‘“ Mehr Rückendeckung kann man sich als Küchenchef für seinen Weg nicht wünschen!

Der Event an der Piste

Alles haben wir nun beisammen: die Milch, das Fleisch, die Knochen, die Kräuter – und unser Salz. Daraus werden wir am Dienstag an der Piste über Oberlech am „Schlössle“ unseren Freunden und allen Skifahrern, die Lust darauf haben, etwas Feines zaubern! Zurück im „Hotel Lech“, dürfen wir bei Küchenchef Christoph, der uns sehr behilflich ist, ausprobieren, wie wir den Tafelspitz ohne Sous-Vide-Gerät langsam in Milch garen können, und entscheiden uns schließlich für eine Nacht im Konvektomaten, einem Profi-Heißluftofen aus der Gastronomie, bei 65 Grad Celsius. Zu Hause können Sie das Fleisch natürlich auch bei Niedertemperatur auf diese Art im Haushaltsbackofen zubereiten – das Rezept dazu gibt es auf Seite 161 ff.

Am nächsten Morgen brechen wir nach Oberlech auf. Es ist ein bisschen diesig, aber vom Gefühl her und nach dem Wetterbericht wird es aufreißen. Unser Grill, das Green Egg, wird über den Schnee gezogen. Der Dreifuß mit der Metallplatte für das Kesselfeuer von Angelikas Bergtee ist schnell aufgebaut, und unser bewährter Klapptisch hat uns noch nie verlassen, der hat schon so viel erlebt! Die Soundanlage mit Akku wird auf einen Klappstuhl gestellt, und als die Musik über die Piste schallt, bleiben die ersten Skihasen neugierig stehen, um zu schauen, was hier passiert. Am Tag zuvor haben wir bei den Wingelmayrs Thomas Herbrand – einen Metzger aus der Nähe von Baden-Baden, der hier oben Urlaub macht – kennengelernt. Er gibt genauso wie Leo Walch, dessen Fleisch und Mark wir heute zubereiten, spontan ein Interview für unseren Blog – und beide helfen uns beim Zerlegen der Fleischteile, beim Entfachen des Feuers und beim Grillen. Vreni vom Berg ist natürlich auch dabei. Im Nu sind permanent mindestens 20 Menschen um uns herum. Tommy teilt geschickt den dicken und den schmalen Hüftteil, den zapfenförmigen Hüftdeckel (= Hüftzapfen) lässt er dran. So schneiden wir die eine Hüfte zu Steaks, wunderbar zart und noch etwas hellbraun, die zweite Hüfte braten wir im Ganzen rosa auf unserem großartigen Kugelgrill an, um sie hinterher in saftige Scheiben zu schneiden. Den sanft gegarten Tafelspitz räuchern wir noch in Bergheu, rosa-weiß gegart wird er mit unserem feinen Rindermark-Espuma garniert. Den Bergtee, den uns Angelika beziehungsweise die Natur geschenkt hat, brühen wir im Kessel über dem Feuer und servieren ihn dampfend heiß und wunderbar duftend in unseren französischen Steingutbechern.

Landschaftlich ist Lech für uns sicher einer der ganz besonderen Höhepunkte unserer Tour. Aber auch die Geschichten der Menschen hier auf dem Berg haben uns sehr fasziniert. Dass der Mensch in diesen Regionen wie in vielen anderen der Welt nicht ohne das Tier auskommt, sich anders nicht ernähren kann, wird uns wieder einmal klar. Und erneut stellt sich die große Frage: Wo kommen wir her – wo gehen wir hin? Und was brauchen wir wirklich? Wir glauben, dass wir unser Glück ein Stück weit selbst in der Hand haben, wie die Menschen hier oben fernab der Großstädte und fernab der um sich greifenden Globalisierung. Wir alle können uns, liebe Leser, hier ein Stück abschneiden, uns einfach selbst auf den Weg begeben und unsere Ernährung – wenn's auch nur in kleinen Schritten ist – wieder in die eigenen Hände nehmen. Das ist Lebensqualität – das ist der wahre Luxus!

Welche Bioerzeuger wir gefunden haben und
welche Lebensmittel sie uns geben konnten:

- Tafelspitz, Rinderhüfte, Rindermarkknochen und
  Heumilch von Claudia und Leo Walch vom
  „Biobauernhof Juliana", Stubenbach 527,
  A–6764 Lech am Arlberg
  ▲ — Entfernung: 5,7 Kilometer

- Getrockneten Liebstöckel, Brennnesselsamen und
  Kräutertee von Angelika Stark-Wolf vom
  „Arlenhof", Anger 25, A–6764 Lech am Arlberg
  ▲ — Entfernung: 4,7 Kilometer

- Nichts mitgenommen, aber Käse, Frischkäse und
  Butter probiert bei Angelika Stöckler im „Haus
  Angelika", Dorf 557, A–6764 Lech am Arlberg
  ▲ — Entfernung: 4,6 Kilometer

GERÄUCHERTER TAFELSPITZ IN HEUMILCH GEGART

MIT RINDERMARK-BRENNNESSEL-ESPUMA UND GEGRILLTER RINDERHÜFTE
FÜR 4 PERSONEN

FÜR DEN TAFELSPITZ:

- 1,5 KG TAFELSPITZ
- 5 KG RINDERKNOCHEN
- 2 L HEUMILCH
- 3 EL SALZ
- 2 EL HONIG
- AUSSERDEM: GRILL MIT HAUBE, TROCKENE HOLZSTÜCKE, 4 HANDVOLL STALL- ODER BERGHEU

Zubereitungszeit: 11 ½ Stunden + Anheizzeit für den Grill

‡ — *Zum Probieren:* Um den Sud zu verfeinern, können Sie ½ Knoblauchzehe und frischen Rosmarin dazugeben.

1 — *Für den Tafelspitz:* Den Backofen auf 65 °C Umluft (85 °C Ober-/Unterhitze, Gas nicht empfehlenswert) vorheizen. Tafelspitz und Rinderknochen mit Milch und Salz in einem großen Topf bis knapp unter den Siedepunkt erhitzen, aber auf keinen Fall kochen. Den Deckel auflegen und das Ganze im warmen Ofen 11 Stunden, am besten über Nacht, ziehen lassen.

2 — Den Tafelspitz aus dem Sud nehmen und abtropfen lassen. Die Milch kurz aufkochen, damit das Eiweiß in Form von Schaum aufsteigt. Den Schaum mit einem Schaumlöffel abschöpfen. Die Milch durch ein feines Sieb gießen, in einem kleinen Topf aufkochen und die Flüssigkeit auf ein Drittel der Menge einkochen. Anschließend den Honig einrühren.

3 — Den Grill mit Holzstücken anheizen. Wenn sie fast abgebrannt sind und sich eine wunderbare Glut entwickelt hat, das Heu ins Feuer geben und mit 250 Milliliter Wasser ablöschen, damit es feucht wird und sein Aroma entfalten kann.

4 — Den Tafelspitz auf einem Rost in das Heu, die Haube auflegen und das Fleisch im geschlossenen Grill circa 20 Minuten räuchern. Den Tafelspitz vom Grill nehmen und aufschneiden.

——→

FÜR DIE RINDERMARK-BRENNNESSEL-ESPUMA:

- 175 G RINDERMARK
- 2 TL BRENNNESSELSAMEN
- 2 TL SALZ
- 400 ML MILCH, ALTERNATIV SAHNE (FÜR MEHR CREMIGKEIT)
- AUSSERDEM: SAHNESPENDER, 2 SAHNEKAPSELN

Zubereitungszeit: 15 Minuten

1 — *Für die Rindermark-Brennnessel-Espuma:* Das Rindermark mit Brennnesselsamen und Salz bei schwacher Hitze langsam erwärmen, bis sich das Mark fast vollständig aufgelöst hat.

2 — Das flüssige Mark durch ein feines Sieb gießen und mit der Milch langsam erhitzen. Der Schaum soll später nur lauwarm sein, die Milch darum nur heiß werden lassen, aber nicht aufkochen. Die Milch in den Sahnespender geben und mit den Sahnekapseln befüllen.

! — *Tipp:* Beim Befüllen des Sahnespenders ist es wichtig, dass die Milch nicht zu heiß ist, sonst steht der Schaum beim Aufspritzen nicht. Sollte er dennoch zu flüssig sein, eine zusätzliche Kapsel in den Spender drehen.

FÜR DIE GEGRILLTE RINDERHÜFTE:

- 600 G RINDERHÜFTE
- SALZ
- PFEFFER AUS DER MÜHLE (NACH BELIEBEN)
- AUSSERDEM: GRILL MIT HAUBE, TROCKENE HOLZSTÜCKE

Zubereitungszeit: 10 Minuten + Anheizzeit für den Grill

1 — *Für die gegrillte Rinderhüfte:* Die Rinderhüfte in 4 gleich große Medaillons schneiden und salzen.

2 — Den Grill mit Holzstücken anheizen. Wenn sie fast abgebrannt sind und sich eine wunderbare Glut entwickelt hat, das Fleisch auf den Grillrost legen und direkt über der Glut von beiden Seiten jeweils 3 Minuten grillen.

3 — Die Medaillons vom Grill nehmen und vor dem Servieren 1 Minute ruhen lassen. Sie können auch etwas Pfeffer aus der Mühle darübergeben.

ZUM SERVIEREN:

- 1 TL GETROCKNETER LIEBSTÖCKEL

¤ — *So geht's zusammen:* Den Tafelspitz und die gegrillte Hüfte auf den Tellern verteilen, ein wenig eingekochten Milchsud angießen. Den Sahnespender gut schütteln und auf jeden Teller einige Tupfer Espuma aufspritzen. Das Ganze mit zerdrücktem Liebstöckel bestreut servieren.

N 47° 12′ 40.293″ — O 10° 8′ 38.183″

- FEIGEN AM STADTRAND
- GELOCKTE SCHWEINE
- „MAGDAS"
- KOCHEN IM KOCHBUCH-
  LADEN

LOKAL – TOUR № 6

WIEN

·

ÖSTERREICH IM FEBRUAR

N 48° 12' 29.427" — O 16° 22' 25.748"

BEIM NACHBARN IN STALL UND GEWÄCHSHAUS

Natürlich wissen wir nicht, wie die Ernährungswelt in 30 Jahren aussehen wird. Deswegen dient dieses Buch auch dazu, einen Status festzuhalten, an den man sich später einmal mit gutem Gefühl erinnern kann.

Es ist also ein Zeitdokument aus diesen Zehnerjahren des 21. Jahrhunderts, in denen wir alles dafür tun müssen, dass hier in Europa die kleinteilige Landwirtschaft, handwerkliche Verarbeitung und lokale Vermarktung als Einkommensquelle für Millionen von Vollerwerbs- und Nebenerwerbsbauern erhalten bleibt, anstatt diesen Bereich an Agrar- und Lebensmittel-Großkonzerne zu verlieren. Diese ist von Ineffizienz geprägt – viel wird weggeworfen, sogar Tiere schmeißt man im direkten Sinne das Wortes weg, denken wir nur an geschredderte oder vergaste männliche Küken in der Legehennenzucht oder die „Entsorgung" männlicher Kälber in der Milchwirtschaft. Der Umgang mit dem erstgenannten Thema ist leider auch im Biobereich nach wie vor nicht vom Tisch, darum ist es hier auch an uns Verbrauchern, weiterhin für Verbesserungen zu kämpfen. Hinzu kommt, dass in der konventionellen Landwirtschaft der Energie-

input durch Futter, Dünger, Pestizide, Transport und Verpackung der Lebensmittel um ein Vielfaches höher ist als die Energie, die wir beim Verspeisen der Nahrung aufnehmen. Ein krasses Missverhältnis!

Man hört oft das Argument der Technokraten: Wir in Mitteleuropa müssen aus jedem Hektar Boden mit Agrartechnologie so viel wie möglich herausholen, um die Weltbevölkerung zu ernähren. Deutschland ist weltweit der drittgrößte Exporteur von Agrarprodukten. Rechnet man allerdings Agrarrohstoffe und verarbeitete Produkte zusammen, importiert Deutschland in der Summe mehr, als es exportiert. Ein solches Land nennt man „Nettoimporteur". Die Rechnung geht also aus Europasicht nicht auf. Und wir sorgen damit gleichzeitig für einen massenhaften Abzug von Rohstoffen aus den Ländern, die häufig Schwellenländer sind. Es sind zum Beispiel Staaten Südamerikas, aus denen wir importieren.

Das bringt diesen Staaten Devisen, aber die Böden dort werden immer ärmer. Auch unser direkter Nachbar Österreich ist in vielfacher Hinsicht Nettoimporteur, vor allem bei den Futtermitteln. Für den Bereich der Milchwirtschaft gilt das allerdings nicht. Die Importrate liegt hier deutlich unter der der Exporte, der österreichische Käseexport bewegt sich auf Rekordniveau.

Und endlich geht es auch für uns auf zu unseren Nachbarn. Bei der Auslosung hat Andreas Hoppe dieses Mal ein ganz besonders gutes Händchen bewiesen, denn einer unserer Träume wird Wirklichkeit: Wir fahren nach Wien!

Während unserer vergangenen Reisen haben wir ja schon mehrfach die Erfahrung gemacht, dass es Gold wert ist, wenn man vor Ort Leute kennt, die Kontakte haben! Kennen wir vielleicht auch so jemanden in Wien? Und ob! Katharina Seiser, eine langjährige Freundin von uns, ist eine bekannte österreichische Foodbloggerin, lebt in der Bundeshauptstadt und schreibt unter anderem Kolumnen für die Süddeutsche Zeitung. Sie ist überzeugte Bioprotagonistin und interessiert sich darüber hinaus für den echten Geschmack. Der entsteht für sie durch Bioqualität, Lokalität und gute kulinarische Handwerkskunst – kurz gefasst: Einfaches gut gemacht! Auch auf die Gefahr hin, dass Sie, liebe Leser, uns Schleichwerbung vorwerfen, ihren Blog „www.esskultur.at" muss man sich einfach anschauen und am besten gleich abonnieren. Katharina hat sich in all den Jahren ihrer Arbeit nicht nur einen riesigen Schatz an kulinarischem Wissen angeeignet, sondern ist wie kaum jemand anderes in Österreich und über die Landesgrenzen hinaus vernetzt. Diesen Wissensschatz dürfen wir für unsere Reise tatsächlich anzapfen!

Links:
Hinter diesen
Glasflächen
befinden sich
die Bäume des
Feigenhofs.

Rechts:
Uli Heller aus
der Imkerei
„Honigstadt"

Untergebracht sind wir im gerade einmal ein Jahr alten „*mag*das Hotel" im zweiten Bezirk gleich beim Prater, zwischen Donau und Donaukanal. Es ist uns auf Empfehlung von Katharina zugeflogen, eine super Wahl. Denn das „*mag*das" ist nicht irgendein Hotel, sondern es ist ein viel beachtetes Projekt der Caritas Wien, das eigens für die Schaffung von Arbeits- und Lernstellen von 30 Flüchtlingen gebaut wurde. Es ist eines von mehreren Social-Business-Projekten, in deren Rahmen Dienstleistungen mit sozialem Mehrwert angeboten werden. Solche Projekte gibt es auch bei uns in Deutschland immer mehr, neben Wohlfahrtsverbänden agiert inzwischen eine ganze Zahl von Unternehmen und Stiftungen auf dem Gebiet, sonst „schwer vermittelbare" Menschen in Arbeit und ein „normales" Leben zu führen beziehungsweise zurückzuführen. In unserem Hotel arbeiten und lernen Menschen aus 14 Nationen, anerkannte Flüchtlinge, die woanders nur schwer eine gute Arbeit gefunden hätten! Es gibt auch eine WG für unbegleitete Jugendliche. Da nicht viel Geld zur Verfügung stand, um das alte Seniorenheim aus den 1960er-Jahren zu einem Hotel umzufunktionieren, hat man einen ebenfalls zukunfträchtigen Weg gewählt: Das gesamte Hotel ist als Upcyclingprojekt verwirklicht worden! Möbel und Ausstattung sind Secondhand oder aus einfachen Materialien zusammengebaut. Viele Partner und Sponsoren haben geholfen, beispielsweise haben die Österreichischen Bundesbahnen (ÖBB) alte Aludruckguss-Kofferablagen aus Zügen gesponsert, die nun in den Zimmern als Garderoben angebracht sind. Das ganze Hotel ist voller neuer Ideen – kein Wunder, dass uns Gerhard Zwettler, der Chef des Hotels, voller Stolz vom Haus erzählt. Da haben sich Leute frei gemacht vom konventionellen Hoteldenken und bewusst etwas Neues geschaffen. Es ist auch ein Ort der Begegnung, denn regelmäßig werden Social Dinners mit 30 Wienerinnen und Wienern sowie 30 Flüchtlingen angeboten. Eine Ermutigung für andere Hoteliers – genauso wie für uns selbst –, das nachzuahmen.

Das ist der richtige Platz für uns, um hier in Wien zu übernachten. Denn guten Schlaf findet man nicht nur in bequemen

Betten, sondern auch wenn man weiß, dass man mit seiner Übernachtung ein außergewöhnliches Sozialprojekt unterstützt. Wir kommen Sonntag um zwei Uhr morgens an, alle weit gereist und müde. Der freundliche Mitarbeiter an der Rezeption nimmt uns trotz der späten Stunde herzlich in Empfang. Ein guter Start für unser Abenteuer!

Übrigens haben wir dieses Mal tatkräftige Unterstützung: Simone, die Wien auf Facebook vorgeschlagen hat und der wir damit diese Reise verdanken, ist extra aus dem Montafon angereist, wo sie gerade mit Freunden Urlaub macht, weil sie unbedingt bei LOKAL in Wien dabei sein will. Einfach so, auf eigene Kosten und ohne uns zu kennen! Wir sind begeistert. Wir treffen Simone am Morgen im Hotel. Und sie entpuppt sich nicht nur als tolle Helferin, sondern auch als clevere biobewegte Gesprächspartnerin mit viel Humor.

Station 1: Imkerei „Honigstadt" im 17. Bezirk Hernals

Für Montag sind 18 Grad und Sonne angesagt, der ideale (Winter-)Tag also, um unsere Erzeugertour zu starten. Es hätte ja schließlich auch schneien, kalt und eklig sein können. Das würde sich zwar irgendwie winterlicher und „richtiger" anfühlen, aber wir verbuchen das Wetterhoch dennoch als unser Glück, denn so ist es einfach angenehmer! Auf Geheiß von Katharina besuchen wir Uli und Karl Heller, die in der naturbelassenen Peripherie Wiens, genau 5,1 Kilometer vom Stadtzentrum entfernt, nach Demeter-Richtlinien Honig produzieren.

Ein grundsätzlicher Unterschied zwischen konventionellem Honig und Biohonig besteht in der Art, wie die Bienen gehalten werden, und in der Arbeitsweise des Imkers. Die Demeter-Richtlinien für biodynamische Bienenzucht, die noch strenger sind als die der EU-Bio-Verordnung, verlangen eine Unterbringung der Tiere ausschließlich in Bienenkästen aus natürlichen Materialien. Ein Anstrich ist nur von außen erlaubt, der Einsatz von Medikamenten ist grundsätzlich verboten. Der Standort muss vorzugsweise in einem Gebiet liegen, das entweder nicht oder noch besser biodynamisch bewirtschaftet wird. Ein Flügelbeschneiden der Bienenkönigin ist verboten, die Vermehrung erfolgt nur auf natürliche Weise über den Schwarmtrieb. Das Winterfutter der Bienen sollte möglichst aus eigenem Honig und Pollen bestehen. Bei der Honigverarbeitung darf eine dem Klima im Bienenstock angepasste Temperatur von maximal 40 Grad Celsius nicht überschritten und der Honig

weder gefiltert noch erhitzt werden, damit seine ursprüngliche Qualität nicht beeinträchtigt wird. Chemische Mittel zum Fernhalten der Bienen während der Honigernte, sogenannte Repellents, sind verboten. Die Entfernung der Bienen von den Honigwaben muss möglichst sanft geschehen, zum Beispiel mittels Rüttler, Bienenflucht, Bürste oder Luft.

Headquarter der Hellers ist ihre Privatwohnung im 17. Bezirk. Herzlich wird das ganze LOKAL-Team empfangen. „Aber wo sind denn die Bienen?", fragen wir. Nun, der Wiener 17. Bezirk grenzt hier direkt an den Wienerwald, die Bienenstöcke sind bei Hernals. Wir fahren mit dem Auto drei Minuten dorthin, aus der Stadt hinaus direkt in den Wald. Kein Gewerbegebiet ist zu überwinden, man könnte auch zu Fuß hinüberlaufen. Durch die bergige Landschaftsstruktur hat sich die Stadt nie in den Wald ausdehnen können, was für die Menschen in den angrenzenden Bezirken 14, 17 und 19 wunderbar ist: Sie fahren mit dem Rad in den Wienerwald und können von oben auf die Stadt blicken.

„Honigstadt", diesen Namen hat Marika, die Tochter von Uli und Karl, für die Imkerei erfunden, erklärt uns Karl. „Wir sind im Wienerwald glücklich und die Bienen auch, weil es hier keine Landwirtschaft mit Pestiziden und Kunstdünger gibt." Die Gegend gleicht einem riesigen Landschaftsgarten mit Rosskastanien und Linden. „Wir sind privilegiert: Die Stadt hört abrupt auf und der Wald fängt an", meint Uli. Die beiden zahlen eine kleine Pacht an den städtischen Forstbetrieb, bei dem Karl, gelernter Förster, an zwei Tagen in der Woche als IT-Spezialist angestellt ist. Derzeit gibt es hier in Hernals etwa 40 Völker. „Wir wollen aus eigener Kraft auf 150 Völ-

ker kommen", meint Karl. „So viel können wir selbst schaffen." Wir fragen, wie denn die Arbeit zwischen den beiden aufgeteilt sei und wie sie die Imkerei neben den beiden Kindern und dem Job schaffen, vor allem natürlich im Sommer. „Wir machen

beide alles, aber ich bin eher der Zentrierende, Uli ist mehr die Macherin", antwortet Karl. „Wenn wir finanziellen Druck hätten, könnten wir so nicht arbeiten, aber wir haben durch unsere Jobs eine finanzielle Grundbasis." Ja, wir erleben immer wieder, dass man es als Vollerwerbsbauer

schwer hat, genug Geld zu verdienen, um ein anständiges Leben führen zu können. Deshalb gibt es so viele kleine Projekte, die im Nebenerwerb betrieben werden und trotz ihrer eher geringen Größe viel Gutes bewirken. Sie bringen uns bei der Qualität weiter und letztlich ist es wie bei der Redewendung „Kleinvieh macht auch Mist": Viele ökologische Kleinprojekte ergeben doch ein großes Plus für die Umwelt!

„Bienen können leider nicht unterscheiden, ob es sich bei den angeflogenen Kulturen um Bioflächen oder konventionell bewirtschaftete Felder handelt. Deshalb kommen für uns nur die besten Standorte infrage: Naturschutzgebiete mit möglichst hoher Biodiversität und biologisch bewirtschaftete Flächen – und auch nur dann, wenn wir uns selbst an diesem Platz richtig wohlfühlen ...", so steht es in dem Internetauftritt von „Honigstadt". An diesen Ausführungen sieht man schon, wie groß die Liebe der Hellers zu den kleinen Tierchen ist. Sie wollen nicht in der Stadt imkern, wie das anderswo häufig praktiziert wird und zum Beispiel unser Hobby-Bioimker Michael Dreyer in Bremen es tut (siehe Seite 210 ff.). „Die Natur hier ist sauberer", meint Uli. Die Bienen der Hellers gehen auch schon mal auf große Fahrt in die Weiten des Wienerwaldes, zum Beispiel in die Auenlandschaften des Nationalparks „Natura 2000" oder auf den Wiener Nussberg, der fast vollständig von Weinbergen bedeckt ist, zum Bio-Weingut von Fritz Wieninger, wo es viel Weingartenbegrünung gibt. „Wir pflegen und vermehren in unserem Imkereibetrieb ausschließlich die Krainer Biene Carnica, die man auch Kärntner Biene nennt", meint Karl. Sie ist eine alte Rasse mit vielen guten Eigenschaften, die durch Zucht und Auslese immer weiterentwickelt wurde (siehe auch Seite 246).

Die Bienen bauen sich bei „Honigstadt" die Waben selbst, Uli und Karl verwenden also keine vorgefertigten Waben, wie sie in der konventionellen Imkerei zum Einsatz kommen. „Das Wachs muss vom Bienenstamm selbst gebaut werden, die Waben sind dann dünner und die Kommunikation zwischen den Bienen kann besser funktionieren." Klar, wenn man ihnen fertig gebaute Waben vorsetzt, nehmen sie die. „Unsere Bienenwohnungen fertigen wir vollständig aus unbehandeltem, heimischem Holz an und streichen sie anschließend mit Naturfarben. Generell dürfen in der Bioimkerei keine Styroporbeuten, Plastikwaben und synthetische Holzschutzmittel zum Einsatz kommen." Als Beute bezeichnet man übrigens das Haus eines Bienenvolks. Die einzelnen Stockwerke heißen Zargen, in deren Rähmchen die Bienen aus Wachs die Waben mit ihren einzelnen Zellen bauen. Die Demeter-Imkerei hat eine ganzheitliche Sicht auf den Umgang mit den Bienen, die auf die Anthroposophie Rudolf Steiners zurückgehen, der schon 1923 vor den Folgen der Technisierung der Imkerei beispielsweise durch die damals neue künstliche Königinnenzucht warnte. Bei dieser Zuchtform werden die Königinnen von ihrem Volk getrennt, was die Bienen in eine Nachschaf-

fungsstimmung versetzt. Der Imker zerstört die dadurch neu angelegten Zellen nach einigen Tagen und tauscht die Larven durch Arbeiterinnenlarven eines anderen Volkes aus. Dieses Zuchtverfahren ermöglicht es dem Imker, in einem Bienenvolk zu jeder beliebigen Zeit beliebig viele Königinnen gleicher Herkunft hervorzubringen. Während eine „natürliche" Königin bis zu vier Jahre alt wird, tauschen Imker in der konventionellen Imkerei heutzutage die Königinnen üblicherweise jedes Jahr aus. Dies soll für maximale Produktivität sorgen, da die Völker unabhängig von ihrem natürlichen Lebensrhythmus dauerhaft jung und leistungsbereit gehalten werden. Auf der anderen Seite schwächt diese Erzeugung einer Notsituation, indem man die alte Königin plötzlich verschwinden lässt, den gesamten Organismus, denn die Tiere werden in Alarmbereitschaft und somit in eine Stresssituation versetzt. Das wirkt

172

Links: Hier wird für die Bienen wirklich Sorge getragen.

Rechts: Bärlauch im Februar selbst gepflückt im Wienerwald

sich natürlich auch auf die Qualität ihrer Arbeit aus. Die „neuen" Königinnen hingegen sind kleiner und scheinen anfälliger zu sein. Das können auf die Dauer gesehen in der Tat keine guten, gesunden Grundvoraussetzungen für ein fleißiges Bienenleben sein. Ausgehend von diesen Impulsen zur wesensgemäßen Bienenhaltung wurden bereits in den 1990er-Jahren die Richtlinien für die Demeter-Imkerei erarbeitet.

Wir stehen am Stadtrand bei den Bienenkästen in der Sonne und wüssten gerne noch viel mehr über die Wichtigkeit der Bienen, ihre genialen sozialen Ordnungen, ihre bemerkenswerte Ausdauer und auch die Sorgen der Imker. Aber wir müssen weiter nach Stammersdorf, um Zutaten für unser Menü morgen und natürlich weitere neue Eindrücke zu sammeln. Wien bietet so viele Möglichkeiten, sich auch zu dieser kalten Jahreszeit LOKAL zu ernähren, aber unsere Zeit und die Seiten in diesem Buch sind begrenzt. Wollten wir all die Bilder, die wir hier einfangen, und all die Eindrücke zu Papier bringen, würden sie sehr wahrscheinlich nicht einmal in zehn Bücher passen!

Marika zeigt uns noch im Wald eine Stelle, wo wir jede Menge Bärlauch pflücken können (im Februar!). Das Wäldchen mit seinen alten Laubbäumen durchzieht ein kleiner Bach, die Sonnenenergie hat hier schon für das erste Grün gesorgt. Und wieder einmal merken wir: Die Natur stellt dem Menschen für gewöhnlich keine Rechnung. Wenn wir sie nicht ausbeuten und sie Zeit zur Regeneration bekommt, liefert sie uns unendlich viel Nahrung.

Mit gutem Biohonig zum Süßen unserer Speisen, dem einzigen Süßungsmittel, das wir hier in Wien finden werden, verabschieden wir uns von Familie Heller und ziehen weiter.

Station 2: „Biohof № 5" im 21. Bezirk Floridsdorf

Es gibt wohl kaum einen Hof, der so viele verschiedene Dinge produziert wie der „Biohof № 5" in Stammersdorf, dem Wiener Heurigenort gleich rechts der Donau, 10,8 Kilometer vom Stadtzentrum entfernt: saisonales Gemüse, Wollschweine, Hühner und Wein. Beeindruckend!

Der gebürtige Wiener Oliver Kaminek ist hier aufgewachsen. Bereits sein Urgroßvater baute Wein an und betrieb in Stammersdorf die große Heurigenwirtschaft namens „Koch". Nachdem der Opa früh verstarb, standen die landwirtschaftlichen Arbeiten auf dem Hof für die folgenden 25 Jahre still, die Ackerflächen wurden verpach-

tet. Oliver war musikbegeistert und ging bereits mit 16 Jahren an die Musikhochschule Wien, wo er sich zum Tonmeister ausbilden ließ. Nach ungefähr 20 Jahren mit vielen Tourneen, ebenso vielen Bands und Stationen in Liverpool, London und Neuseeland entschloss sich Oliver, wieder auf die eigene Scholle zurückzukehren

und Bauer zu werden. Er traf seine Jugendfreundin Alexandra wieder, die in Wien und Berlin als Marketing- und Medienberaterin ebenfalls ein urbanes Leben geführt hatte und auf der Suche nach einer neuen Aufgabe war. Gesund und bio sollte ihr Leben sein, Bewegung an der frischen Luft wurde wieder attraktiver als Nächte in Konzerthallen und Tage in Büros.

So drückten beide noch einmal die Schulbank, und zwar in der Bäuerinnen- und Bauernschule von Mistelbach. „Der Lehrplan war zwar eigentlich konventionell ausgerichtet, aber hinter vorgehaltener Hand propagierten die Lehrer den Bioanbau als die bessere und zukunftsträchtigere Landbaumethode", erzählt Alexandra, genannt Ali. „Sie hatten damals einen komplett neuen Schweinestall nach den Vorgaben des Biolandbaus gebaut, und der Schulleiter bekam böse Anrufe", lernen wir. „Wir sind jetzt landwirtschaftliche Facharbeiter", sagt Oliver. „Wir dürfen alles machen, theoretisch sogar Ferkel kastrieren, doch das überlassen wir unserem Tierarzt." Einen Fachnachweis zum Spritzen von Pflanzen haben sie auch, jedoch spritzen sie ausschließlich das, was im biologischen Landbau erlaubt ist. Und so zog Alexandra zu Oliver in der Stammersdorfer Straße 5 ein, er grub den Acker um und pflanzte hinter der Mauer die ersten Weinreben. „Meine Großmutter hat den Hof über all die Jahre erhalten und mit uns bis

174

zu ihrem Tod gestaltet, ohne sie wären wir nicht hier", erzählt Oliver. „Bei Christoph Wiesner haben wir die ganzjährige Freilandhaltung von Mangalitza-Schweinen und die Raffinessen der Schlachtung von Schweinen und Geflügel gelernt", sagt Oliver. Wiesner bietet auf seinem Selbstversorgerhof 45 Kilometer von Wien entfernt übrigens Schlachtkurse für jedermann an, falls jemand von Ihnen Courage und Interesse hat, dies auch einmal selbst zu tun. Klar ist, dass so etwas das Verhältnis zum Tier, das wir essen, noch einmal auf eine ganz andere Ebene hebt. Am Anfang war das Töten von Tieren auch für Oliver und Alexandra etwas schwierig, aber heute geht es leicht von der Hand, das Betäuben der Schweine mit dem Bolzenschussapparat, das Spalten mit dem Spalter, dem messerscharfen länglichen Beil der Metzger. Wir betrachten die alten Metzgerwerkzeuge, den uralten gusseisernen Wurstfüller („die Blunz´n-Maschin"), die hölzernen Brühbottiche, und wir fragen die beiden, wo sie das alles aufgetrieben haben. „Unser Nachbar hat vor Ewigkeiten auf Maisanbau umgestellt und das alles im Keller aufbewahrt", erzählt Oliver. „Kannst ois haben", hat er gesagt.

Bei Ambros Steindl, der ebenfalls in Stammersdorf einen Biobauernhof betreibt, lernten die Kamineks, den besten Weißburgunder zu keltern, natürlich bio! Wir probieren den berühmten Wiener Gemischten Satz, einen Wein, den die beiden auch herstellen und in schlanke Flaschen mit sehr ansprechenden Etiketten abfüllen. Für deren Design hat natürlich Alexandra gesorgt. Da trinkt das Auge mit. Der Gemischte Satz wird aus Weinen verschiedener Rebsorten gemacht und war ursprünglich ein Trick, um einen halbwegs anständigen Wein herzustellen. Heute ist er nicht nur

Links: Ein bisschen Salat hält der Februar für uns bereit.

Ganz oben: Die Yacón oder Inkawurzel stammt aus Südamerika.

Oben: Die Etiketten der Weinflaschen gestaltet Alexandra Kaminek selbst.

*Links:
Mangalitza-
Schweine sind
auch als Woll-
schweine bekannt.*

*Rechts:
Die Sulmtaler
Hühner haben
hier viel Platz.*

zu einem sehr frischen Wein weiterentwickelt und kultiviert worden, sondern auch seit Jahren das Kultgetränk der Wiener. Obwohl es natürlich große geschmackliche und qualitative Unterschiede gibt. Hier bei den Kamineks schmeckt der Wein so sensationell, dass wir gleich einen ganzen Kasten mitnehmen.

Oliver hat bereits einen Hahn für uns geschlachtet. Die „weißen Nierndln" werden gleich mitgeliefert, das sind die Hoden, die erstaunlicherweise bei diesem ausgewachsenen Hahn fünf Zentimeter lang sind! Na gut, der Junge war auch zwei Jahre alt, als er uns geopfert wurde. Den Hahn mitsamt den weißen Nierndln werden wir in einer marokkanischen Tajine garen (Rezept siehe Seite 192 ff.) – mal sehen, was wir um diese Jahreszeit dazu an Gemüsesorten bekommen können.

„Wir beliefern FoodCoops, also Lebensmittelkooperativen, und Naturkostläden mit Gemüse, Saft und Wein", erklärt Alexandra. „Schafe fehlen noch", meint sie, als wenn es nicht schon genug zu tun gäbe. Katharina und ihr Lebensgefährte Horst, die auch dabei sind, sagen, dass es kaum andere Bauern hier gibt, die so viel arbeiten wie die beiden vom Biohof № 5. „Irgendwann haben wir uns entschieden, den Hof als Vollerwerbsbetrieb zu bewirtschaften", sagt Oliver. „Ich habe zu Anfang noch zusätzlich die halbe Nacht als Tonmeister gearbeitet, aber musste trotzdem in der Früh mit der Sonne raus, irgendwann habe ich das nicht mehr geschafft – und nicht mehr gewollt." Die beiden könnten jederzeit in ihre alten Jobs zurück, aber sie leben lieber ein bescheidenes Leben. „Wir machen das jetzt so", haben sie irgendwann gesagt, um ganz und gar von ihren zehn Hektar Land zu leben. „Mut zum Leben" nennen sie das. „Viele junge Wiener würden gerne Bauern sein, aber die Flächen fehlen. Wir haben in diesem Jahr zwei junge Bauern aus Dresden bei uns auf dem Hof, die WWOOFen." Was Alexandra damit sagen will, ist, dass die Bauern über die Organisation „World-Wide Opportunities on Organic Farms" zu ihnen gekommen sind und gegen Kost und Logis auf Bio-Höfen mitarbeiten und leben.

Vollgepackt mit Gemüse, dem Hahn, dem Wein (für die Säure in den Speisen anstelle von Äpfeln!) und ganz vielen Geschichten fahren wir noch auf die Felder oberhalb von Stammersdorf und besuchen die Schweine und die Hühner. Die Mangalitza-Schweine, auch als Wollschweine bekannt, sind eine der ältesten noch rein erhaltenen europäischen Schweinerassen. Die aktiven Tiere mit dicker Speckschicht sind keine klassischen Mastschweine und wachsen eher langsam. Landwirte brauchen für ihre Zucht also recht viel Geduld. Die haben Alexandra und Oliver, und die Schweine haben hier oben ein wundervolles Leben, der Acker ist eine Spiel- und Wühlwiese, die gewechselt wird, wenn alles umgegraben ist! Das erinnert uns an das Prinzip des *pig plough*, des Schweinepflugs, den Bill Mollison, der Urvater der Permakultur aus Tasmanien, propagierte, als er vor bald 30 Jahren jeden Sommer bei uns in Süddeutschland war und in Sonnenhausen wohnte. Es ist wirklich ein gutes Gefühl, dass die jungen Leute wieder die alten Standardwerke über Permakultur lesen von Autoren wie Mollison und Masanobu Fukuoka, den ich in den 1990er-Jahren zweimal in Japan besucht habe. Hier auf dem Stammersdorfer Hof leben die Schweine das ganze Jahr über so, wie es sein soll, dadurch sind die Tiere nicht nur gesünder, sondern ihr Fleisch ist auch wohlschmeckender. Die Mangalitza-Schweine und auch die Hühner haben von hier aus einen fantastischen Blick über Wien − welches Tier hat das

schon?! Ob diese Tiere das sehen? Zumindest spüren sie, dass sie es gut haben, denn sie fühlen sich wohl. Sie lieben es, in der tiefen, lockeren Erde zu wühlen und dabei allerlei Spurenelemente und Eiweiß in Form von Erde, Maden und Würmern zu sich zu nehmen. Das Wühlen mit der Schnauze belebt den ganzen Körper und trainiert ihn. Ein teurer Tierarzt ist hier weit und breit nicht zu sehen!

Die etwa 120 Sulmtaler Hühner rennen um die Wette, als wir bei ihnen vor dem Gehege ankommen und ihnen zusehen. Man nennt sie auch Kaiserhühner, weil sie

wegen ihrer schmackhaften grün-weißen Eier am Hof von Maria Theresia beliebt waren. Außerdem haben sie diese kleine Federkrone auf dem Kopf, was wirklich sehr edel, elegant und würdevoll wirkt. Die Sulmtaler sind eine Mehrnutzungsrasse, was heißt, dass sowohl die weiblichen Küken für die Legehennen-Nachzucht verwendet werden als auch die männlichen Küken für die Mast. Wie viel besser ist die Haltung solcher Rassen sowohl für die Tiere als auch aus Gründen der Nachhaltigkeit! Ganz im Gegensatz zum Hybridhuhn, das entweder für die Hähnchenproduktion oder für die Legehennenproduktion gezüchtet wird – hört sich erst einmal nicht tragisch an, bedeutet aber, dass die „falschen" Geschlechter getötet werden, weil man sie nicht braucht. Eine verschwenderische Landwirtschaft und auch eine verschwenderische Kaufmentalität, wenn man bedenkt, dass für unsere Eier oder unser Hähnchenfleisch Tiere sterben, nicht weil wir sie essen, sondern weil sie „übrig" sind.

Es tut uns so leid, dass wir schon wieder zum nächsten angepeilten Ziel weiter müssen. Alexandra und Oliver sehen wir aber zum Glück noch am Dienstag in der Innenstadt, wenn wir aufkochen, das macht uns den Abschied etwas leichter. Alle Produkte sind verstaut, wir verabschieden uns und fahren weiter zum „Himmelreich".

Station 3: „Bio-Feigenhof" im 11. Bezirk Simmering

Gartenarchitektin Ursula Kujal und Gartenbauingenieur Harald Thiesz haben sich gefunden und leben jetzt „Am Himmelreich"! So heißt nämlich die Straße, in der sich im Stadtteil Kaiserebersdorf, 7,0 Kilometer von Wiens Zentrum entfernt, ihr „Bio-

Feigenhof" befindet. Nach einem Leben als Gartenarchitektin und Lehrer an der Berufsschule für Gärtner war so ab 50 die Zeit reif, um einen neuen Lebensabschnitt zu beschreiten und das ganze Wissen auch in ein Projekt einfließen zu lassen. Ursula, unermüdliche Schafferin und lebendige Unternehmerin, sorgt für das Äußere, den

Laden für Verkauf und Verkostungen, die schöne Terrasse mit Blick auf das „Schloss Neugebäude" und dafür, dass alles gut läuft. Sie beantwortet jeden Tag unermüdlich alle Fragen, die jemandem gestellt werden, der so etwas Ungewöhnliches macht wie Harald und Ursula: Sie bauen 50 Sorten Feigen an, im Freiland oder im Gewächshaus, dazu Kräuter und allerlei exotisches Gewächs wie Inkawurzeln (mehr dazu siehe Seite 199) und Horngurken (Kiwanos). Letztere entstammen der Familie der Kürbisgewächse, erinnern geschmacklich ein bisschen an Maracuja und sind ähnlich intensiv. Aber sie sehen wilder aus, spannender mit ihren Stacheln und ihrer orange-grünen Farbe.

Wir kommen mit Ursula gleich ins Gespräch und merken, dass wir dieselben Vorstellungen und Werte haben. Simon erklärt unser LOKAL-Projekt und dass unserer Meinung nach mit dem Begriff „regional" viel Schindluder getrieben wird. Deswegen haben wir ja auch den enger eingrenzbaren Begriff LOKAL gewählt. Wir reden auch über die Scheinheiligkeit der großen Einzelhandelsketten, deren sogenannte regionale Lebensmittel unter anderem die Zeitschrift „ÖKO-TEST" schon mehrfach untersuchte und dabei leider immer wieder zu dem Ergebnis kam, dass nur ein Bruchteil davon wirklich regional war. „Regional" scheint heute gleichbedeutend mit „aus Deutschland" zu sein.

Bei Ursula haben wir die freie Auswahl. Hier bekommen Kunden alles, was das Kräuter- und Gemüseherz begehrt: Bergbrunnenkraut, das in einem großen Bassin im Gewächshaus in Mengen wächst, außerdem Rosmarin, Lorbeer, Schweizer Salbei,

Unten: Ursula mit riesigen Kardonenstängeln

Ganz unten: Kiwanos schmecken wie eine Mischung Maracuja und Banane.

N 48°12′29.427″ — O 16°22′25.748″

Spanischen Salbei, Steinpilz-Thymian, Griechischen Majoran, Minze, Tripmadame, Oliven, Petersilie, Vogelmiere (auch Hühnerdarm genannt, weil das Hühner so gern essen). Natürlich Brennnesseln, blühenden Chinakohl (ausgewachsener Kohl im Glashaus, davon kann man wunderbar die Blüten verwenden), Brunnenkresse (auch aus dem Bassin), Sprossenkohl (das österreichische Wort für Rosenkohl), roten und grünen Grünkohl (auch hier sind die Köpfe ausgewachsen!), außerdem Kopfsalat, Lollo rosso, Radicchio, Kohlrabi, Zuckerhut (als gekochten Salat), roten Sauerampfer, Schnittknoblauch, wilden Rucola und Sellerie – wir sind im grünen Paradies.

Ursula erzählt uns, dass sie selbst nicht geglaubt hat, in dieser Jahreszeit so viele verschiedene Kräuter zusammensammeln zu können. Stolz steht sie vor den vielen Zweigen, Stängeln und Stielen, die fein säuberlich in kleinen Gefäßen mit Wasser vor uns drapiert sind – klar, Ursula ist als Architektin eine visuelle Frau, was man auch dem schönen Laden mit dem lichtdurchflu-

teten Verkaufsraum samt Bar und gemütlicher Sitzecke ansehen kann. Dieser ist nur freitags und samstags geöffnet, denn Ursula nimmt „nebenbei" noch Gestaltungsaufträge an, und Harald lehrt weiterhin an der Berufsschule. „Das war vor zehn Jahren schon eine Umstellung, hier draußen gemeinsam neu anzufangen, hier zusammenzuziehen, die alte riesige Gärtnerei zu übernehmen", sagt Ursula. Wir sitzen auf der Terrasse, die Sonne scheint uns in unsere Gesichter und Ursula erzählt uns von ihren Anfängen hier „Am Himmelreich": Beide sind ja eigentlich ausgebildete Lehrer: „Was machst du mit dem Wissen?" Harald besaß schon etwas länger dieses Pachtgrundstück der Stadt Wien. Und dann hat er das mit den Feigen einfach ausprobiert.

Heute sind die beiden berühmt für ihre Feigen und die Mengen sind jedes Jahr so knapp, dass die Feigen zugeteilt werden müssen. „Die Leute pilgern regelrecht hierher und haben Sammelbestellungen dabei! Jeder bekommt, was er braucht. In besonders guten Jahren können wir

Ganz links:
Dank der
Gewächshäuser
auf dem Hof
fällt unsere
Ernte reichlich
aus.

Links:
Ab geht's im
Entenmarsch!

In Ursulas Küche sichten wir erst einmal die ganzen kulinarischen Schätze.

4 000 Kilogramm ernten, normalerweise aber nur 2 000 Kilogramm. Dann gibt es Engpässe bei den Frischfeigen." Ja, das ist klar, überall gibt es Lebensmittel zu jeder Zeit reichlich und im Überfluss, wie soll man da erst mal verstehen, dass etwas knapp ist?! Die Feigenernte beginnt Ende Juni. Ab 10. August geht die Hauptsaison der Herbstfeigenernte los und dauert bis Oktober. Man muss die Feigen sofort an den Mann bringen, denn sie halten maximal drei Tage. Die gute Wiener Gastronomie wird bevorzugt, der relativ neue Laden „Veganista", der 20 Kilogramm in der Woche kauft, ebenfalls. „Und die Sterneküchen wie das „Steirereck" werden von uns ebenfalls beliefert."

„Feigenrezepte machen so ein schönes Urlaubsgefühl", meint Ursula. „Früher", so weiß sie zu berichten, „aß der Wiener an und für sich keine Feigen, nun aber haben sie auch hier die Trauben abgelöst. Man isst sie frisch zum Dessert, zum Käse oder eingemacht aufs Croissant." Feigen gehören zu den ältesten Früchten der Welt. Im Mittelmeerraum spielen sie auf den Speiseplänen seit jeher eine große Rolle –

schön, dass sie nun auch hier beliebt sind. Bei unserem Gang durch das Gewächshaus sehen wir wunderbare, riesige Kardonen, auch als Gemüseartischocke oder Spanische Artischocke bekannt, deren fleischige Blattstängel ein super Gemüse abgeben. Wieder ein Kraut, das es in Mengen gibt, aber ziemlich bitter ist und deswegen eigentlich immer weggeworfen wird. Ihre distelförmigen Blätter erreichen die stattliche Höhe von eineinhalb Metern. Das Kraut ist schon seit Jahrtausenden weltweit als wertvolles Arznei- und Heilmittel bekannt. Die enthaltenen Bitterstoffe, die wir zum Beispiel auch in Artischocke, Endivie, Grapefruit oder Wermutkraut finden, sind nämlich eine perfekte Verdauungshilfe, denn sie regen die Sekretion der Verdauungssäfte an. Die Stängel wollen wir unbedingt verarbeiten (Rezept siehe Seite 186 ff.), darum nehmen wir hiervon gerne mit. Feigen gibt es im Moment leider noch nicht, aber wir bekommen jede Menge Kräuter und Gemüse!

Wir überlegen uns schon mal die Speisen, die wir morgen zubereiten werden – wie wäre es mit Brennnesselmayo? Walnussküchlein

mit Kiwano? Zum Hahn aus der Tajine Topinambur, Sellerie, Kräuter und Gewürze? Was wir wirklich aus den vielen tollen Zutaten zaubern werden, lesen Sie auf den Seiten 186 ff. Abschließend dürfen wir noch ein paar Blicke in die anderen riesigen alten Gewächshäuser aus Glas und Eisenprofilen werfen, die nicht geheizt werden, und die Außenanlagen. Hier wurde das Gemüse für Wien über Jahrzehnte gezogen, heute kommt es aus hoch spezialisierten Betrieben im Ausland, wo die Arbeitskraft billiger ist und man deshalb für die europäischen Lebensmittelhändler und Kunden zum halben Preis produzieren kann. Diese Gewächshäuser würden also leer stehen, wenn nicht Leute wie Ursula und Harald Spezialkulturen „speziell kultivieren" würden!

Der Abschied erfolgt mit großem Oho und Georgs Posthornklängen … Besondere Menschen haben wir wieder einmal getroffen und wir sausen mit erfüllten Herzen rüber nach Wien in den ersten Bezirk, um auf das älteste Hochhaus Wiens aus dem Jahr 1931/32 in der Herrengasse 6–8 zu steigen: einmal einen Blick erhaschen über die ganze Stadt, ein Foto über den Dächern Wiens mit dem ganzen Team und Katharina machen! Zu dumm, das Hochhaus ist für uns nicht zugänglich, der Portier stoppt uns. Daneben aber, im „Steigenberger Herrenhof", sind die Mitarbeiter ganz freundlich und ein Portier begleitet uns in die Suite mit Terrasse – mit Blick auf Hochhaus (!) und Stephansdom!

Unsere Kochshow-Base: „Babette´s Spice & Books for Cooks"

Den Dienstag verbringen wir auf unserer nun schon sechsten Tour hier in Wien bei Nathalie Pernstich und ihrem Team von „Babette´s Spice & Books for Cooks"

Oben: Eine unglaubliche Vielfalt an Kräutern wächst in den Gewächshäusern auf dem „Bio-Feigenhof".

Rechts oben: Auch wenn es hektisch wird, arbeitet Simon mit höchster Konzentration.

Rechts unten: Unser Essen kommt bei den Gästen gut an!

in der Schleifmühlgasse. Sie öffnet uns für unsere LOKAL-Kochshow die Türen. Nathalie ist uns bestens bekannt, denn schon bei früheren Wien-Reisen haben wir ihre beiden Läden besucht. „Babette's" ist nämlich nicht nur eine der bestsortierten Kochbuchhandlungen überhaupt, sondern Gründerin Nathalie hat den Laden richtig aufgespiced: Sie kreiert hier immer neue Gewürzmischungen, in diesem Monat zum Beispiel Dhana-Jeera – fruchtige Koriandersamen und herbe Kreuzkümmelsaat. Und es gibt Kochkurse, die „Asian Favourites", „Currys Ost bis West", „Currys Südostasiatisch" oder auch – worüber Simon und ich uns ganz besonders freuen – „Feine Fleischküche" heißen! Jeder Kurs ist eine Kunst für sich und entsprechend der Andrang zum gemeinsamen Kochen und Schlemmen stets sehr groß.

Fast alle, die wir am Tag zuvor besucht haben, sind in die Schleifmühlgasse gekommen. Und es kommen noch einige mehr – alte Bekannte, neue Leute, zum Beispiel Akmal aus Bukhara in Usbekistan, den ich dort kennengelernt habe und der einige Monate bei mir in Sonnenhausen gearbeitet hat. Das ist wirklich eine großartige Überraschung!

Wir zerlegen den Hahn für die Tajine inklusive der Hoden, feuern vor dem Haus den

großen Grill mit mitgebrachten Holzscheiten an und im Nu steht die Schleifmühlgasse unter Rauch, der bis zum Naschmarkt zieht. Ein bisschen Angst haben wir schon, dass gleich die Polizei kommen und uns anzeigen wird. Aber solange wir das Feuer im Auge behalten, kann eigentlich nichts passieren. Auf den Grill kommen die beiden Tajines. Beides, der rauchende Grill, der ja nicht klein ist, und die Tajines locken natürlich die Leute an, die sich neugierig

einfinden, Fragen stellen, gesagt bekommen, dass das Essen noch 45 Minuten dauert, dass sie dann aber gerne mitessen können. Ein Marokkaner radelt mit einem Riesenstrahlen vorbei, als er die Tajine erkennt. Simon bereitet in der Zwischenzeit mit Unterstützung drinnen im Laden die restlichen Gerichte zu.

Als der Hahn fertig ist, kündige ich ihn mit meinem Posthorn an, was die Aufmerksamkeit auf der Straße nochmals erhöht. Wir finden, Musik muss immer dabei sein. Ob es „True Calling" in Gammertingen war, die für die rockige Hintergrundmusik gesorgt hat, oder „Elaiza" in Berlin – wir habe die Erfahrung gemacht, dass Musik uns sprichwörtlich umfängt und einen neuen Raum bildet, in den man sich begeben kann. Ohne sie wäre das Leben öde!

Es wird geschmaust, Wiener Gemischter Satz von Biohof № 5 getrunken, erzählt, gelacht, sich ausgetauscht, vernetzt und auch draußen am Feuer geratscht. Gleichzeitig macht Fotograf Michael weitere Aufnahmen für unser Buch, es herrscht buntes und munteres Treiben – und dann wird es plötzlich leise, alle gehen nach Hause und wenden sich wieder ihren Arbeiten zu. Ruhe, Stille, durchatmen. Für uns bedeutet das, die letzten Schritte dieser Reise zu tun: aufräumen, zusammenpacken und heimfahren.

Auf geht's nach Hause, wir sausen erst nach Salzburg, wo wir Simone in ihren Zug zurück ins Montafon setzen, und dann nach Bad Aibling, wo mein Auto steht. Anschließend geht es nach Stuttgart, wo Lisa lebt, dann nach Ehestetten zu Simon, und da steht auch endlich das Auto von Michael, welches ihn um drei Uhr morgens nach Lahr ins Rheintal zurückfahren wird!

Aufgespiced – nicht nur jede Menge schöne Kochbücher, sondern auch beste Gewürzmischungen gibt es bei Nathalie und ihrem Team.

Welche Bioerzeuger wir gefunden haben und
welche Lebensmittel sie uns geben konnten:

- Honig bekommen wir von Uli und Karl
  Heller von der Bioimkerei „Honigstadt",
  Urbangasse 8, A–1170 Wien
  ▲ — Entfernung: 5,1 Kilometer

- Gemüse, Kartoffeln, Hahn, Lardo, Schweine-
  schmalz, Dinkel, Walnüsse, Eier, Wein,
  Wildobst und Traubensaft geben uns Alexandra
  und Oliver Kaminek, vom „Biohof № 5",
  Stammersdorfer Straße 5, A–1210 Wien
  ▲ — Entfernung: 10,8 Kilometer

- Kräuter, Gemüse, Salat, Yacón, Kiwanos
  und Kardonen finden wir bei Ursula Kujal und
  Harald Thiesz vom „Bio-Feigenhof",
  Am Himmelreich 325, A–1110 Wien
  ▲ — Entfernung: 7,0 Kilometer

GEGRILLTE KARDONEN

MIT BRENNNESSELMAYO, GRÜNKOHLCHIPS, SALAT MIT APFEL-TRAUBEN-
BRUNNENKRESSE-DRESSING UND BÄRLAUCH-LARDO-BRÖTCHEN
FÜR 4 PERSONEN

**FÜR DIE BÄRLAUCH-
LARDO-BRÖTCHEN:**

- 250 G KARTOFFELN
- SALZ
- 90 G LARDO, ALTERNATIV
  75 ML SONNENBLUMENÖL
- 175 G DINKELMEHL
- 20 G BÄRLAUCH
- AUSSERDEM:
  KARTOFFELPRESSE

Zubereitungszeit: 1 ½ Stunden

1 — *Für die Bärlauch-Lardo-Brötchen:* Die Kartoffeln schälen, in kleine Stücke schneiden und in kochendem Salzwasser 15 Minuten weich garen. In der Zwischenzeit den Backofen auf 175 °C Ober-/Unterhitze (155 °C Umluft, Gas Stufe 2) vorheizen. Ein Backblech mit Backpapier belegen.

2 — Die weichen Kartoffeln abgießen und kurz ausdampfen lassen, dann durch die Presse in eine Schüssel drücken. Den Lardo in feine Würfel schneiden und zusammen mit etwas Salz und dem Dinkelmehl zu den Kartoffeln geben. Den Bärlauch gut waschen, trocken schütteln, in feine Streifen schneiden und ebenfalls unter die Kartoffelmasse heben. Die Masse in 4 gleich große Portionen teilen und zu Brötchen formen. Mit einem Messer die Oberseite kreuzförmig einritzen.

3 — Die Brötchen gleichmäßig auf dem Backblech verteilen und im heißen Ofen 1 Stunde backen.

→

FÜR DIE GEGRILLTEN KARDONEN:

- 400 G KARDONEN
- SALZ
- AUSSERDEM: GRILL, TROCKENE HOLZSTÜCKE

Zubereitungszeit: 15 Minuten + Anheizzeit für den Grill

1 — *Für die gegrillten Kardonen:* Den Grill mit den Holzstücken anheizen. Alternativ den Backofen auf 220 °C Umluft (240 °C Ober-/Unterhitze, Gas Stufe 6–7) vorheizen. Die Kardonen waschen und ähnlich wie beim Rhabarber die zähen und groben Fasern großzügig abziehen. Die Stängel in 10 Zentimeter lange Stifte schneiden. Die Kardonen in einen Topf mit kochendem Salzwasser geben, die Temperatur reduzieren und die Stücke 5 Minuten ziehen lassen.

2 — Die Kardonen abgießen und kurz abtropfen lassen, dann auf dem heißen Grill von beiden Seiten kross grillen. Alternativ ein Backblech mit Backpapier auslegen, die Kardonen darauf gleichmäßig verteilen und im heißen Ofen etwa 8 Minuten backen. Die Kardonen abschließend mit etwas Salz würzen.

FÜR DIE BRENNNESSELMAYO:

- 45 G BRENNNESSELN
- 150 G SCHWEINESCHMALZ
- 1 EI
- SALZ
- AUSSERDEM: STABMIXER

Zubereitungszeit: 10 Minuten + 30 Minuten Kühlzeit

1 — *Für die Brennnesselmayo:* Die Brennnesselblätter abzupfen und waschen, dabei am besten Einweghandschuhe tragen. Das Schmalz in einem kleinen Topf bei schwacher Hitze zerlassen, die Brennnesselblätter dazugeben und beides mit dem Stabmixer fein mixen.

2 — Das Ei in einem hohen Rührbecher mit dem Stabmixer verquirlen, dabei das Bärlauchschmalz langsam einfließen lassen. 1 Teelöffel Salz dazugeben und alles noch einmal durchmixen. Die Mayonnaise bis zum Gebrauch im Kühlschrank mindestens 30 Minuten kalt stellen.

‡ — *Zum Probieren:* Statt Schmalz können Sie auch etwa 200 Milliliter Sonnenblumenöl verwenden. Dafür schlagen Sie 2 Eigelbe cremig und geben das Öl nach und nach dazu, bis die Mayo die gewünschte Konsistenz hat.

FÜR DIE GRÜNKOHLCHIPS:

- 8 BLÄTTER GRÜNKOHL
- 3 EL SCHWEINESCHMALZ, ALTERNATIV SONNEN-BLUMENÖL
- SALZ

Zubereitungszeit: 15 Minuten

FÜR DEN SALAT MIT APFEL-TRAUBEN-BRUNNEN-KRESSE-DRESSING:

- 1 KLEINE HANDVOLL LOLLO ROSSO
- 1 KLEINE HANDVOLL RADICCHIO
- 1 KLEINE HANDVOLL KOPFSALAT
- 1 KLEINE HANDVOLL RUCOLA
- EINIGE SPITZEN BRONZEFENCHEL
- 1 YACÓN (INKAWURZEL)
- 30 G BRUNNENKRESSE
- ¼ APFEL
- 125 ML TRAUBENSAFT
- ½ EL SALZ
- 75 G SCHWEINESCHMALZ, ALTERNATIV SONNENBLUMEN- ODER RAPSÖL
- AUSSERDEM: STABMIXER

Zubereitungszeit: 20 Minuten

1 — *Für die Grünkohlchips:* Den Backofen auf 180 °C Umluft (200 °C Ober-/Unterhitze, Gas Stufe 3–4) vorheizen. Die Grünkohlblätter waschen, trocken schütteln und in Stücke zupfen. Das Schweineschmalz in einem kleinen Topf bei schwacher Hitze zerlassen.

2 — Ein Backblech mit Backpapier auslegen, die Blätter darauf verteilen und mit dem Schweineschmalz beträufeln. Dann den Grünkohl im heißen Ofen 5 bis 8 Minuten schön kross backen. Herausnehmen, auf Küchenpapier abtropfen lassen und mit Salz würzen.

1 — *Für den Salat:* Salat und Bronzefenchel verlesen und waschen. Die Salatblätter trocken schleudern und nach Bedarf in kleine Stücke zupfen. Den Bronzefenchel vom Strunk abzupfen. In einer Schüssel alle Sorten gut vermischen.

2 — Die Yacón schälen und das Wurzelfleisch mit dem Sparschäler in dünnen Streifen abschälen. Die Streifen der Länge nach aufrollen.

3 — Die Brunnenkresse verlesen und waschen. Die Blätter von den Stielen abzupfen. Den Apfel waschen, mit Schale vierteln, entkernen und ein Viertel in kleine Stücke schneiden. Brunnenkresse, Apfelstücke, Traubensaft und 1 Teelöffel Salz in einem hohen Rührbecher mit dem Stabmixer fein mixen.

4 — Das Schmalz in einem kleinen Topf bei schwacher Hitze zerlassen, dann in einem feinen Strahl unter das Dressing mixen. Dressing und Salat sofort mischen und servieren, sonst wird das Schmalz wieder fest und flockt aus. Sollte das passieren, das Dressing noch einmal leicht erwärmen und neu aufmixen.

⟶

ZUM SERVIEREN:

— 8 CHINAKOHLBLÜTEN ZUM
GARNIEREN

¤ — *So geht's zusammen:* Zum Servieren auf jedem Teller einen Klecks Brennnesselmayo ausstreichen und einige Kardonenstücke anlegen. Den Salat daneben verteilen und Yacónröllchen, Chinakohlblüten sowie Grünkohlchips darauf anrichten. Die Bärlauch-Lardo-Brötchen am besten separat dazureichen.

N 48° 12' 29.427" — O 16° 22' 25.748"

HÄHNCHENTAJINE

MIT ROTE BETE, SELLERIE, KARTOFFELN UND TOPINAMBUR,
MARINIERTER VOGELMIERE UND BRONZEFENCHEL-HOLLANDAISE
FÜR 4 PERSONEN

FÜR DIE TAJINE:

- 175 G KARTOFFELN
- 225 G TOPINAMBUR
- 150 G KLEINE ROTE BETEN
- 150 G SELLERIEKNOLLE
- 10 G SCHNITTKNOBLAUCH
- 2 ZWEIGE ROSMARIN
- 3 STÄNGEL BOHNENKRAUT
- 25 G SCHWEINESCHMALZ,
  ALTERNATIV SONNENBLUMEN-
  ODER RAPSÖL
- 125 ML WEISSWEIN
- 1 HÄHNCHEN
  (CA. 850 G; MIT INNEREIEN)
- SALZ
- AUSSERDEM: TAJINE

Zubereitungszeit: 2 Stunden

1 — *Für die Tajine:* Die Kartoffeln mit der Schale gut waschen und je nach Größe halbieren oder vierteln. Topinambur und Rote Beten schälen und halbieren. Den Sellerie schälen und grob würfeln. Den Schnittknoblauch waschen, trocken schütteln und in feine Ringe schneiden. Kartoffeln, Topinambur, Rote Beten, Sellerie und Schnittknoblauch in einer Schüssel mischen.

2 — Rosmarin und Bohnenkraut waschen, trocken schütteln, halbieren und mit Schweineschmalz, Weißwein und 200 Milliliter Wasser zum Gemüse geben. Das Hähnchen gründlich waschen, mit Küchenpapier trocknen, in Teilstücke zerlegen und entbeinen. Das Fleisch mit den Innereien ebenfalls mit dem Gemüse mischen und mit Salz würzen.

3 — Den Schüsselinhalt in eine vorbereitete Tajine (siehe Seite 199) umfüllen, den Deckel auflegen und das Ganze entweder auf dem Gasherd bei schwacher Hitze, über dem offenen Feuer bei kleiner Flamme oder im vorgeheizten Backofen bei 180 °C Umluft (200 °C Ober-/Unterhitze, Gas Stufe 3–4) 1 ½ Stunden garen.

→

FÜR DIE MARINIERTE VOGELMIERE:

- 60 G VOGELMIERE
- 2 EL SCHWEINESCHMALZ, ALTERNATIV SONNENBLUMEN- ODER RAPSÖL
- SALZ (NACH BELIEBEN)

Zubereitungszeit: 5 Minuten

FÜR DIE BRONZEFENCHEL- HOLLANDAISE:

- 40 G SCHWEINESCHMALZ, ALTERNATIV SONNENBLUMEN- ODER RAPSÖL
- 25 G BRONZEFENCHEL
- 4 EIGELB
- 2 EL WEISSWEIN
- SALZ

Zubereitungszeit: 10 Minuten

1 — *Für die marinierte Vogelmiere:* Die Vogelmiere waschen, trocken schütteln und grobe Stiele entfernen. Das Schweineschmalz in einem kleinen Topf bei sehr schwacher Hitze zerlassen – es soll nur gerade flüssig werden. Das Fett nach Belieben mit etwas Salz würzen. Die Vogelmiere in einer Schüssel mit dem Fett beträufeln.

1 — *Für die Bronzefenchel-Hollandaise:* Das Schweineschmalz in einem kleinen Topf bei schwacher Hitze zerlassen und vom Herd nehmen. Den Bronzefenchel waschen, trocken schütteln und fein hacken.

2 — Die Eigelbe in eine Rührschüssel geben und über einem heißen Wasserbad schaumig aufschlagen. Nach und nach das flüssige Schmalz dazugeben, dabei immer weiterschlagen, bis die Masse hellgelb und cremig wird. Langsam den Weißwein unterrühren. Die Schüssel aus dem Wasserbad nehmen und den Bronzefenchel untermischen. Die Hollandaise mit Salz abschmecken und sofort servieren.

¤ — *So geht's zusammen:* Die Tajine öffnen und das Hähnchen samt Gemüse mit der marinierten Vogelmiere bestreut servieren. Die Bronzefenchel-Hollandaise separat dazureichen.

WALNUSSKÜCHLEIN

MIT KIWANOS UND HONIGBAISER
FÜR 4 PERSONEN

FÜR DIE WALNUSSKÜCHLEIN:

- 150 G SCHWEINESCHMALZ
  + ETWAS MEHR FÜR DIE
  FORM, ALTERNATIV SONNEN-
  BLUMENÖL
- 5 EL HONIG
- 5 EIER
- 150 G GEMAHLENE
  WALNUSSKERNE
- 100 G DINKELMEHL
- 4 EIWEISS
- AUSSERDEM: KÜCHENMASCHI-
  NE ODER HANDRÜHRGERÄT,
  MINI-MUFFINBLECH

Zubereitungszeit: 1 Stunde

1 — *Für die Walnussküchlein:* Den Backofen auf 170 °C Ober-/Unterhitze (150 °C Umluft/Gas Stufe 2) vorheizen. Schmalz und Honig in einem kleinen Topf bei schwacher Hitze schmelzen. Den Topf vom Herd ziehen. Die Eier in der Küchenmaschine oder mit den Quirlen des Handrührgeräts leicht schaumig rühren. Die warme Fett-Honig-Mischung langsam unterrühren, dann das Ganze bei mittlerer Geschwindigkeit 5 Minuten schlagen.

2 — Löffelweise die gemahlenen Walnusskerne und das Mehl unterrühren. Die Masse in eine andere Schüssel umfüllen und die Rührschüssel der Küchenmaschine sowie die Quirle gründlich reinigen. Bei Verwendung des Handrührgeräts die Teigschüssel beiseitestellen, die Quirle säubern und eine zweite saubere Schüssel verwenden.

3 — Die Eiweiße zu steifem Schnee schlagen und unter die Walnussmasse heben. Die Mulden des Muffinblechs leicht fetten, zwei Drittel hoch mit Teig füllen und im heißen Ofen etwa 35 Minuten goldbraun backen. Das Blech herausnehmen und die Küchlein in der Form leicht abkühlen lassen, dann stürzen und bis zum Verzehr weiter auskühlen lassen.

→

FÜR DIE KIWANOS:

– 4 KIWANOS
– 2 EL FLÜSSIGER HONIG

Zubereitungszeit: 5 Minuten

FÜR DAS HONIGBAISER:

– 1 EIWEISS
– 1 TL FLÜSSIGER HONIG
– AUSSERDEM: KÜCHENMASCHI-
  NE ODER HANDRÜHRGERÄT,
  SPRITZBEUTEL

Zubereitungszeit: 5 Minuten

ZUM SERVIEREN:

– MINZEBLÄTTCHEN ZUM
  GARNIEREN
– AUSSERDEM: FLAMBIERBRENNER

1 — *Für die Kiwanos:* Die Kiwanos halbieren. Mit einem Löffel die Kerne herauskratzen und in eine Schüssel geben. Den Honig hinzufügen und alles gut verrühren.

1 — *Für das Honigbaiser:* Das Eiweiß in der Küchenmaschine oder mit den Quirlen des Handrührgeräts auf höchster Stufe zu steifem Schnee schlagen. Den Honig hinzugeben und nochmals verrühren. Die Eischneemasse in einen Spritzbeutel füllen.

¤ — *So geht's zusammen:* Auf jedem Teller einen Spiegel aus Kiwanokernen ausstreichen, einige Tupfer Eischnee aufspritzen und mit dem Flambierbrenner abflämmen. Jeweils 3 kleine Walnussküchlein dazwischen verteilen und das Ganze mit Minzeblättchen garniert servieren.

Warenkunde Yacón

Die Yacón, auch Inkawurzel genannt, gehört wie Topinambur oder Schwarzwurzel zur Gattung der Korbblütler. Das weiße Fleisch der aus den südamerikanischen Anden stammenden Knollen hat einen frischen, süßen Geschmack. Enthaltene Mineralien, Vitamine, Kohlenhydrate und Antioxidantien machen sie zu einem wunderbaren Nährstofflieferanten. Die Knolle ist geschält sowohl roh als auch gekocht genießbar und macht sich im Salat ebenso gut wie als Gemüse.

Warenkunde Bronzefenchel

Der krautartige Bronzefenchel ist eine Unterart des bekannten Fenchels, die den gleichen Geschmack hat, aber kleine Blüten entwickelt. Das Grün kann wie andere Kräuter in der Küche eingesetzt werden oder die Samen als Tee zubereitet werden.

Küchenkunde Tajine

Die Tajine ist ein uraltes traditionelles Kochgeschirr der nordafrikanischen Berber und Nomaden. Sowohl der Topf als auch das in ihm zubereitete One-Pot-Gericht werden „Tajine" genannt. Sein Vorteil liegt im schonenden Dampfgaren.

Wissenskunde Lardo

Lardo ist die italienische Antwort auf unseren fetten Speck. Der Rückenspeck des Schweins wird mit Salz und Gewürzen eingerieben und reift anschließend übereinandergestapelt und beschwert drei bis sechs Monate in Marmortrögen zu einer aromatischen Spezialität heran. Buon appetito!

N 48° 12´ 29.427˝ — O 16° 22´ 25.748˝

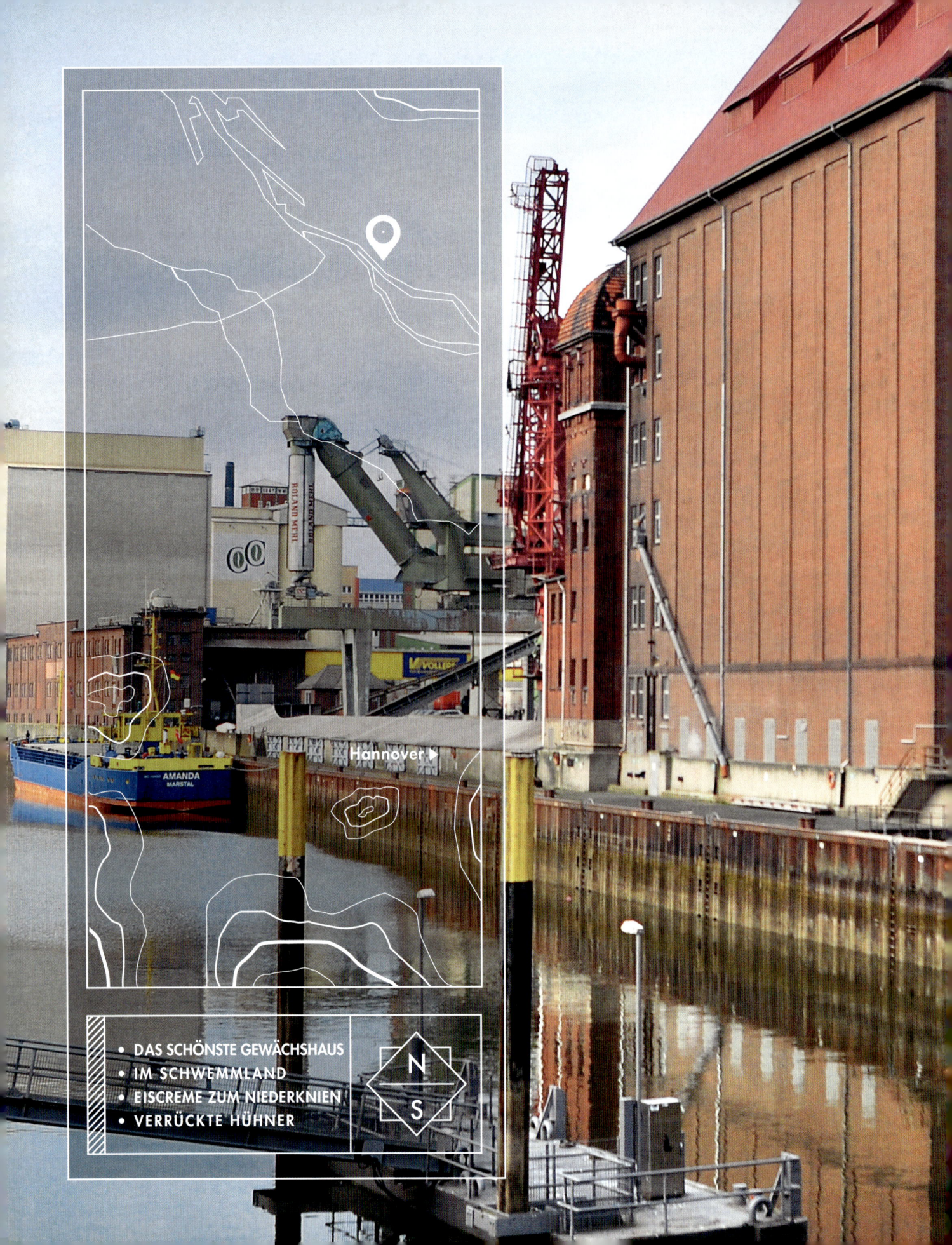

Hannover ▶

- DAS SCHÖNSTE GEWÄCHSHAUS
- IM SCHWEMMLAND
- EISCREME ZUM NIEDERKNIEN
- VERRÜCKTE HÜHNER

N
S

LOKAL – TOUR № 7

BREMEN

DEUTSCHLAND IM MÄRZ

ZUKUNFT HAFEN!

WIE ERNÄHREN WIR UNS?

N 53° 4' 45.466" — O 8° 48' 6.097"

BUTEN UN BINNEN, WAGEN UN WINNEN

Auf unserer siebten Tour folgen wir endlich dem Ruf des Nordens und dem städtischen Wahlspruch „Draußen und drinnen, wagen und gewinnen". Jetzt wird es lustig: Wir fahren ganz weit rauf nach Bremen. Danke, Andreas! Ein bisschen waren wir auf eine Insel eingestellt – Amrum oder Sylt vielleicht – und hatten schon damit begonnen zu überlegen, was wir dort tun könnten: bei dem letzten Fischer von Sylt, Paul Walter, vorbeischauen oder dem Biogartenbaubetrieb bei Westerland einen Besuch abstatten. Ob das mit der Fähre von Amrum weniger als 15 Kilometer wären, wenn wir direkt vor Ort nichts fänden?

Die Freie Hansestadt Bremen, eines der drei deutschen Stadtbundesländer, blickt als Hafen mit Werften und ein wenig Schwerindustrie auf eine große Geschichte zurück. Händler hatten hier immer die Hosen an, feine Kaufleute, sie schlossen sich mit den anderen Hansestädten schon im Mittelalter zusammen. Als alles noch mit Schiffen um die Welt gefahren wurde, handelten die Bremer auch international mit den Niederlanden, mit England und Norwegen: Gewürze, Kaffee und Tee vor allem wurden verschifft, aber auch Kautschuk und Textilien, später kamen Kohle und Erdöl dazu. Unrühmlich waren die Jahrzehnte der Kolonialisierung von Westafrika, so zwischen 1870 und 1914, im heutigen Namibia und in Kamerun. Der erste versuchte Genozid des 20. Jahrhunderts wurde von Deutschen verübt und war vom Prinzip her der Auftakt zum Dritten Reich. Wir erwähnen das hier, weil die endgültige Befreiung 1916 war, also genau vor 100 Jahren, und diese dunkle Seite der Geschichte ist bis heute völlig unzureichend aufgearbeitet worden.

Nach dem Ende des Zweiten Weltkriegs kamen seit Beginn der 1960er-Jahre viele arbeitswillige Einwanderer vor allem aus der Türkei in die Hansestadt, denn Bremen war lange Industriestandort. Und das blieb die Stadt, bis ihre berühmtesten Arbeitgeber, die Reederei und Werft „AG Weser" und die „Bremer Vulkan AG" (BV) im Bremer Norden, beide mit hohen Kosten für das Land Bremen 1983 beziehungsweise 1997 dichtgemacht wurden. Die „Bremer Vulkan" war lange die größte deutsche Werft, und es wurden Handelsschiffe, die ersten Vollstahlschiffe, Kriegsschiffe, U-Boote, Kreuzfahrtschiffe und ganz am Ende riesige Containerschiffe gebaut. 1992 übernahm die BV fast die ganze ostdeutsche Werftlandschaft samt etlicher Firmen im Zuliefererbereich. Dem Druck asiatischer Werften, insbesondere aus Korea und China, allerdings konnten sie auf Dauer nicht standhalten. So sind die großen Arbeitgeber in Bremen einfach von der Bildfläche verschwunden. Und da die Schifffahrt, der Handel selbst und das Werft-Business wie siamesische Drillinge waren, riss das Aus der großen Werften viele andere Unternehmen mit sich. Seitdem vollzieht sich in Bremen ein Strukturwandel wie im Ruhrgebiet, der hier wie dort immer noch nicht abgeschlossen ist – was sich an der hohen Arbeitslosigkeit und den damit einhergehenden leeren öffentlichen Kassen ablesen lässt. Dieser Strukturwandel betrifft auch das Blockland (siehe Seite 215 ff.), das grüne Umland und gleichzeitig Schwemmland der Weser und Wümme. Mitte der 1970er-Jahre waren es noch 60 Betriebe, heute sind es gerade mal knapp 40, die hier noch Landwirtschaft betreiben. Die Prognose ist, dass der deutlich ablesbare Trend auch weiterhin anhalten wird. Entweder fehlt der Nachfolger oder die wirtschaftliche Perspektive – oder eben beides.

(siehe Seite 215 ff.)

In Bremen herrscht eindeutig Mützenwetter ... zumindest für Lisa und Georg

Warum erzählen wir diese Geschichte? Nun, die Versorgung mit Lebensmitteln hat auch immer etwas mit den Menschen zu tun, die zu versorgen sind, sowie mit dem Lebensstandard, der zu den entsprechenden Zeiten leistbar war.

Und in Regionen, wo die Kaufkraft geschwächt ist, haben die Leute vermutlich nicht so viel Geld für vergleichsweise teurere Bioprodukte übrig – wir werden sehen.

Also Bremen! Meine Schwester Anne lebt schon seit vielen Jahren hier und wohnt mit ihrer Familie im Ortsteil Walle. Natürlich ist sie bestens vernetzt und kann uns schon Freitagmittag am Telefon einige

Tipps geben: Welche Bioerzeuger gibt es, welche Location käme am Dienstag für uns zum Kochen infrage? Der Name „Biohof Kaemena" fällt natürlich, auch Simon hat diesen gleich ausfindig gemacht: zwölf Kilometer nördlich der Innenstadt! Hier gibt es Milchvieh … und eine Eiscrememanufaktur! Darauf stimmen wir uns ab und haben die Idee, den Bereich „Milch" und alles, was man daraus zubereiten kann, zum Bremen-Thema zu machen. Milch ist ein wichtiger Rohstoff für unsere Nahrung und die Kuh, wie wir wissen, der genialste Verwerter von Grünland, warum also nicht? In der Milchwirtschaft läuft ja auch einiges schief, wenn man die Missstände in der auf Hochleistung gezüchteten Milchkuhhaltung einmal genauer betrachtet. Viele Kühe in der konventionellen Haltung verlassen ihr Leben lang nicht den Stall und fristen ihr klägliches Dasein dort drinnen sogar in Anbindehaltung. Den Tieren ist es dabei kaum möglich, sich zu bewegen oder bequem zu liegen, ganz zu schweigen von selbstbestimmten Kontakten mit anderen Tieren. Wer Tag und Nacht dicht an dicht gedrängt im Stall steht, darf „natürlich" nicht der Natur folgend Hörner tragen (mehr zu diesem Thema finden Sie auf Seite 24). Denn wenn die Hörner nicht als „Abstandshalter" dienen, kann man die Tiere noch enger zusammenpferchen. Würde man auf deren Enthornung verzichten, wäre die Verletzungsgefahr

Links: Mit seinen Zeichnungen bringt Georg die Inhalte der Reisen auf den Punkt.

Rechts: Ein Blick in Simons Kofferraum

untereinander „natürlich" auch viel zu groß. Alles geschieht größtenteils aus wirtschaftlichen Gründen. Nach dem Wegfall der Milchquote am 1. April 2015, die in den 1980er-Jahren europaweit eingeführt worden war, um den Überschuss in der Produktion einzudämmen – Sie erinnern sich vielleicht noch an Schlagworte wie „Butterberge" oder „Milchseen" –, dürfen die Milchbauern wieder so viel Milch produzieren, wie sie wollen, und sind nicht mehr an Mengenbegrenzungen gebunden. Das hat in der jüngsten Vergangenheit zu Preisstürzen geführt, heute herrscht fast historischer Tiefststand. Kühe aus Hochleistungszucht liefern heutzutage bis zu 13 000 Kilogramm Milch jährlich, das ist fast ein Drittel mehr als noch Mitte der 1990er-Jahre! Doch auch das reicht für die Bauern nicht: Um weiterhin wettbewerbsfähig zu bleiben, stocken viele Betriebe ihre Tierbestände auf. Dadurch wiederum sind weitere negative Auswirkungen auf das Tierwohl und den Tierschutz zu befürchten und der Wettbewerb wird auf dem Rücken der Tiere ausgetragen. Wir sind gespannt, wie die Kaemenas mit diesem Thema umgehen und ob der Hof vielleicht sogar ein

Vorzeigebetrieb für andere sein kann. Die Frage ist ja, wie die kleineren Bauern überleben können, wenn die große Marschrichtung ist, immer billiger zu produzieren.

Anne schlägt ein paar Plätze vor, wo wir uns am Dienstag mit unserem LOKAL-Menü hinbegeben könnten: etwa bei der alten Feuerwache oder dem „Hafencasino Truck Stop" gegenüber, wo im Hintergrund die Schiffe liegen, die Roland-Mühle, Kaffee Hag. Dann hat Anne noch die Idee, mitten im „Viertel" am Ulrichsplatz, wo jeden Dienstagnachmittag Biobauernmarkt ist, unsere Zelte aufzuschlagen. Da sind viele Lokale und Cafés, da ist die Hausbesetzerszene noch aktiv, da leben viele „Alternative" und es sind immer viele Leute unterwegs. Hmm, in solch einem Getümmel kann man allerdings auch klangvoll untergehen. Aber wir haben ja noch Zeit zum Diskutieren. Und damit legen wir auch direkt los, denn inzwischen haben wir uns alle in der Hansestadt versammelt. Elissavet, unsere „neue" Fotografin, ist bereits Sonntagvormittag aus Hamburg gekommen und hat schon einmal Stimmungsfotos von der Bremer Umgebung gemacht: Verortung mithilfe des Fotoapparats. Ich habe mich dieses Mal ausnahmsweise allein in den Zug gesetzt, um am Sonntagabend noch meine Schwester Anne und deren Kinder Enzo und Hugo zum Essen zu treffen. Simon und Lisa sind aus Stuttgart hergekommen und direkt zu den Kaemenas gefahren, denn die Familie hat auch Gästewohnungen und hier sind wir untergekommen.

Doch bevor wir uns weiter mit der Location für Dienstag befassen, ist ja zunächst einmal entscheidend, tolle Aromen in und um Bremen zu sammeln! Und das ist bestimmt gar nicht so einfach, schließlich ist erst März und es gibt immer noch kein Freilandgemüse, nur Sachen unter Glas. Und das machen die Bios selten, denn der Energieaufwand zur Beheizung von Ge-

wächshäusern ist zu hoch und damit die Effizienz für die Katz. Wir hören uns auch nach Biogetreide um, aber leider ist in diesem Bereich momentan offenbar nichts zu bekommen außer zuckenden Schultern.

Bremen ist ja eine Biostadt par excellence und bezeichnet sich auch offiziell so! Seit 2011 ist das Vorhaben Teil der Koalitionsvereinbarungen zwischen SPD und Grünen. Seit 2010 ist Bremen Teil des deutschlandweiten Netzwerks „BioStädte.de", zu denen unter anderem auch Augsburg, Freiburg, Hamburg, Heidelberg, Darmstadt, Karlsruhe, München und Nürnberg gehören. Klar, hier in Bremen gibt es viele Studenten, und folglich einige wirklich alte Bioläden aus der Gründerzeit der tiefen 1970er- und 1980er-Jahre. Außerdem hat die Stadt eine Biomesse, die „ProBio-Messe", die von der Vereinigung „Slow Food" ins Leben gerufen wurde. Ich war vorletztes Jahr mit Anne dort. Außerdem gibt es seit 30 Jahren die „Breminale", wo immer auch ein kleines Biodorf steht, in dem alle Bioleute der Region auftreten. Der uralte, sehr hübsche Kolonialwarenladen „Holtorf" im Viertel direkt am schönen Ostertorsteinweg wäre einen Besuch wert, aber nach einem Anruf dort und einem netten Gespräch mit einer Mitarbeiterin ist die Herkunft der Biowaren leider nicht LOKAL, sondern „nur" regional. Es gibt in Bremen Biorestaurants und allerlei Ur-

ban Gardening-Projekte, die seit einigen Jahren wie Spargel aus dem Boden schießen (mehr zu diesem Thema siehe auch Seite 87 ff.). Und natürlich gibt es den Biogartenbaubetrieb „Rhizom", der bald 30. Jubiläum feiert. Den wollen wir in jedem Fall besuchen, denn dort gibt es tatsächlich ein Gewächshaus, das hier selbstverständlich nur in den Übergangszeiten im Frühjahr und Herbst geheizt wird – sicher finden wir dort etwas. Auf geht's!

Station 1: Gärtnerei „Rhizom" im Stadtteil Borgfeld

Die alte Gärtnerei, per Luftlinie 11,3 Kilometer vom Bremer Hauptbahnhof entfernt, liegt im Naturschutzgebiet des Stadtteils Borgfeld an den Wümmewiesen. Der Bioland-Betrieb bewirtschaftet drei ziemlich große Gewächshäuser sowie einen halben Hektar Freilandgemüse. Außerdem gibt es einen Lehrgarten mit Vogelzwitscheruhr, die anzeigt, zu welchen Zeiten am Morgen die unterschiedlichen Vogelarten zu singen beginnen, und ein Insektenhotel. Hier wird Kindern und Familien Wissen über Natur und Garten anschaulich vermittelt und es wird zur Mitarbeit angeregt.

Das Besondere und unbedingt Erklärenswerte an „Rhizom" ist, dass langzeitarbeitslose Frauen und Männer, die kaum eine Chance auf Jobvermittlung haben, hier Minijobs ausüben können und die Möglichkeit bekommen, sich zum Beruf der Gärtnerin beziehungsweise des Gärtners zu qualifizieren. Einrichtungen dieser Art werden unter dem Stichwort „soziale Landwirtschaft" zusammengefasst. Hier bieten landwirtschaftliche Betriebe und Gärtnereien nicht nur Arbeitslosen, sondern zum

N 53° 4' 45.466" — O 8° 48' 6.097"

Oben: Das Gewächshaus von „Rhizom" versorgt uns mit allerlei Kräutern.

Beispiel auch Menschen mit körperlichen, geistigen oder seelischen Beeinträchtigungen Möglichkeiten der Integration. Ähnliche Projekte für und mit behinderten Menschen haben wir ja schon in Gammertingen (siehe Seite 19) und Frankfurt (siehe Seite 130f.) kennenlernen dürfen. Solche Höfe bieten auch sozial schwachen Menschen, Obdachlosen, aber auch straffällig gewordenen oder lernschwachen Jugendlichen, Drogenkranken oder eben Langzeitarbeitslosen eine gute Möglichkeit, in die Gesellschaft zurückzukehren. Derartige Projekte gibt es inzwischen deutschlandweit, sie sind Musterbeispiele multifunktional verstandener Landwirtschaft. In Thüringen beispielsweise gibt es seit Frühjahr 2016 weitere Projektansätze, bei denen unbegleitete jugendliche Flüchtlinge in Projekte der Sozialen Landwirtschaft einbezogen werden. Die Integration sozialer Aktivitäten kann sogar Anlass zur Umstellung konventioneller Betriebe auf ökologischen Landbau sein, da so eine Zurückwendung zu mehr Handwerk gelingen kann. Hier wird also in viele Richtungen Gutes bewirkt, in der Sozialen Landwirtschaft steckt allerdings noch wesentlich mehr Potenzial, das es auch von staatlicher Seite weiter zu entdecken und zu fördern gilt! Das Bremer Modell ist angelehnt an ein Frankfurter Vorläufermodell und beispielhaft für ganz Deutschland. Es nennt sich auch „Bremer Lernweg", den Arbeitslose bis 45 Jahre, also bis zu einem Alter, in dem es kaum Aussichten mehr auf

einen regulären Ausbildungsplatz gibt, praxisnah und „ohne Schulstress" ebenso in anderen Bereichen gehen können. Das Projekt wird vom Jobcenter Bremen sowie der Senatorin für Soziales, Jugend, Frauen, Integration und Sport gefördert. Die Idee wird hier in jedem Fall sehr gut angenommen.

Zugegeben, das Team fällt hier bei „Rhizom" *on very short notice* ein, aber Heidrun Kersting, die Leiterin und eine der Ausbilderinnen, versteht sofort, was wir machen, was „LOKAL – Das Kochexperiment"

bedeutet und warum wir hier sind – wir sind inzwischen schon ganz gut im Erklären! Heidrun zeigt uns die ganze Gärtnerei und den Lehrgarten. Hier wird alles selbst gemacht und nur der eigene Kompost verwendet, denn dann weiß man,

was drin ist. Die Jungpflanzen, die hier ganz langsam wachsen dürfen, was sie fest und stabil macht, werden hier gezogen und anschließend für Garten und Balkon verkauft. Im Angebot sind darüber hinaus insgesamt 40 Gemüsesorten. Vieles davon wird über die Ökokiste verkauft, die die Bremer im Abosystem bestellen können. Gepflügt wird nicht mit dem Traktor, sondern in der Tat noch mit Kaltblütern, die den Pflug ziehen. Zunächst hieß es, momentan gäbe es nur Schnittlauch und Petersilie. Die ersten zarten pikierten – vom Französischen *piquer* für „stechen" –, also die bereits vereinzelten und in etwas lockerer Abfolge gesetzten Pflänzchen seien noch zu klein zum Ernten. Aber dann finden wir frischen Knoblauch samt schönen Stängeln und Blättern sowie nette Wuchereien aus den Überbleibseln des letzten Jahres, wie etwa Mangold. Zwischendurch telefonieren wir mit Otmar Willi Weber, kurz OWI, vom Bremer Sender „Nordwestradio". Ein wirklich total netter Typ, der uns gleich noch mehrere interessante Adressen nennt, zum Beispiel Peter Barkfelde vom „Verein Sozialökonomie", der einen Biogenossenschaftsladen betreibt, Gernot Riedl, der mit vielen alten Kartoffelsorten handelt, oder den Journalisten Michael Heise, der die lokale Slow-Food-Zeitung macht. Viele davon decken sich mit denen, die wir bereits kennen. Oder wovon wir schon gehört haben. Aber wir schaffen das ja in der kurzen verfügbaren Zeit gar nicht, diese ganzen tollen Leute kennenzulernen!

Leider müssen wir uns auch schon wieder von Heidrun verabschieden, weil es dringend Zeit ist weiterzuziehen! „Ist denn diese Hektik gut für den Biobereich?", fragt Heidrun mit großen Augen und schmunzelt, weil sie weiß, dass sie ihren Finger in unsere Wunde gelegt hat. Wir klären aber noch schnell mit Heidrun, wie der Name „Rhizom" entstanden ist. Rhizome nennt man die unterirdischen Ausläufer der Quecke, mit deren Hilfe sie gut wächst, sich reichlich vermehrt und deshalb auch ziemlich lästig sein kann. Aber eben weil sie sich so schnell verbreitet, immer neue Wurzelnester bildet und unverwüstlich ist, passt der Name: Die Idee der Integration von Langzeitarbeitslosen soll sich schnell verbreiten und dann unausrottbar sein! Als sie das so engagiert erzählt, kann man den Eindruck gewinnen, dass sie selbst den Namen erfunden hat, denn sie ist von Anfang an mit dabei: seit 1987! Aber nach den Anfangszeiten können wir sie leider nicht mehr fragen, denn Lisa drückt auf die Tube: Wir müssen wieder los!

Irgendjemand gibt uns den Tipp, nach Biohonig von Niclas Hagedorn zu suchen. Wo bekommen wir den? Im Viertel im Bauernladen. Nix wie hin. Es gibt dort zwar den Honig, die Imkerei ist auch in Bremen, also innerhalb der 15-Kilometer-Grenze, aber der Honig „wächst" weiter weg. Geht also nicht! Wieder dieser kleine

Scheitermoment … Wir fragen noch nach lokalem Getreide, aber erneut Fehlanzeige: Das nächste Getreide wächst in der Lüneburger Heide. Aber die älteren Damen und der Herr im Bauernladen, die sicher auch Biourgesteine sind, nennen uns noch einen anderen Imkernamen: Michael Dreyer. Wir rufen sofort an und sagen ihm, dass wir ihn besuchen möchten. Alles ist sehr eng. Wir müssen noch zur „Hofmolkerei Dehlwes" und Getreide suchen zum Leidwesen von Simon und Lisa, ich bestehe dieses Mal darauf … Challenge eben! Wir schauen noch kurz beim Ulrichsplatz vorbei, denn der ist um die Ecke: hübsch hier, viele kleine Läden, Trubel, die Frühlingssonne scheint und alle können endlich wieder nach draußen auf die Straße! Die ersten Cafés und Restaurants haben bereits Stühle und Tische herausgestellt.

Wir springen in unser Auto und kommen kaum aus den engen Gassen des Viertels auf den Ostertorsteinweg. Wir brauchen auch noch Eier, mehr Gemüse und Kräuter! Aber nun erst einmal schnell bei Michael Dreyer vorbeifahren, der auch mitten in Bremen wohnt.

Station 2: „Bremer Bio-Honig" aus einem Stadthaus im Zentrum

Alles ist ganz knapp. Wir haben nur zehn Minuten für ihn und er für uns. Ein strahlender Imker steht auf der obersten Stufe der Außentreppe des alten Bremer Stadthauses und streckt uns ein Glas Honig entgegen, später werden wir sagen: ein sensationeller Honig. Aber so ein strahlender Mensch wie Michael kann keinen

Oben: Michael Dreyer ist eher zufällig zur Imkerei gekommen, betreibt sie aber aus vollster Überzeugung.

Unten: Der Honig von Michael schmeckt wirklich sensationell.

Michael ist eigentlich gelernter Tischler und Englischlehrer. Außerdem Yogalehrer und Trainer für Meditation. Er hat erst 2009 mit dem Imkern angefangen. Und das war ein Zufall: Ein älterer Herr hat bei einer Veranstaltung Michaels damals siebenjährige Tochter Shana gefragt, ob er ihr einmal eine Bienenprinzessinnenwohnung zeigen dürfe. Sie war natürlich begeistert. Der Imker schenkte Michael nach dem Besuch und nachdem Michael ihm fasziniert einige Monate geholfen hatte das erste eigene Volk. Michael absolvierte einen Imkerkurs beim „Deutschen Imkerbund" und sprach mit vielen Imkern. „Auf jede Frage gab es drei verschiedene Antworten", erzählt er uns. Hübsch verwirrend, also musste er loslegen und sich seine eigene Meinung bilden. Schließlich entschied er sich für die sogenannte wesensgemäße Bienenhaltung, die für die Bioimkerei vorgeschrieben ist. Das ist wie bei „Honigstadt" in Wien (mehr hierzu siehe Seite 169 ff.). „Die Königin darf mit einem Teil ihres Volkes schwärmen. Es dient dem natürlichen Bestreben der Honigbienen, sich durch Teilung zu vermehren und wir unterbinden das nicht", sagt Michael.

Sämtliche Bienenstockstandplätze befinden sich in einem Umkreis von fünf Kilometern um den Bremer Rathausplatz. Michael

schlechten Honig machen! Wir hocken zu dritt kurz auf der Treppe und erzählen im Schweinsgalopp, was wir jeweils im Leben machen. Auch wenn wir nicht viel Zeit haben, so möchten wir hier doch ein kleines Porträt von Michael zeichnen, denn er ist das wert! Spannend ist vor allem, dass das Imkern für ihn ein Nebenerwerb ist und sein Beispiel ermuntert dazu, selbst mit dem Imkern anzufangen. „Man muss die Imkerei einfach machen, damit auch Anfänger Spaß daran entwickeln können. Vieles kann man auch selbst bauen, wenn man ein bisschen geschickt ist. Um Zeit zu sparen, muss es aber einfach gebaut werden können."

macht also echten Bremer Honig, damit möchte er einen Beitrag zu den vielen Gartenprojekten in der Stadt und am Stadtrand leisten. Er hat die Kästen deshalb an Orten wie dem Schulgarten der Tobias-Schule in Oberneuland, einem Privatgarten in Borgfeld und dem „Biohof Kaemena" im Bremer Blockland aufgestellt. So kurze Wege sind ideal für LOKAL!

Michael erklärt, dass es nicht genügend Bienen gebe, um die heimischen Heister, Bäume und Blumenwiesen zu bestäuben. Das erkenne man daran, dass nur 20 Prozent des Honigs, der in Deutschland gegessen würde, auch aus Deutschland stamme. Wie recht er hat! Wenn Sie auf das Etikett Ihres Honigglases schauen, werden Sie in den meisten Fällen klein aufgedruckt den Passus „Mischung von Honig aus EG- und Nicht-EG-Staaten" finden. So sieht es die Honigverordnung vor, eine eindeutigere Herkunftsbezeichnung wird allerdings nicht gefordert. Der größte Teil des bei uns gegessenen Honigs stammt aus Importen. Und häufig kommt die süße Versuchung zur Verarbeitung von weiter her angereist, als Sie wahrscheinlich glauben möchten – wichtige Übersee-Import-länder sind zum Beispiel Argentinien, Mexiko und China. Das ist alles andere als LOKAL, und was wir da wirklich essen, wissen wir auch nicht. Denn während in Deutschland nicht zu befürchten ist, dass Nektar und Pollen von genveränderten Pflanzen stammen – bei uns ist deren Anbau nämlich zum

Glück bislang verboten –, sieht das bei Honig aus Importländern ganz anders aus. Hier werden Gensoja oder -raps teilweise im großen Stil angebaut. Mit Pestiziden läuft das ganz ähnlich. Das alles muss uns nicht zwingend schaden, aber bekommen Sie jetzt nicht auch Lust, sich doch einmal nach einem Direktvermarkter in Ihrer Umgebung umzuschauen? Wir finden, das lohnt sich! Und wie gut, dass es Menschen wie Michael gibt.

Und dann lüftet Michael für uns noch rasch das Geheimnis, warum sein Honig so gut schmeckt – weil die Tracht in den Gärten der Stadt so vielfältig ist! Heutzutage in den Monokulturen finden die Bienen nicht das ganze Jahr hindurch genügend Futter, weil alles gleichzeitig blüht und dann auf einmal die Blüte weg ist! „Im Winter blüht nichts, deswegen werden da die Bienen zusätzlich mit Zuckerwasser aus Biozucker und Kräuterauszügen nach Demeter-Richtlinien gefüttert", so Michael. Hört sich toll an!

Links: Haupterwerbs-produkt bei Dehlwes ist die Milch.

Rechts: Aber wir finden hier auch Eier und sogar Rindfleisch.

Nun geht´s weiter, weiter zu Dehlwes Hofmolkerei. Meine Güte, wie schön ist es doch, sich vom Supermarkt abzuwenden und sich die Leute selbst zu suchen, die für einen produzieren! Wir sind überzeugt, dass diese Lebensmittel Lebens-Mittel sind, weil sie uns für Körper, Geist und Seele besser tun. Das schmeckt man auch. Und man lernt neue Leute kennen, die mehr verwurzelt sind in der Natur als irgendwer sonst. Wir winken Michael noch lange und er uns, als unser Gefährt 200 Meter weiter links um die Ecke biegt. Lisa hält die „Honigbeute" fest in den Händen, damit sie uns niemand wieder wegnehmen kann.

Station 3: „Hofmolkerei Dehlwes" in Lilienthal

Auf zu Dehlwes, ihre Hofmolkerei liegt 9,0 Kilometer von der Bremer Innenstadt entfernt. Wir verfahren uns erst mal ganz ordentlich, denn der Hof liegt nicht wie gedacht in der Bremer Straße „Trupen", sondern in einer Straße namens „Trupe" in Lilienthal nordwestlich von Bremen mitten im Naturschutzgebiet Hamme – großartige Namen!

Der Hof ist schon seit mehreren Generationen ein Familienbetrieb, im Jahr 1999 erfolgte die Umstellung auf eine rein ökologische Landwirtschaft. Rund 300 Milchkühe gibt es hier, hinzu kommen etwa 100 Kälber und Jungtiere aus eigener Zucht – das ist schon eine ganz stattliche Größe und der Betrieb gehört damit zu den größten, die wir auf unserer Tour bislang besucht haben. Die Mitarbeiterinnen im Büro sind zunächst reichlich überrascht von unserem Besuch und unseren Fragen, denn wir hatten dieses Mal überhaupt keine Zeit, uns rechtzeitig anzumelden und in Ruhe unser Konzept zu erklären. Nach anfänglichen Abwehrversuchen kommt ein wunderbares Gespräch mit Mareike Dehlwes, der Tochter, zustande, und wir dürfen uns den Hof ansehen. Und dann kommt der Hit: Dehlwes verkaufen neben Molkereierzeugnissen auch Rindfleisch von den eigenen Tieren! Also LOKALes Rindfleisch! Damit hatten wir gar nicht gerechnet. Kurzerhand planten wir unser Menü um (siehe Seite 224), die Gelegenheit können wir uns nicht entgehen lassen und es geht ja nicht nur bei unserem Kochexperiment – aber hier eben ganz besonders – nichts über Flexibilität.

Neben dem alten norddeutschen Bauernhaus, das heute in Nachbarschaft der vielen neuen Gebäude fast klein wirkt, stehen riesige Eichen. Die Kuhlaufställe, wo jede Kuh ein warmes Strohbett hat und genügend Platz zum Laufen, sind sogenannte Kaltställe, weil sie zu den Seiten hin sommers wie winters offen sind. Von Anbindehaltung oder Ähnlichem, wie weiter oben schon beschrieben, also weit und breit keine Spur, hier leben die Kühe ein gutes Tierleben. Gleich daneben die Molkerei mit großen Rolltoren für die Ablieferung, an die die kleinen Lkws andocken können. Sie bringen Milch anderer Biobauern aus der unmittelbaren Nachbarschaft hierher. Etwas weiter steht das Bürogebäude, ein moderner Flachbau, der aber mit Holzbalken aus der alten Zeit verziert ist. Ihre Produkte verkaufen die Dehlwes im eigenen Hofladen sowie an ausgewählte Einkaufsmärkte der Region. Wir packen schnell unsere gefundenen Schätze ein – die Zeit sitzt uns schon wieder oder besser gesagt immer noch im Nacken – und bezahlen, laufen anschließend aber noch rasch hinüber zu den Hühnern. Die freuen sich über Abwechslung und kommen uns neugierig entgegengerannt. Sie leben in einem großzügigen Auslauf und sind offensichtlich gut drauf. Etwa 250 Legehennen pro Herde gibt es, dazu jeweils ein Hühnermobil mitten im Freiland für das ausgeklügelte mobile Legehennensystem. Das setzen wir zum Beispiel auch in den Herrmannsdorfer Landwerkstätten ein, weil es so genial ist! Ein netter Mitarbeiter von Dehlwes, der hier schon seit 16 Jahren beschäftigt ist, erklärt uns alles. Die Hühner haben erhöhte Sitzstangen ganz oben, koten von dort auf

ein Band, das den Kot nach draußen transportiert. Unter dem Band liegt der Scharrraum, der mit Sand gefüllt ist und wo sich die Hühner ordentlich „einstauben" können. An den beiden länglichen Seiten befinden sich die Nester, in die sie hineinkriechen, um ihre Eier zu legen. Um die Eier abzusammeln, lassen sich die Dächer der Nester von außen anheben. Ein geschlossenes System also, das sich an die Eigenheiten der Hühner anpasst und arbeitswirtschaftlich auch für den Menschen gut ist – schön zu sehen! Und in der Landschaft sieht es auch nicht allzu schlecht aus. Munter verabschieden wir uns und machen wir uns auf den Weg ins Blockland zu den Kaemenas, denn hier wohnen wir ja auch.

Oben: Die Hühner bei Dehlwes fühlen sich sichtlich wohl.

Rechts: Heike und Bernhard Kaemena

Station 4: „Biohof Kaemena" im Bremer Blockland

Dienstagmorgen sitzen wir beim Frühstück. In der altdeutschen Stube inmitten des alten Hofes neben dem Ofen ist es gemütlich, Heike und Bernhard, die Praktikantin Lykka, die Auszubildende Manon und wir

selbst sitzen am Tisch. Es gibt Hackepeter, das ist gesalzenes und gewürztes frisches rohes Schweinemett, hmmm! Ist bei uns im Süden unbekannt. Es wird sich munter unterhalten. Schön. Blockland heißt das Gebiet hier nördlich von Bremen. Im Grunde ist es das Schwemmland der Weser und der „launischen" Wümme, die öfter über die Ufer trat, deswegen hat man hier gleich neben dem Hof die Deiche gebaut und auch den ganzen Hof vor dem Bau mit einer Aufschüttung unterfüttert. Aber ganz unten ist Wasser, besser gesagt mit Wasser vollgesogener Torf. „Wir lassen die Gräben

hier immer auf einem gewissen Niveau mit Wasser voll, damit uns der wertvolle Torf nicht verloren geht." Denn der ist auch das Wasserreservoir für die darüberliegende Mutterbodenschicht. Da deren Dicke nur 30 Zentimeter beträgt, kann nicht gepflügt werden – die darunterliegende Feuchte käme sonst sofort hoch –, darum kann in diesem Gebiet nur Grünlandwirtschaft und kein Ackerbau stattfinden. Blockland haben die Bremer das Gebiet genannt, weil die Flächen mithilfe von Drainagegräben schon vor Jahrhunderten in Blocks aufgeteilt wurden.

Während wir lecker frühstücken, berichtet Bernhard, dass in der letzten Nacht ein Bullenkalb auf die Welt gekommen ist. „Wer von euch will Namenspate sein?" Aber wir wollen dann doch gern erst noch wissen, was Bernhard mit dem Bullenkalb macht. „Die Kälber werden leider in den konventionellen Bereich für etwas Geld verkauft", erklärt er uns, „nämlich für ungefähr 80 Euro. Zwar werden sie hier bio geboren, aber es gibt in der Gegend keinen Betrieb für biologische Aufzucht." Uff! Da kostet ja ein Tierarztbesuch mit dem Haustier fast mehr, unfassbar! Aber so sieht die Realität aus, das ist das Schicksal so vieler Bullenkälber, und es ist im konventionellen Hochleistungsbereich, wo die Tiere nur auf Milchleistung gezüchtet werden und die männlichen Kälber fast nichts ansetzen, auch wenn man sie prächtig füttert, natürlich noch krasser. Sie geben halt keine Milch und werden aussortiert, verschenkt oder getötet, um es direkt beim Namen zu nennen. Hier bei den Kaemenas haben Bernhard und seine Familie

wenigstens noch etwas davon. Anders sieht es bei den weiblichen Tieren aus, denn die dienen zur Remontage, also zur Verjüngung der eigenen Herde, oder werden nach drei Wochen für 250 Euro zu Zuchtzwecken verkauft.

„In der konventionellen Tierzucht werden die Samen schon auf weibliche und männliche separiert", erklärt Bernhard. Wir fragen natürlich naiv, ob er bei seinen Rindern auch so etwas mache, und er antwortet empört: „Mit so etwas beschäftige ich mich nicht!" Denn Bernhard lehnt es aus gutem Grund ab, der Natur im Vorhinein ins Handwerk zu pfuschen.

„Gestern war eine Gruppe von Südafrikanern da, die wollten Input von uns für die Direktvermarktung", und Bernhard ist schon etwas stolz, wenn er das erzählt. „Dort muss der Bräutigam dem Vater der Braut sieben Kühe schenken ... Wie viele hab ich damals eigentlich für dich bezahlt, Heike?", scherzt er. Wir reden über die große Frage, wo das Problem des „immer billiger – immer schlechter" herkommt. „Man kann den Verbrauchern nicht allein die Schuld geben", sagt Heike. So sehen wir das auch: Die Supermarktketten liefern sich einen teilweise völlig unbegründeten Kampf um den billigsten Preis, und zwar auf Kosten von Qualität und auf dem Rücken der Bauern. Deshalb sind Heike und Bernhard damals ausgestiegen und haben sich für die „vertikale Integration" entschieden, nämlich die Direktvermarktung. Aber mit welchem Produkt? Da auf dem Deich und im Blockland am Wochenende 400 Radfahrer pro Stunde direkt am Hof vorbeifahren, entstand die Idee einer Bioeisdiele. „Für Milch hält man nicht an, für Eis schon!" Das war vor zehn Jahren. Da müssen sich Bauern erst einmal dran gewöhnen, dass sie nun auch ihre eigenen Rohstoffe verarbeiten müssen. Und so ein selbst gemachtes Eis muss ja auch schmecken, darum hat sich Heike damals in die Rezepturen eingefuchst, bevor die beiden ihre erste kleine Eismanufaktur eröffneten. Heute kümmert sich die nächste Generation darum, das sind ihr Sohn Harje und ihre Schwiegertochter Birte. Und inzwischen ist aus der ersten kleinen Eismanufaktur ein richtiges Business geworden, das die ganze Familie ernährt. Die Eismanufaktur kauft die Milch zu einem guten Preis von der Landwirtschaft ab, ein Preis, den die „Hofmolkerei Dehlwes", wohin die Überschüsse von Kaemena im Sommer sowie speziell auch im Winter gehen, nicht bezahlen kann. „Wenn du die Milch bei einer Molkerei abliefern musst, bleibst du immer auf dem untersten Einkommensniveau", sagt Bernhard. „Wir rechnen zu 45 Cent ab, in der konventionellen Molkerei ist der Preis aktuell bei 25 Cent!" Er stand damals vor der Entscheidung: Will ich mit konventioneller Landwirtschaft weiterwachsen, die Tiere zu immer mehr Milchleistung

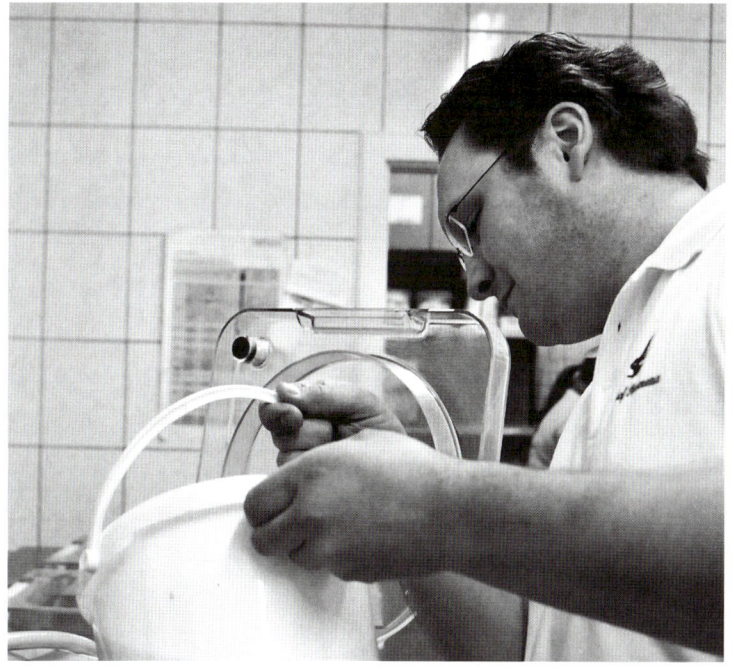

Oben: Ländliche Idylle bei den Kaemenas im Bremer Blockland

Unten: Aus der kleinen Eismanufaktur ist ein richtiges Business geworden.

treiben, immer größere Ställe und mehr Tiere haben, um das Einkommen zu erwirtschaften, oder gibt es einen anderen Weg? Einen Weg, bei dem man in Qualität und nicht in Menge wachsen kann? Die Liebe, die er und seine Eltern und alle anderen in der Familie zu Tieren aufbringen, erforderte das Umdenken, weg vom stupiden „Wachse oder weiche"-Denken. Die Anzahl der Tiere wurde also nicht erhöht. „Nicht unser Ding!" Auf einen Biobetrieb umzustellen war dann nur konsequent. Das war 1996.

Heike und Bernhard kümmern sich um die Rinder und das Melken. Angesprochen auf die Hornlosigkeit ihrer Rinder, erwidert Bernhard, dass die Hörner nur für die Zugtiere „hingezüchtet" wurden. „Wir züchten seit 6 000 Jahren!" Er findet Hörner im Stall zu gefährlich, ist selbst schon mal in eine brenzlige Situation geraten. Sie halten nichts von den Demeter-Vorschriften, die eine Enthornung verbieten. „Auf die komische Verbindung, die Demeter da beschreibt, würde ich mich nicht einlassen", sagt Bernhard. „Die Kühe verletzen niemanden mutwillig, sie sehen den Menschen eher als Partner, nicht als Herrscher! Man muss sich vor den Kuschelversuchen der Rinder schützen, denn das kann ins Auge gehen, im wahrsten Sinne des Wortes!" Auch unter Bioverfechtern gibt es also ganz unterschiedliche Meinungen, stellen wir fest. Bei Kaemenas werden die Kühe im Schnitt sechs Jahre alt, überstehen also vier Laktationsperioden. Das ist fast doppelt wo viel wie im konventionellen Bereich! „Wir haben alte besondere Milchrassen wie das Angler Rotvieh, gekreuzt mit skandinavischem Rotvieh. Die Dänische Rote ist schon zu sehr überzüchtet", erklärt Bernhard.

Dann haben wir noch eine nette Begegnung mit der Mutter von Bernhard und Frau von Bernd, die hier neben dem Hof ein kleines Austragshäuschen bewohnen: Imogen Kaemena! Ihre Geschichte ist so interessant, dass wir sie hier erwähnen müssen, denn sie zeigt, wie stark Überzeugungen auf das Leben wirken können. Imogens Wurzeln liegen in einer vollkommen anderen Welt, ihr Vater war ein bekannter Architekt, ihr Urgroßvater Direktor der Eisenhüttenwerke in der Steiermark, ihre Mutter wurde dort geboren, der Ururgroßvater war kaiserlich-königlicher Hofbildhauer und Stukkateur in München: Er hieß Hippolyt Hauttmann und lebte von 1802 bis 1887! Imogen, übrigens ein schottischer Name, hat die Tiere schon immer geliebt, und die Tiere hier oben bei Bernd waren es, die sie aus der alten in die neue Welt gezogen haben. Sie wollte von da an mit Tieren leben. „15 Jahre lang habe ich zweimal täglich alle Kühe mit den Händen gemolken, 365 Tage im Jahr", erzählt Imogen. „Mit Begeisterung!" Bio war und ist für sie ganz selbstverständlich, Imogen war es auch, die damals maßgeblich die Wende zu mehr Natürlichkeit vorangetrieben hat! Den Rummel, der heutzutage um Bioprodukte gemacht wird, den findet sie allerdings überzogen.

Wir reden anschließend noch sehr ausführlich mit Harje, ihrem Enkel. „Meine Großmutter mochte die Struktur der reichen Gesellschaft nicht, sie war immer ein kleiner Rebell. Sie hat die Tiere geliebt. Sie baut bis heute, obwohl sie auch schon bald 86 Jahre alt ist, das gesamte Gemüse für die Familie, die Gäste und Mitarbeiter an", sagt Harje. „Sie macht das mit großer Liebe und sie hat damals gelernt, dass man selbst arbeiten muss, um glücklich zu werden." Sie hat

Bei Kaemenas arbeiten drei Generationen Hand in Hand. Hier Sohn Bernhard (links) und sein Vater Bernd (rechts).

Links:
Imogen Kaemena
ist eine wirklich
beeindruckende
Frau.

Rechts:
Sauberkeit muss
sein, aber jetzt
ist Kehrpause!

220

anlässlich des 200. Hofgeburtstags vor der Presse zum Besten gegeben, dass sich für sie seit der Einführung der Melkmaschine einiges verändert habe auf dem Hof, vor allem „dass man die Vögel beim Melken nicht mehr zwitschern hört". Ist das nicht ein wunderbarer Satz, den man sich auf der Zunge zergehen lassen muss?

Harje hat Außenhandelskaufmann gelernt, war ein halbes Jahr in Kanada. Dort hat er für sich entschieden, im Familienbetrieb mit anzupacken und hat – zurück in Deutschland – von 2003 bis 2008 an der Fachhochschule Kiel Landwirtschaft studiert. Seit 2008 ist er nun wieder hier, gemeinsam mit seiner Frau Birte und ihren inzwischen zwei Kindern. „Birte hat Bauwesen studiert." Heute arbeitet sie fleißig in der Manufaktur, im Hofcafé und in der Eisdiele, bei der Organisation sowie im Stall mit und hat einen Riesenspaß daran!

Im Hofcafé im alten Kuhstall und auf der riesigen Terrasse gibt es nur Selbstbedienung, die Gäste setzen sich hin, wo sie möchten, und die Kinder haben ein großartiges Tageserlebnis: Sie können die Tiere

bewundern, auf dem großen Spielplatz herumtoben und natürlich Eis essen. Alles ist kindgerecht, keine offenen Schächte, kein Frontlader mit Forke. Samstags und sonntags, wenn das Wetter gut ist und die vielen Radfahrer und Ausflügler vorbeikommen, werden alle verfügbaren Aushilfen angerufen und dann sind hier auch bis zu zehn Leute pro Schicht beschäftigt, Studenten und Schüler, die hier als Kinder schon Eis essen waren, samt deren Freunden. „Hier ist die Stimmung immer gut, deswegen arbeiten die Leute gern hier", sagt Harje und spricht mir aus der Seele. Eine gute Stimmung und Atmosphäre ist unbezahlbar fürs Geschäft, wenn man Gastronomie betreibt. „Hier waren früher viel mehr Gasthöfe als heute, weil es die Naherholungsregion für die Bremer war. Das ebbte ab, als die Leute damit begannen, in den Sommermonaten mehr ins Ausland zu fliegen. Nun gibt es eine Art Revival für den Urlaub in der Heimat, und wir haben das Blockland als Ausflugsziel wieder bekannt gemacht – von diesem Trend profitieren wir natürlich umgekehrt auch", sagt Harje. Blockland ist ein Ortsteil der Stadt Bremen. „Hier ist das Radfahren leicht, im Sauerland müssen alle immer bergauf und bergab radeln!", fügt er hinzu und schmunzelt. „Hier gibt es nur den Wind."

Wir machen mit Heike und Bernhard noch eine Führung über den Hof, und er erzählt von den Eigenheiten der Rinder, vom Stallbau aus Holz – „das kann atmen" –, über seinen Freund Harald, den Haus- und Hofarchitekten, mit dem er auch Kunst aus altem Metall und Holz macht, über den Tischler Hannes, der hier als Selbstständiger arbeitet und alle Möbel für drinnen und draußen nach Bernhards Vorstellungen selbst macht, über das Landschaftsschutzgebiet, in dem man nichts Neues mehr bauen darf, über den Film, der anlässlich des 200-jährigen Jubiläums gedreht wurde. „Das ist ein Zeitdokument mit vielen Interviews", sagt er, „ganz wichtig für uns." Er redet über Melkroboter und dass er davon nichts halte: „Wir brauchen den Kontakt zum Tier, auch für unsere Gesundheit", sagt er. „Vor 4 000 Jahren haben schon die Ägypter Kühe gemolken, dort hat man entsprechende Darstellungen in Grabkammern gefunden!" Wir reden noch lange über die Nachteile moderner Melkvorrichtungen wie dem Karussell oder dem Fischgräten-Stand, die nur auf die Effizienz des Melkens vieler Tiere in kurzer Zeit ausgerichtet sind. „Ich will die ganze Kuh zweimal am

Tag vor mir sehen und sie fühlen, sie soll wieder aus dem Melkstand herauskönnen, wenn sie fertig abgemolken ist, und nicht auf die anderen Kühe vor sich warten müssen wie in diesen beiden Systemen." Hier gibt es tatsächlich einen Gang mit Einzelständen, die separat geschlossen und wieder direkt geöffnet werden, wenn eine Kuh fertig gemolken ist. Tandem-Melkstand nennt sich so einer. Bei 70 Kühen behält man so tatsächlich noch ein Gefühl für jede einzelne Kuh. „Die Kühe neigen dazu, sich selbst auszubeuten, wenn sie kein Zusatzfutter wie Leguminosen, also zum

Beispiel Ackerbohne, Erbse oder Lupine, bekommen", stellt Bernhard fest. Zucht auf Lebensleistung – ist das ein Begriff, mit dem Bernhard etwas anfangen kann? Er antwortet nur: „Ich mag diese ganzen Leistungsbegriffe nicht." Bernhard hat auch eine ganz behutsame Form der Gülleausbringung zu Düngezwecken der Wiesen erarbeitet, er sprüht sie nicht, sondern bringt sie mit Schleppschläuchen nahe an die Pflanzen heran, „das verringert die Verluste", erläutert er. Bernhard spricht über das Moor und dass es als riesiger CO_2-Speicher absolut schützenswert ist. „Wenn eine Herde Rinder auf dich zurennt, bebt der Boden!" Und wir reden noch über den Deich: „Wenn der bricht, steht bei Karstadt in Bremen der erste Stock unter Wasser!", sagt Heike.

Die Kaemenas haben ihre Lage optimal genutzt, mit Geist und Verstand. Vielleicht kam ihnen die Lage des Hofes zugute, aber man muss es auch erst mal machen! Sie machen einen perfekten Eindruck, alle Generationen arbeiten reibungslos zusammen. Bernhard verrät, dass man dafür auch an sich selbst arbeiten müsse, deshalb machen sie regelmäßig spezielle Coachings, damit menschlich nichts anbrennt. Das nennen wir moderne Unternehmensführung! Und

wir entscheiden spontan, unser Koch-Event am Dienstag hier bei den Kaemenas und nicht im Hafen oder in der Stadt zu machen! Hier sind viele Mitarbeiter und Familienangehörige, und es ist okay für die Kaemenas, dass wir zusätzlich ein paar Leute einladen, zum Menü heraus ins Blockland zu kommen.

Ran an den Herd!

Gesagt, getan! Wir fertigen unser Mittagsmenü, hundertprozentig LOKAL, und servieren es im alten Kuhstall, wo heute das Hofcafé ist. Unser Menü besteht letztendlich aus gesiedeten Hackfleischbällchen à la Königsberger Klopse, gestocktem Ei als Beilage – das in den halben Eierschalen landet und in den Ofen geschoben wird –, karamellisiertem Frühlingsknoblauch, die Halme längs halbiert, blanchiert und dann mit etwas Honig „aufgebraten". Dazu Mangoldsauce. Und dann Milcheis mit Honig und Salz. Die Rezepte zum Nachkochen finden Sie auf den Seiten 224 bis 228.

Alle sind happy, dass es geschmeckt hat, und mit großem Hallo fahren wir irgendwann wieder in Richtung Heimat, noch voll von den vielen tollen Begegnungen der letzten beiden Tage, kräftig gestärkt mit der Überzeugung, dass der Bioweg richtig ist. Und dass es Sinn macht, sich dem gnadenlosen Handel zu entziehen, indem man sich selbst auf den Weg macht, seine eigenen Kunden zu finden. Dann können wir unsere Qualität halten und den Preis für unsere Leistung selbst bestimmen. Anstrengend zuweilen, aber man kann gut schlafen! Das ist verdammt viel wert, oder?

Welche Bioerzeuger wir gefunden haben und welche Lebensmittel sie uns geben konnten:

- Frischen Frühlingsknoblauch, Petersilie, Schnittlauch und Mangold in der „Gärtnerei Rhizom", Betrieb der ÖkoNet gGmbH, Am kleinen Moordamm 1, 28357 Bremen
  ▲ — Entfernung: 11,0 Kilometer

- Honig von Michael Dreyer, „Bremer Biohonig", Erikaweg 19, 28219 Bremen
  ▲ — Entfernung: 2,9 Kilometer

- Eier und Rindfleisch von Elke und Gerhard „Hofmolkerei Dehlwes", Trupe 17, 28865 Lilienthal
  ▲ — Entfernung: 9,0 Kilometer

- Milch, Unterschlupf und viel Gastfreundschaft bei Heike, Bernhard, Birte und Harje Kaemena, „Biohof Kaemena", Niederblockland 6, 28357 Bremen
  ▲ — Entfernung: 8,7 Kilometer

—
GESOTTENE RINDFLEISCH-BÄLLCHEN

MIT GESTOCKTEM EI, KARAMELLISIERTEM FRÜHLINGSKNOBLAUCH, GESALZENEM HONIG-MILCH-EIS UND MANGOLDSAUCE
FÜR 4 PERSONEN

FÜR DIE GESOTTENEN RIND-FLEISCHBÄLLCHEN:

- 600 G RINDERHACKFLEISCH
- 25 G SCHNITTLAUCH
- 2 EIWEISS
- 1 EL SALZ

Zubereitungszeit: 20 Minuten

1 — *Für die gesottenen Rindfleischbällchen:* Das Hackfleisch in eine Schüssel geben. Den Schnittlauch waschen, trocken schütteln und in feine Röllchen schneiden. Das Eiweiß mit einem Schneebesen leicht aufschlagen. Schnittlauch und Eiweiß mit 1 Prise Salz zum Hackfleisch in die Schüssel geben und alles gut vermengen.

2 — Die Masse mit leicht angefeuchteten Händen zu 12 gleich großen runden Kugeln formen. In einem Topf leicht gesalzenes Wasser aufkochen und die Fleischbällchen vorsichtig hineingleiten lassen. Die Temperatur reduzieren und die Bällchen im siedenden Wasser 5 Minuten ziehen lassen. Herausnehmen und abtropfen lassen.

‡ — *Zum Probieren:* Natürlich werden die Fleischbällchen noch würziger, wenn Sie sie mit etwas Pfeffer sowie 1 Prise Paprikapulver edelsüß abschmecken.

$\longrightarrow$

FÜR DAS GESTOCKTE EI:

- 2 EIER
- 50 ML MILCH
- 1 EL FEIN GEHACKTE PETERSILIE
- 1 TL FEINE
  SCHNITTLAUCHRÖLLCHEN
- ½ TL SALZ
- AUSSERDEM: EIERKARTON
  ODER BLECH FÜR MINIMUF-
  FINS, HOHER RÜHRBECHER MIT
  AUSGIESSER, STABMIXER

Zubereitungszeit: 20 Minuten

FÜR DAS GESALZENE HONIG-MILCH-EIS:

- 250 ML MILCH
- 50 G HONIG
- 1 TL SALZ
- 2 EIER
- AUSSERDEM: HOHER RÜHR-
  BECHER, STABMIXER, EIS-
  MASCHINE (OPTIONAL)

*Zubereitungszeit: 1 ¼ Stunden
(mit Eismaschine) oder
6 ¼ Stunden (ohne Eismaschine)*

1 — *Für das gestockte Ei:* Den Backofen vorheizen auf 80 °C Ober/Unterhitze (Umluft und Gas nicht empfehlenswert). Die Eier mit einem kurzen glatten Messer ganz vorsichtig genau in der Mitte halbieren und trennen. Das Eiweiß anderweitig verwenden (siehe Rezept Seite 229). Die Eierschalen bei Bedarf außen etwas säubern und mit der Öffnung nach oben in einen Eierkarton oder ein Blech für Minimuffins setzen.

2 — Das gesamte Eigelb, Milch, Petersilie, Schnittlauch und Salz in einem hohen Rührbecher mit Ausgießer mit dem Stabmixer fein mixen. Die Masse vorsichtig in die Eierschalen füllen und anschließend im heißen Ofen 40 Minuten garen.

1 — *Für das gesalzene Honig-Milch-Eis:* Die Milch in einem kleinen Topf mit Honig sowie Salz erhitzen und wieder leicht abkühlen lassen. Die Eier in einem hohen Rührbecher mit dem Stabmixer mixen, dabei die warme Milch langsam einfließen lassen.

2 — Die Masse in die Eismaschine füllen und etwa 1 Stunde schön cremig gefrieren lassen. Alternativ die Masse in eine Frischhaltedose aus Plastik füllen und im Tiefkühlfach mindestens 6 Stunden einfrieren, dabei das Ganze alle 30 Minuten durchrühren, damit das Eis gleichmäßig gefriert und sich nicht zu große Kristalle bilden.

FÜR DIE MANGOLDSAUCE:

- 500 G MANGOLD,
  ALTERNATIV SPINAT
- 250 ML MILCH
- SALZ
- AUSSERDEM: STABMIXER

Zubereitungszeit: 15 Minuten

FÜR DEN KARAMELLISIERTEN FRÜHLINGSKNOBLAUCH:

- 16 FRÜHLINGSKNOBLAUCH-
  ZEHEN MIT GRÜN, ALTERNATIV
  FRÜHLINGSZWIEBELN
- 5 EL FLÜSSIGER HONIG
- SALZ

Zubereitungszeit: 15 Minuten

1 — *Für die Mangoldsauce:* Den Mangold waschen und trocknen. Die einzelnen Blätter lösen und den Strunk entfernen. Das Blattgrün in kochendem Wasser 5 Minuten blanchieren. Die weichen Blätter sofort herausnehmen und in Eiswasser abschrecken, damit sie ihre kräftige Farbe bewahren.

2 — Die Milch in einem Topf erhitzen und wieder vom Herd ziehen. Den Mangold gut ausdrücken und zur Milch geben. Das Ganze mit dem Stabmixer sämig pürieren. Anschließend die Sauce mit Salz abschmecken.

1 — *Für den karamellisierten Frühlingsknoblauch:* Den Frühlingsknoblauch waschen, trocknen, vom Wurzelende befreien und die Stängel in gleich lange Stücke schneiden.

2 — Den Honig in einer beschichteten Pfanne erhitzen. Wenn er zu kochen beginnt und sich langsam in Karamell verwandelt, den Knoblauch dazugeben, die Temperatur reduzieren und die Stücke langsam etwa 4 Minuten garen, sie sollten noch leichten Biss haben. Die Pfanne vom Herd ziehen und den Frühlingsknoblauch mit Salz verfeinern.

¤ — *So geht's zusammen:* Den karamellisierten Frühlingsknoblauch auf die Teller verteilen, eine Eisnocke aufsetzen, einige Rindfleischbällchen anlegen, jeweils eine Schalenhälfte mit dem gestockten Ei daneben anrichten und das Ganze mit einem Klecks Mangoldsauce garniert servieren.

Warenkunde Frühlingsknoblauch

Frühlingsknoblauch erinnert optisch an Frühlingszwiebeln und duftet wunderbar nach frischem Knoblauch. Anders, als sein Name vermuten lässt, wird er im Spätsommer geerntet. In der Küche wird er wie frischer Knoblauch oder Frühlingszwiebeln verwendet.

Rezept Baiser

Übriges Eiweiß können Sie ganz einfach zu süßem Baiser verarbeiten. Für 4 Portionen 2 Eiweiße mit 1 Prise Salz und 1 kleinen Spritzer Zitronensaft schaumig aufschlagen. Nach und nach 100 Gramm feinsten Zucker einrieseln lassen, bis er sich aufgelöst hat und die Creme glänzt. Mit einem Esslöffel oder Spritzbeutel kleine Eischneetupfer auf einem mit Backpapier belegten Backblech verteilen. Die Baisers im vorgeheizten Ofen bei 100 °C Umluft (120 °C Ober-/Unterhitze, Gas Stufe ½) etwa 1 ½ Stunden trocknen lassen. Herausnehmen und vollständig auskühlen lassen.

N 53° 4' 45.466" — O 8° 48' 6.097"

Küchenkunde Eismaschine

Wir Deutschen verzehren im Durchschnitt jährlich knapp acht Liter Speiseeis. Selbst gemachtes Eis wird in der Maschine um ein Vielfaches cremiger als handgerührtes, das ist leider so. Falls Sie in eine eigene Eismaschine investieren möchten, achten Sie darauf, dass das Modell das Eis über einen eingebauten Motor gefriert und nicht nur über einen Kühlakku aus dem Tiefkühlfach. So wird's garantiert lecker!

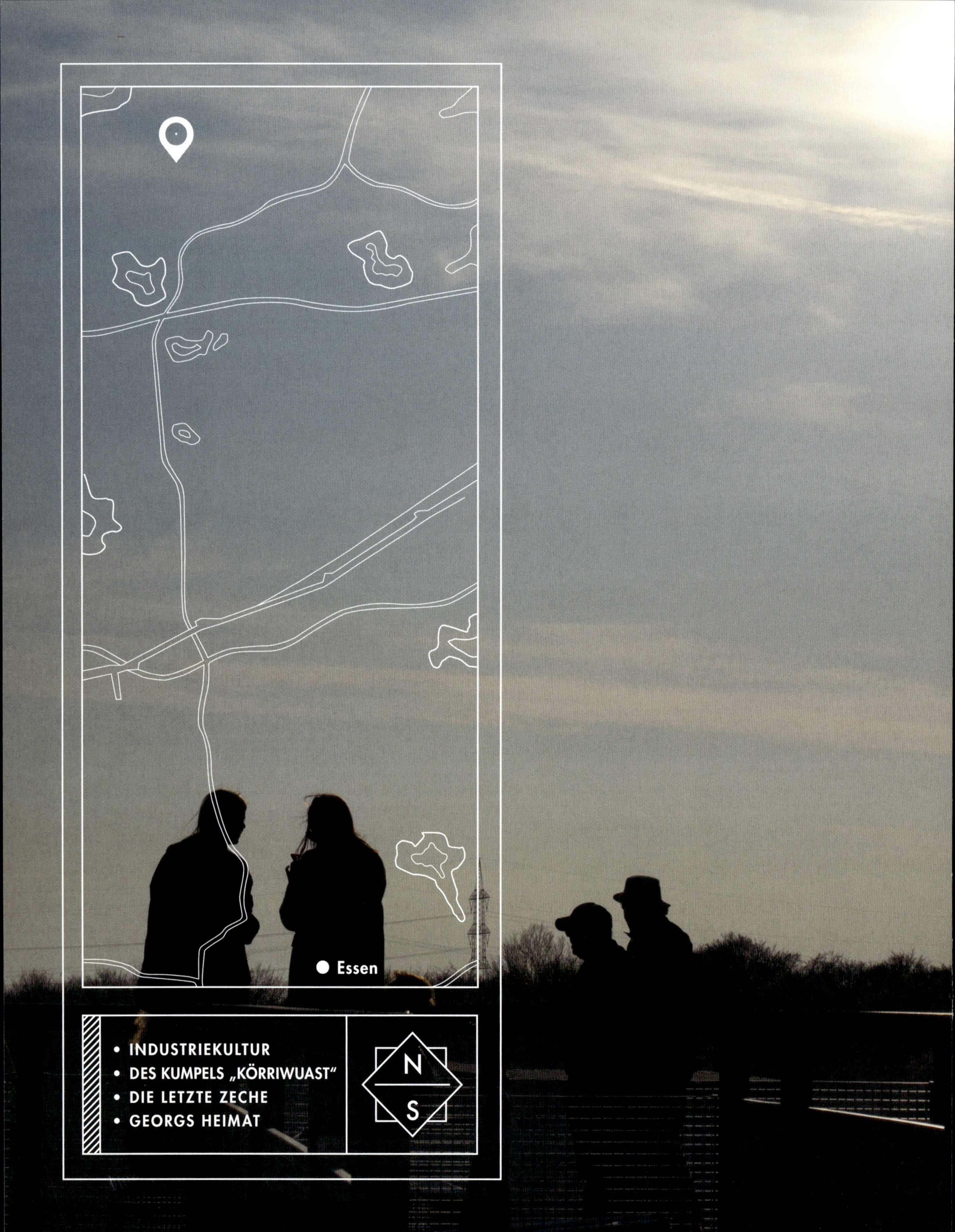

- INDUSTRIEKULTUR
- DES KUMPELS „KÖRRIWUAST"
- DIE LETZTE ZECHE
- GEORGS HEIMAT

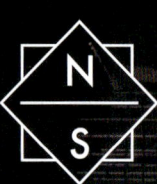

LOKAL – TOUR № 8

GLADBECK

■

DEUTSCHLAND IM APRIL

N 51°34'14.385" — O 6°59'7.411"

DAS RUHRGEBIET LEBT!

Diesen Reisebericht widmen Simon und ich ausdrücklich dem Ruhrgebiet und seinen Menschen! Hier spielte immer die Menschlichkeit die größte Rolle, das Zusammenleben und der Zusammenhalt, die Arbeit und der kleine soziale Kosmos rund um die Siedlung. Für uns war das an den zweieinhalb Tagen so stark spürbar, dass wir nicht nur von Bioprojekten und LOKALem, sondern vor allem von diesen tollen Menschen und der Geschichte des Ruhrgebiets erzählen möchten.

Zwischen Rhein, Ruhr und Emscher lief es gut, bis die Krise Ende der 1950er-Jahre begann – der Strukturwandel dauert bis heute an. Das betrifft mich besonders, denn das Ruhrgebiet oder – wie es heute so schön klangvoll heißt – die „Metropole Ruhr" ist gleichzeitig auch meine alte Heimat! Gladbeck liegt mittendrin. Hier hat Andreas Hoppe das LOKAL-Team freitags hingelost.

Wenn man in kulinarischer Hinsicht an das Ruhrgebiet denkt, fallen einem Currywurst und Pommes frites ein. Ja, stimmt, ist zwar nicht gerade Trennkost oder Low Carb, aber bis heute die Nationalspeise der Region. *Old habits die hard* … Wer im Ruhrgebiet aufgewachsen ist, trägt den knusprig-salzigen Geschmack der Pommes, klebend an einem Batzen leckerer Mayonnaise, und die Textur des in der Currysauce schwimmenden weißen Bratwurststückchens wie einen Chip im Hirn, den man nicht löschen kann. Nicht, dass es Drei-Sterne-Küche wäre, aber Nationalgerichte haben stets einen gewissen Kulturimpuls: Es gibt nämlich gute und schlechte Currysaucen, miese und leckere Bratwürste, knusprig-gehaltvolle und fade Pommes. Gutes und schlechtes Fett. Nette und doofe Pommesbudenbesitzer. Bei den Netten war die Bude Treffpunkt des Ortes,

In Gladbeck werden für Georg Kindheitserinnerungen wach.

da trank man auch ein Bierchen (Köpi oder in den Drei-Sterne-Pommesbuden Veltins), Coca-Cola, Mezzo Mix und Fanta. Die volle Zuckerdröhnung. Und 'nen Korn, den der Besitzer für die Kumpels als Absacker nach getaner Arbeit unter Tage im Kühlschrank hatte. Daneben gab es die italienischen Eisdielen im Sommer. Die vielen Einwanderer aus Italien haben Pizza, Pasta und eben Eiscreme mitgebracht – dem Himmel sei Dank!

Und auch wenn Ihnen dieser Zusammenhang jetzt im ersten Moment befremdlich erscheint – ein Stück Ruhrgebietsgeschichte ist das Entstehen der Discounter, auch wenn wir nicht mit allem einverstanden sind, was sie heute machen. Denn der gelernte Bäcker Karl Albrecht senior (1886–1943), Vater von Theo (1922–2010) und Karl (1920–2014) Albrecht, musste damals aus gesundheitlichen Gründen seine Arbeit aufgeben und machte sich darum im Frühjahr 1913 als Brothändler selbstständig. Zeitgleich eröffnete seine Ehefrau Anna Albrecht unter dem Namen ihres Mannes einen Tante-Emma-Laden in Essen. Es gab Wein aus Fässern, Zucker und Mehl aus

Säcken, Plastikverpackungen gab es damals allerdings noch nicht. Verkäuferinnen bedienten die Kunden persönlich, denn Selbstbedienung war zu dieser Zeit noch völlig unüblich. Bei Schweisfurth, den Metzgereien meines eigenen Großvaters, wurden 1953 die ersten Selbstbedienungstruhen eingeführt, und zwar in der Filiale in Dortmund. Der Edeka-Verbund begann 1954 mit der Umrüstung auf Selbstbedienung. Das war auch irgendwie der Anfang des Verpackungswahnsinns von heute – damals ahnte das natürlich noch niemand! Das viele Plastik, das damals als supermodern und erstrebenswert angesehen wurde, schafft uns heute große Probleme. Wussten Sie zum Beispiel, dass das Plastik von Einkaufstüten 100 bis 500 Jahre benötigt, um sich abzubauen, sofern es nicht recycelt wird? Das ist ökologischer Wahnsinn! Probleme mit „Errungenschaften", die für die Moderne stehen, treffen wir ja ganz ähnlich in vielen anderen Bereichen an. Da müssen wir nur an die industrielle Landwirtschaft und die Massentierhaltung denken! Hier findet ein riesiger Energie- und Ressourcenverbrauch statt, bis das Essen auf unserem Teller landet! Und die Tiere stecken zu 95 Prozent ihr Leben lang in engen Ställen. Legal, wohlgemerkt … Doch zurück zum eigentlichen Thema: Sie sehen, der Pott ist quasi die Wiege des modernen Supermarkts und Discounters. Aber natürlich lag das „Kerngeschäft" immer in den Bereichen Bergbau und Stahlerzeugung.

Herten war früher die „größte" Bergbaustadt der Welt, denn über 90 Prozent der männlichen Bevölkerung arbeiteten im Bergbau. Da waren alle stolz drauf. Klar, die zweitgrößte Zeche der Welt stand in Herten: Ewald – in der Spitzenzeit (das war 1943, als die Kriegswirtschaft in vollem Gange war) wurden hier 4 000 Tonnen Steinkohle *pro Tag* abgebaut. Eine gigantische Maschinerie war dafür nötig. Wenn Sie wie wir vom LOKAL-Team vor dem riesigen, imposanten Förderturm von Ewald stehen, sind Sie ganz sicher ähnlich beeindruckt. Diese unglaubliche Technik, vor der wir Menschen wie kleine Puppen wirken und die wir dennoch beherrschen. Kein Wunder, dass der Stolz des Ruhrgebietsbergmanns legendär ist!

Gladbeck im Herzen des nordwestlichen Ruhrgebiets

Wir fahren den ganzen Abend hindurch und landen kurz vor Mitternacht endlich an einem kleinen Hotel, dem „Chillten" in Bottrop, fünf Kilometer südwestlich von Gladbeck, das Lisa gefunden hat und wir alle für gut befunden haben. Ist ja doch ein weiter Weg, und wir sind, trotz sich breitmachender Müdigkeit, gleich beeindruckt von den Feuer speienden Industrieanlagen der Kokerei Prosper nebenan im Süden, im

Westen die riesige Skihalle, die jeder wintersportbegeisterte Ruhrgebietler kennt, der nicht den weiten Weg in die Alpen auf sich nehmen kann oder will. Alles hier ist auch mitten in der Nacht lebendig und beleuchtet …

Gladbeck liegt im nördlichen Ruhrgebiet, gleich an der A 2. Herten, meine Heimatstadt, nur elf Kilometer östlich davon! Gelsenkirchen im Südosten, die Arena „Auf Schalke" gleich an der A 42, dem Emscherschnellweg, der seinen Namen von dem kleinen Flüsschen Emscher hat, das gemeinsam mit der Ruhr weiter im Süden das alte Ruhrgebiet von Duisburg bis Dortmund einrahmt.

Nördlich von Gladbeck und an der Lippe ist Dorsten, hier beginnt das Münsterland. Im Süden befindet sich die alte Schwerindustrie, bestehend aus Fördertürmen, Schlackehalden und Hochöfen. Ich kenne diesen vertrauten Blick über die grau-schwarzen Landschaften aus der Jugend. Heute leuchtet alles grün – das alte Ruhrgebiet ist völlig zugewachsen. Eine grüne Lunge. Vorbei die alten Geschichten verrußter Gebäude, schwarzer Staubschichten auf allem,

was draußen stand, vorbei das schwarze Waschwasser beim Haarewaschen, wie es in den 1960er-Jahren war und wie ich es noch erlebt habe. Geblieben ist, dass die Menschen im Ruhrgebiet einfach nett und häufig nicht so reserviert sind wie in anderen Teilen Deutschlands. Verallgemeinerungen sind eigentlich untersagt, aber es fällt auf, dass wir während der ganzen LOKAL-Tour immer wieder unglaublich herzliche, lebendige, hilfsbereite, aufgeschlossene und irgendwie auch bescheidene Leute treffen. Der Pott-Ausdruck „Wat wolln se?" ist kein Zeichen von Desinteresse, sondern eine kumpelhafte Art, seine Hilfsbereitschaft zu zeigen. Das erleben

wir gleich in der Nacht unserer Ankunft, der Code für das Schlüsselfach beim Hotel funktioniert nicht und Lisa muss telefonieren, um das zu klären. Am Telefon wird trotz der späten Stunde gelacht und es macht der Dame am anderen Ende der Leitung nichts aus, uns so spät noch zu helfen. Endlich sind wir drin und beziehen unsere besonderen Zimmer mit Blick auf erleuchtete Halden und wechselnde Feuersbrunst.

Gleich am nächsten Morgen beim Frühstück geht die Verortung los. Was gibt es hier? Der „Bioland-Hof Deiters" in Schermbeck ist mit 16,9 Kilometern zu weit weg, die „Ackerhelden" in Dorsten, die Parzellen für Hobbygärtner aus der Stadt verpachten, sind 19 Kilometer, also noch weiter entfernt, der „Biolandbetrieb Enninghorst" in Duisburg liegt mit 18 Kilometern ebenfalls außerhalb unseres Radius – schade! Wir haben dennoch das Gefühl, dass es hier für uns viel gibt.

Simon hatte am Tag zuvor schon „Spickermanns Bioladen" in Bottrop aufgetan und angerufen. Bernadette Müting-Spickermann war von unserem Plan direkt begeistert und bot uns an, gleich zu Beginn am Montag bei ihr im Laden aufzuschlagen. Das erweist sich als DIE Superlösung, denn Bernadette und ihr Mann Christoph sind nicht nur großartige LOKAL-Führer für Bioprodukte und das Ruhrgebiet überhaupt, sondern sie werden uns als wirklich außergewöhnliche Freunde die ganzen zwei Tage lang begleiten. Neue Freunde – und das ist die schönste Erfahrung unserer Touren – findet man durch die gemeinsame Weltanschauung schnell.

Station 1: „Spickermanns Bioladen" in Bottrop

Nach Ankunft am Bioladen, der 7,7 Kilometer von Gladbeck entfernt liegt, bekommen wir erst einmal einen Kaffee – selbstverständlich in Bioqualität. Wir starten zum Tourauftakt direkt mit einem kleinen Video von Bernadette vor den Gemüseregalen. Und das geht so locker von der Hand, dass das Video im ersten Anlauf etwas wird. Ein Take, und der Film ist im Kasten! Gepostet! Lisa ist da schnell.

Mit Spickermanns begegnen uns wieder Menschen, die über Umwege zu dem gekommen sind, was sie heute tun: Bernadette war bis vor sechs Jahren Unternehmensberaterin und arbeitete lange bei Mannesmann in der Abteilung Firmenzukäufe! So war sie viele Jahre in der ganzen Welt unterwegs, um Unternehmen unter die Lupe zu nehmen und Verträge zu verhandeln. Ein harter Job. Mit der Auflösung von Mannesmann war auch ihre Zeit dort abgelaufen. Ihre Erzählungen von damals erinnern mich an Alexandra und Oliver Kaminek aus Wien (siehe Seite 173 ff.), die ihr internationales Leben gegen ein Leben auf dem Biohof des Großvaters eingetauscht haben.

Bernadettes Mann Christoph ist von Haus aus Maschinenbauingenieur (und Jäger!). In der Kokerei Zollverein in Essen war er der letzte Instandhalter, bevor die Zeche dichtgemacht wurde. Beide also Menschen wie viele andere auch, die mit dem Strukturwandel im Ruhrgebiet gezwungen waren, ihr Leben umzukrempeln. „Wenn die alten Industrien mitsamt ihren vielen Arbeitsplätzen wegbrechen, gibt es nur zwei Wege", sagt Bernadette, „entweder durchhängen und Arbeitslosen- und Sozialhilfe abholen oder sich auf die Hinterbeine stellen und etwas Neues wagen." Da beide gestandene Persönlichkeiten sind, viel Kraft und Energie haben und mit einem Herzen für bio ausgestattet sind, haben sie sich für

den Weg der Selbstständigkeit entschieden. Mit dem Biogroßhändler Weiling im Münsterland schlossen sie eine Partnerschaft und bauten sich einen neuen Laden mit viel Biofrische, sogar einer Fleisch-, Wurst- und Käsetheke auf – hier gibt es alles, was man täglich braucht. „In der Region gibt

Links: Georg bringt mit seinen Zeich-
nungen das Wichtigste auf den Punkt.

Rechts: Bernadette Spickermann hat
sich nach Umwegen ihren Traum erfüllt.

es fast nur Kaufland", sagt Bernadette, „da brauchte es einen vernünftigen Bioladen." Und das war nicht wenig mutig: „Im Vorort einer mittelgroßen Ruhrgebietsstadt einen Bioladen aufzumachen, erfordert Einsatz!" Mit Mund-zu-Mund-Propaganda und Face-book lief es dann auch allmählich an. „Am Anfang machten wir null Umsatz!" Ber-nadette und Christoph richten uns ein le-ckeres zweites Frühstück in ihrem kleinen Biobistro her, es gibt Wurst, Käse, Mar-melade, Eier … Wir alle sitzen um einen großen Tisch herum. Langsam trudeln die ersten Kunden des Tages ein, alle werden herzlich begrüßt, manche haben Fragen, und sofort springt einer der beiden auf, um die Kunden zu beraten.

Auf die Frage, wie denn die bäuerliche Struktur hier im Norden des Ruhrgebiets sei, antwortet Bernadette: „Ganz jun-ge Bauern gibt es gar nicht mehr. Junge Bauern sind heute schon um die 40 Jahre alt. In Gladbeck selbst gibt es sowieso nur noch fünf Bauern. Die jammern, weil sie nur 25 Cent für den Liter Milch bekom-men – und wundern sich, was wir hier ma-chen." Dass die Preise für Biomilch nicht nur wesentlich stabiler sind und um bis zu 50 Prozent höher liegen, wird nicht so richtig wahrgenommen. Deswegen ändern sich diese Bauern auch nicht. Irgendwann geben sie auf, weil die Löhne in der Land-wirtschaft derartig miserabel sind. Und

das ist schade, denn jeder Bauernhof, der verloren geht, ist für immer weg.

Die Metropole Ruhr, in deren Norden wir uns befinden, ist mit einer Gesamtfläche von 4 435 Quadratkilometern und über fünf Millionen Einwohnern der größte deutsche Ballungsraum. Insgesamt 53 Kommunen mit vier Kreisen und elf kreisfreien Städ-ten teilen sich dieses Areal. Hier lebt man dicht an dicht, die verfügbare Fläche ist limitiert. Darum erstaunt es Sie jetzt vielleicht auch, wenn ich Ihnen erzähle, dass trotz der Einwohnerdichte noch fast 40 Prozent des Gebiets landwirtschaftliche

Nutzflächen sind. Im Vergleich dazu liegt der Anteil an Landwirtschaftsflächen im Raum Frankfurt bei lediglich rund 15 Prozent, Wien kommt gerade einmal auf 13,5 Prozent. Ich sage hier ganz bewusst „noch", weil die Städte und Großstädte gerade in den Ballungszentren sich immer weiter verdichten und landwirtschaftlich nutzbare Flächen nach und nach verdrängen. Wesentlich stärker zu beobachten ist eine derartige Entwicklung in schneller wachsenden Städten wie Hamburg, Berlin, München oder Köln als beispielsweise in Bremen, Frankfurt oder Heilbronn, wo wir dieses Problem aber auch beobachten konnten (siehe Seite 50 f.). Die urbane Landwirtschaft in und am Rande städtischer Verdichtungsräume stellt eine besondere Herausforderung dar. Hier sind also auch weitsichtige stadtplanerische Aktivitäten gefragt, um langfristige Lösungen zu suchen und zu finden. Wie in anderen Ballungsräumen auch, so ist die Zersplitterung der Flächen im Ruhrgebiet ein großes Problem der Betriebe. Die Flächen der Metropole Ruhr werden von etwa 4 500 Betrieben bearbeitet. Der Pachtflächenanteil ist dabei im Ruhrgebiet besonders groß, die Laufzeiten für die Pacht sind zum Teil extrem kurz und oft sogar nur einjährig. Und während die Nachfrage nach Bioprodukten hier wie in anderen Gebieten stetig steigt, liegt die Quote der ökologisch wirtschaftenden Betriebe nach wie vor bei nur knapp über zwei Prozent auf einem Flächenanteil von bloß etwas mehr als 3 000 Hektar. Im Vergleich dazu: Der entsprechende Anteil an Biobetrieben liegt in Gesamt-NRW bei über 3,5 Prozent. Die Umstellung eines Betriebs auf ökologische Landwirtschaft birgt neben Chancen leider auch immer unternehmerische Risiken – dass man als Biobauer in der Anfangsphase einen etwas längeren Atem und dauerhaft viel Idealismus braucht, haben wir bei jeder unserer Reisen erfahren. Die nur auf kurze Dauer angelegten Pachtverträge stellen für die Bauern neben allen anderen Schwierigkeiten tatsächlich ein großes Investitionshemmnis dar. Auf der anderen Seite macht die große Nähe zum Verbraucher gerade die urbane ökologische Landwirtschaft auch attraktiv. Das spart – wie wir es bei unseren Biodirektvermarktern schon häufig gesehen und erwähnt haben – Transport-, Kühlungs- und Lagerungskosten. Es ist aber natürlich nur ein Grund, warum der Trend auch hier langsam wieder zur regionalen Wertschöpfung zurückfinden muss. Wichtig ist, dass sich die Landwirtschaftskammern, die Politik und die Gemeinden selbst mit noch mehr Aufklärungsarbeit und Förderungsmöglichkeiten einbringen. Denn wir finden, gerade dort, wo viele Menschen auf engem Raum leben, ist es noch wichtiger als im ländlich geprägten Raum, trotz intensiver Ressourcennutzung für den Erhalt einer gesunden Umwelt mit wenig Pestiziden und Umweltrisiken sowie für die Möglichkeit zu einem Leben im Einklang mit der Natur zu sorgen.

238

Ordnung in der Umkleide
von „Rotthoffs Hof"

Auf Zeche Prosper-Haniel in Bottrop!

Spickermanns leisten ihren Beitrag dazu, aber leider können wir ja nicht einfach bei ihnen einkaufen ... Bernadette empfiehlt uns einen Besuch bei „Rotthoffs Hof" in Bottrop-Kirchhellen, einem Biohof für Menschen mit Behinderung. Doch auf dem Weg dorthin wollen wir die letzte noch arbeitende Zeche des Ruhrgebiets besuchen, die Zeche Prosper-Haniel, die 2018 geschlossen werden wird. Diese Zeche ist die letzte Bastion des Mythos, dass es eines Tages doch noch weitergehen könnte mit der Kohle. Argument der Kumpels und der RAG, der Ruhrkohle AG, war immer, dass wir uns mit heimischer Kohle vom Erdölimport unabhängig machen könnten. In Zeiten wie heute jedoch, wo immer weniger Kohle verstromt werden muss, da Sonnen-, Wasser- und Windkraft, die wir umsonst haben, für immer reichlicheren und billigeren (!) Strom sorgen, und auch neue nachhaltige Lösungen für die Wärmeerzeugung wie die Geothermie zunehmen, schwindet die Hoffnung der Bergleute allmählich. Der Weg zurück ist versperrt, denn Strom und Wärme aus nachhaltigen Quellen sind günstiger – Solarstrom kostet drei Cent pro Kilowattstunde! – und ökologisch sinnvoller, da keinerlei CO_2 freigesetzt wird. Die massiven Bergschäden an Gebäuden, die man hier noch manchmal sieht, werden dann auch ein Ende haben.

Streng genommen wird auf Prosper-Haniel schon heute nicht mehr gefördert, denn der Förderturm wird nur noch zum „Einfahren" von Bergleuten, Maschinenteilen und Flöz-Baumaterial genutzt. Steinkohle gefördert wird im nahen Schacht 10, der aber zu Prosper-Haniel gehört. Wir müssen unbedingt versuchen, am besten auf dem Zechengelände einen guten Platz für unsere Kochshow am Dienstag zu bekommen! Also marschieren wir nach Passage des Drehtors samt Gegensprechanlage schnurstracks in die Verwaltung des Bergwerks. Wir trauen uns. Man muss ein bisschen unerschrocken sein, wenn man auf der LOKAL-Reise etwas erreichen will, schließlich suchen wir noch einen Ort zum Kochen! Es wäre natürlich höchst originell und auch ein bisschen frech, am Nachmittag die von der Arbeit kommenden Kumpels mit einem frisch gekochten LOKALen Menü zu verpflegen! Am besten mit den Fördertürmen und der Halde im Hintergrund, und die Kumpels im Blick noch vor der Dusche, schwarz, wie sie sind! Doch das ist leider ein zu frommer Wunsch! Obwohl wir nach wenigen Fragen mit dem Pressesprecher der Zeche zusammengeführt werden. Der ist absolut nett und würde uns gerne helfen, muss das aber mit der obersten Leitung der RAG absprechen. Darum ist es unmöglich, in der Kürze der Zeit eine Genehmigung zu bekommen. Auch unsere Überredungskünste fruchten nicht – wobei er sich recht gern überreden lassen würde, haben wir den Eindruck! So machen wir uns wieder auf den Weg.

Station 2: „Rotthoffs Hof" in Bottrop-Kirchhellen

Bernadette führt uns zu „Rotthoffs Hof" in Bottrop-Kirchhellen, 7,6 Kilometer von Gladbecks Zentrum entfernt. Wir fahren alle gemeinsam in unserem geräumigen

Bus dorthin. Der Hof wurde vor vielen Jahrzehnten von der Diakonie übernommen, um für Menschen mit Behinderung einen dauerhaft geschützten Arbeitsplatz

zu schaffen. Hier gibt es nicht nur einen Hofladen, Naturland-zertifizierte Biolandwirtschaft, Gartenbau und Tierpflege, sondern der Hof bietet Dritten auch Unterstützung beim Garten- und Landschaftsbau außerhalb der Einrichtung an, es gibt einen hauseigenen Cateringservice, eine

Hauswirtschaftsabteilung und einen Betrieb für therapeutisches Reiten. Das schöne Gebäude, das zur Einrichtung gehört, besteht aus dunkelbraun-schwarzen Ziegeln sowie großen grünen Toren und Türen. Alles Alte hier gibt es seit 150 Jahren. Und alles ist wunderbar in Schuss, sauber und ordentlich, nichts steht oder liegt herum.

Sabine Ridderskamp, die sympathische Leiterin des Hauses und des sogenannten begleitenden Dienstes, also verantwortlich für die sozialpädagogische Betreuung der Menschen, die hier arbeiten, empfängt uns. Wir – Lisa, Simone, Simon, Toby und ich – sind wirklich ganz gespannt, was es hier zu finden geben wird, denn mit einem Teil unserer Gedanken sind wir natürlich bereits bei unserem Menü am Dienstag. Schließlich ist schon Montagnachmittag, und bis zu unserem Koch-Event am nächsten Tag ist es nicht mehr lange hin! Gut, dass es hier noch Kartoffeln vom letzten Jahr gibt, zwar schon teilweise schrumpelig und austreibend, aber noch fest genug für einen schönen Stampf und sehr schmackhaft (Rezept siehe Seite 262).

Sabine Ridderskamp führt uns über den Hof. Erst einmal geht es hinein in den Bioladen, den alten Wohnbereich des Bauern Rotthoff! So etwas hat die Welt noch nicht gesehen: Alle alten Tapeten kleben noch an den Wänden, die betagten Gardinen hängen vor den Fenstern, die alten Holzfußböden sind intakt! Wir laufen von Raum zu Raum, durch das Haus in jedem ein neues Thema! Im Wohnzimmer wartet natürlich das Gemüse! Es beeindruckt uns, wie man mit wenig Aufwand, aber viel Liebe so etwas Originelles und Individuelles schaffen kann, bei dem jedem das Herz aufgeht.

Links: Sabine Ridderskamp zeigt uns den gesamten Hof.

Oben: Hier können die Hennen rennen. Gut zu sehen, wie viel Auslauf die Tiere hier haben.

Wir laufen weiter zur Packhalle, dahinter liegt der Kartoffelkeller. Alles ist ziemlich neu, aber nicht gigantisch, sondern schön in die Landschaft integriert, teilweise mit begrünten Dächern. Und die Mitarbeiter begrüßen uns neugierig. Es macht wirklich Spaß hier und wir sind begeistert über die Offenheit und Freude, mit der uns alle empfangen und herumführen.

Weiter geht es hinüber zu den Schweinen, die eng an eng in der Sonne liegen, dann aber doch interessiert aufspringen. Als Nächstes kommen wir zu den Pferdekoppeln. Während wir in der Sonne stehen und Frau Ridderskamp uns viel erzählt, zupfen die Pferde an unseren Haaren. „Ich plane jeden Tag für die Menschen hier am Hof, vermittle bei Konflikten, schaue, dass alles rundläuft und jede beziehungsweise jeder seinen Platz gut füllt", berichtet sie. „Wir haben außerhalb WGs, in denen die Leute leben. Manche wohnen eigenständig bei ihren Familien oder in anderen Einrichtungen." Das therapeutische Reiten ist für alle, auch für Externe. „Es gibt fünf Gruppen, die außerhalb der Einrichtung Garten- und Landschaftsbau betreiben, also vor allem Pflegemaßnahmen durchführen, aber auch ab und an eine neue Anlage gestalten." Die Dienstleistung solcher Einrichtungen für externe Betriebe ist ein neuer Aspekt, der war uns in Mariaberg (Seite 19) oder Bremen (Seite 207 ff.) bislang noch nicht begegnet.

Kathrin Seewald ist Gruppenleiterin Gemüsebau, wie es hier so schön heißt, und wir treffen sie bei den Gewächshäusern mit einigen ihrer Mitarbeiter. Allein sie hat 16 Leute unter sich. Kathrin ist gelernte Gärtnermeisterin in der Fachrichtung Gemüsebau. Und jetzt im April ist hier tatsächlich doch schon einiges zu finden: Bischofsmütze, Zucchini, runde Zucchini, grüner Hokkaido und jede Menge Kräuter. Hurra! Wir nehmen mit, was immer wir mitnehmen dürfen!

„Der Gemüsebau ist eine wohltuende Arbeit für psychisch und geistig behinderte Menschen", erklärt Frau Ridderskamp, als wir weiterlaufen. „Draußen finden die Menschen eine sehr befriedigende Arbeit in der Natur, der Heileffekt ist so am höchsten. Sie arbeiten auch schon mal drinnen, aber so oft wie möglich im Freien."

Danach besuchen wir die Legehennen. Eine ganze Herde lustiger brauner Hühner läuft mit lautem Gegacker auf uns zu. „Essen ist fertig!", signalisiert es ihnen wohl, wenn Menschen sich nähern! Die Hühnerwagen, zwei an der Zahl, sind wunderbar gestaltet und innen nach allen Regeln der Kunst selbst ausgebaut: Sitzstangen, Nester, Scharrraum – es fehlt den Hühnern an nichts. „Fertige Hühnermobile kosten 30 000 Euro, das können und wollen wir uns nicht leisten", sagt Sabine Ridderskamp. Solche Wagen hatten wir schon in Bremen bei der „Hofmolkerei Dehlwes" (siehe Seite 214) gesehen – aus dieser Perspektive und mit dem Wissen um die Kosten ist es noch einmal beachtenswerter, wie viel finanzielles Risiko diese Menschen auf sich nehmen – das Geld will erst einmal wieder verdient werden. Aber mit der nötigen Manpower geht selbst gebaut eben auch. Und wie! Es ist eine Freude, die vielen Hühner anzusehen und sie auf den Arm zu nehmen. Toby hat alle Hände voll zu tun, das alles mit seiner Kamera einzufangen. Eva, die hier für die Hühner zuständig ist, strahlt. Die Sonne scheint, ein leichter Wind geht von Westen, aber warm. War das in meiner Kindheit auch so, dieses Licht, der Geruch, diese weiche Luft, weicher als im Süden?, frage ich mich.

„Die Menschen, die bei uns tätig sind, entscheiden sich oft ganz bewusst für die Arbeit im Freien", sagt Sabine Ridderskamp. „Der sinnstiftende Umgang mit Tieren und Pflanzen hat eine sehr positive Auswirkung auf die Menschen", erklärt sie uns weiter. „Den Kreislauf der Natur aktiv mitzugestalten, das ist heilsam."

Wir fragen, wie die Menschen hierherkommen und wer die Auswahl trifft. Sabine erklärt uns, dass ihre Mitarbeiter häufig als Kinder im integrativen Freizeitangebot schon den Hof kennenlernen. Sie machen vielleicht schon ein Praktikum. „Die sind schon früh im Leben hier. Die Bottroper Werkstätten nehmen alle auf, die kommen möchten, denn wir sind für den Menschen da. Der Hof ist oftmals bereits ein alter Bekannter, wenn sie ihre Arbeitskarriere hier beginnen." Der „Landschaftsverband Westfalen-Lippe" ist der Träger von „Rotthoffs Hof".

Wir bekommen noch Gänse, packen unsere Siebensachen zusammen, verabschieden uns mit Umarmungen – was bei den Bios genau wie das Duzen üblich ist – und setzen uns in Richtung Schloss Herten in Bewegung, wo wir später Mia und Werner Schneider sowie Margarethe und Siegfried Gnichwitz treffen – alte Bekannte von mir, mit denen wir uns verabredet haben! Mal sehen, was die uns so erzählen. Auf dem Weg dorthin holen wir aber noch Honig ...

Station 3: „Bioland-Imkerei Berghane" in Gelsenkirchen

Ralf Berghanes Bioland-zertifizierte Imkerei befindet sich 5,8 Kilometer von Gladbeck entfernt auf einer weitläufigen Streuobstwiese mit einem Stall ... Aber anstelle von Bienen empfangen uns zunächst etwa zehn Shropshire-Schafe, eine altenglische Hausschafrasse, als wir alle mit Ralf die Wiese betreten. Mitten im Grünen entdecken wir dann die etwa zehn Bienenkästen.

Eigentlich wollten wir nur schnell einmal vorbeischauen, denn die Zeit läuft: Heute Abend nach unserem Besuch in Herten möchten wir bei Bernadette und Christoph im Laden in Bottrop noch unbedingt das Essen vorbereiten. Und eine Location für morgen haben wir auch immer noch nicht. Aber von Ralf, bei dem wir uns eine gute halbe Stunde aufhalten, wollen wir gar nicht mehr weg ... Warum, fragen Sie sich? Na, ist doch ganz klar: Im Hintergrund liegt das riesige und nicht gerade schöne Stadion „Auf Schalke"! Nein, Spaß beiseite, wir fühlen uns hier so wohl, weil Ralf – das spürt man direkt – ein besonderer Mensch ist, wahnsinnig nett und begeistert von LOKAL, aber auch mit ziemlich viel Tiefgang, wenn er erzählt. Er verrät uns, dass die Imkerei eigentlich sein Hobby ist. Auf die Insekten ist er erst vor ein paar Jahren gekommen, bewegt durch das schreckliche Bienensterben. Zum großen Teil schuld am Bienensterben ist die Varroamilbe, aktuell der große Feind der kleinen Honigproduzenten. Inzwischen sterben in der kalten Jahreszeit jährlich zwischen zehn und 30 Prozent der deutschen Honigbienenvölker! Vor allem in milden

244

Ganz oben: Georg, Ralf und Simon mit Visier

Oben: Wer findet die Königin?

Wintern vermehrt sich der aus Asien stammende Parasit in der Bienenbrut, ernährt sich von ihrem Blut und überträgt dabei gefährliche Viren. In der Folge wachsen die Bienen nicht mehr normal, ihre Flügel können verkrüppeln und sie sterben früher. Ein wirklich wirksames Mittel zur biologischen Milbenbekämpfung ist immer noch nicht gefunden. Zwar setzen Imker organische Substanzen wie Ameisensäure ein, die sind allerdings auch nicht sicher wirksam. Darum müssen andere Ansätze her, und das am besten schnell. Am „Länderinstitut für Bienenkunde" in Hohen Neuendorf bei Berlin forscht man beispielsweise gerade mit Bienen, die Milben riechen können und sich durch Reinigen der Waben, also ihren eigenen Putzinstinkt, selbst gegen die Parasiten zur Wehr setzen. Aber die Varroamilben sind nicht allein schuld am Bienensterben, auch wenn das Verantwortliche in Politik und Agrarchemie-Lobby gern so darstellen. Ja, genau, wir meinen hier die Pestizide aus der Gruppe der Neonicotinoid-Insektizide, denn erwiesenermaßen wirken manche dieser Pflanzenschutzmittel auch auf die Bienen wie ein Nervengift, schwächen ihren Orientierungssinn und das Immunsystem. Als Konsequenz daraus hat die Europäische Union 2013 bereits den Gebrauch umstrittener Insektizide stark eingeschränkt beziehungsweise für die Behandlung von Saatgut im Boden und beim Besprühen von Pflanzen weitgehend verboten. Aber das reicht natürlich nicht aus. Und falls sich die letzten Zweifler nun noch fragen, warum es – abgesehen vom Fehlen des süßen Brotaufstrichs – eigentlich so schlimm wäre, wenn es keine Bienen mehr gäbe, dem sei dies auch noch rasch erklärt: Bienen sind für den Menschen

Links: Ralf Berghane und seine Bienen der Rasse Carnica

Rechts: Der Schlosspark in Herten lädt zum Verweilen ein.

das drittwichtigste Nutztier, denn die kleinen Tiere haben großen Einfluss auf unser Ökosystem. Sie bestäuben rund 80 Prozent aller Pflanzen, auch Nutzpflanzen wie Obst und Gemüse. Und wo nicht bestäubt wird, findet keine Fortpflanzung statt. Ihr Aussterben wäre für Menschen wie Umwelt also fatal. Manche Forscher gehen sogar so weit zu sagen, dass die Menschen innerhalb weniger Jahre aussterben werden, wenn es keine Bienen mehr gibt. Der Kampf gegen das Bienensterben ist alles andere als gewonnen und hier sind wieder einmal wir alle gefragt und gefordert, denn es ist dringend Zeit, wirklich umzudenken!

Genau das hat Ralf getan, der eigentlich und hauptamtlich als Pädagoge mit Kindern und Jugendlichen zusammenarbeitet. „Wenn die Kinder kommen, mache ich die Bienenstöcke auf, dann dürfen sie die Waben halten, die voll mit Bienen sind!" Das muss ein Riesenerlebnis für die Kleinen sein. Und tatsächlich kommen auch wir alle in diesen Genuss, nachdem uns Ralf mit Schutzkleidung ausgestattet hat, selbst Fotograf Toby trägt welche ... wobei man sie eigentlich nicht wirklich braucht. Denn

die Bienen aus der Rasse Carnica, auch als Krainer oder Kärntner Biene bekannt, sind eine natürlich entstandene Unterart der Westlichen Honigbienen und ausgesprochen zahm. Das haben wir schon in Frankfurt, Wien und Bremen gehört und merken es hier ganz deutlich selbst, denn die Bienen krabbeln beim Halten der Waben über unsere Hände, ohne sich gestört zu fühlen. Und weil sie nicht so aggressiv sind wie früher die Nigra, die dunkle Europäische Biene, hat die Carnica diese nördlich der Alpen inzwischen auch fast vollständig verdrängt.

Ralf sagt, wir sollen doch einmal die Königin suchen, und Simon findet sie gleich. Lisa hält alles mit der Kamera auf ihrem Handy fest. Wie schon Michael Dreyer in Bremen (siehe Seite 210 ff.), so spricht auch Ralf vom wesensgerechten Umgang mit Bienen. Es bedeutet ihm viel, Erwachsene und Kinder für das Leben der Bienen zu begeistern. Mit solchen ähnlich denkenden Menschen wie Ralf – und wie mit den vielen anderen auf unseren Touren – macht es Spaß und Sinn, sich zu verbinden! Es ist spannend und befriedigend, den Bienen nahezukommen, deren Honig man isst. Das sollten Sie auch tun!

Wir müssen wohl oder übel weiter, den ergatterten Honig unter dem Arm! Auf geht's nach Herten, von hier aus sind es nur drei Kilometer bis zum Schlosspark!

Station 4: Schlosspark in Herten

Im Schlosspark in Herten treffen wir Mia und Werner Schneider mit Margarethe und Siegfried Gnichwitz – es gibt ein großes Hallo zum Wiedersehen, an dem sich das ganze LOKAL-Team direkt beteiligt! Wir sind halt offene Leute, sonst könnte man so ein Kochexperiment auch gar nicht durchziehen!

Der Schlosspark war in meiner Kindheit mein Spielplatz. Damals war er verwunschen und verwachsen, das Schloss zur Hälfte eingestürzt, also eher Stoff, aus dem Kinder-(Alb)-träume sind. Es kostete immer Überwindung, über den Zaun zu klettern und sich bis zum alten Schloss hinüber durch die Büsche zu schlagen, immer den alten Fischteichen auf den kaum mehr sichtbaren Kieswegen folgend.

Dr. Siegfried Gnichwitz, einst Werbeleiter bei Herta, und seine Frau Margarethe sind enge Freunde der Familie. Werner Schneider ist der Familie Schweisfurth seit 1955 verbun-

den. Damals lebten mein Großvater und mein Urgroßvater noch! Siegfried, Geisteswissenschaftler durch und durch und mit viel historischem Wissen gesegnet, klärt uns auf. Das LOKAL-Team – wie so oft erlebt – hängt an seinen Lippen, weil er ganz wunderbar erzählt.

„Siegfried, erzähl uns über den Schlosspark", sage ich, und Siegfried legt los: „Im Ruhrgebiet, das keineswegs mehr eine rauchgeschwängerte und lärmgeplagte Industrielandschaft ist, gibt es naturhafte Oasen wie grüne Inseln im Meer der sich ständig ausdehnenden und zusammenwachsenden Städte. Eine besonders schöne Insel ist hier dieser Schlosspark, der Jahrzehnte sich selbst überlassen war, aber nun der Öffentlichkeit als Erholungsgebiet zur Verfügung steht." Wir flanieren in munterer Runde über die Wege, an ururalten Bäumen vorbei. „Dem Werden und Vergehen der Natur wird weitgehend Raum gewährt,

sodass sich eine Tier- und vor allem Pflanzenwelt wie von selbst entwickeln konnte", erklärt Siegfried. „Gärtner greifen hier nur behutsam ein. Der suchende Feinschmecker findet Pilze und Kräuter für seine Küche. Man muss nur die Augen offen halten und sich bücken, um für die Küche landsmannschaftliche Kräuter zu entdecken."

Nachdem wir auch den Innenhof des inzwischen schön renovierten Schlosses besichtigt haben und an den alten Fischteichen, wo ich früher so oft – und ehrlich gesagt nicht ganz offiziell – gefischt habe, vorbeigelaufen sind, fahren wir mit allerhand Kräutern wie Scharbockskraut und Giersch ausgestattet in die Innenstadt zur Eisdiele am alten Sankt-Antonius-Denkmal – ebender heilige Antonius, der das Vieh und den Hof schützt und darum meist mit dem Schweinchen zu Füßen abgebildet wird. Und dann geht's mit allen gemeinsam „auf Ewald".

Zeche Ewald in Herten

Die Zeche Ewald war seinerzeit die zweitgrößte Zeche der Welt, nur Zollverein in Essen war noch größer. Wir steigen auf die Halde gleich nebendran, die aus Schüttungen der Zeche entstanden ist. Das ist der beste Blick auf Schacht 7 mit dem riesigen, vielbeinigen grüngrauen Förderturm über der Halle aus dunkelrotem Backstein und Glas, einer wunderbaren und großzügigen Architektur ohne Schnörkel und sonstige Applikationen. Siegfried, der trotz seiner 89 Jahre beinahe leichtfüßig mit uns die Aussichtsplattform erklimmt, erklärt, was alles von hier aus zu sehen ist: der Gasometer in Oberhausen, der Tetraeder in Bottrop

248

Der suchende Feinschmecker findet im Hertener Schlosspark Kräuter für die Küche.

gleich neben Prosper-Haniel und, in der Nähe von Bernadettes Laden, das Flachglaswerk in Gladbeck mit seinen beiden hohen Türmen, die Arena von Schalke und ... und ... und.

Man muss sich einmal vorstellen, wie die Leute hier gelebt haben. Die Arbeiter gingen meist zu Fuß zur Zeche Ewald, die Siedlung mit Schule, Krankenhaus, Kirche und Zeche bildete einen Mikrokosmos, alles lief gut. Man lud sich gegenseitig zu Kaffee und Kuchen ein, saß abends in der Pinte, bei „'nem Kurzen und 'nem Langen", also Korn und Pils. Es gab ja noch kein Kulturangebot wie später in den 1950er-Jahren, als Theater, Opern und Museen im Revier entstanden, wie das wunderbare Schauspielhaus in Gelsenkirchen, heute das Musiktheater. Hochschulen und Universitäten wie die Ruhr-Uni in Bochum entstanden erst ab den 1960er-Jahren.

Heute ist vom Bergbau fast nichts mehr übrig, doch der Mythos ist geblieben. Und nicht immer war alles leicht, ging alles stetig aufwärts. Bereits im vorletzten Jahrhundert mussten Zechen immer wieder stillgelegt werden, weil die Kohle- und Eisenpreise fielen. Der Erste Weltkrieg war für das Ruhrgebiet ein „Segen", es wurde zur „Waffenschmiede Deutschlands": Durch die Produktion von Kohle und Stahl konnte der große Bedarf an Waffen und Brennstoffen gedeckt werden. Auch im Nationalsozialismus ab 1933 wurde das Ruhrgebiet wieder bedeutsam für die Rüstungs- und Kriegswirtschaft und produzierte auf Höchstniveau. Nach Ende des Zweiten Weltkriegs standen die Industrieanlagen zunächst still, doch das Land benötigte dringend Heizmaterial. So wurde der „Kohlenpott" die Keimzelle des Wiederaufbaus, des Wirtschaftswunders. Auf dem absoluten Höhepunkt wurden im Jahr 1957 im gesamten Ruhrgebiet 132 Millionen Tonnen Kohle gefördert und die Kohleförderung erreichte auch hier in Herten ihren Höhepunkt!

Auf diesen enormen wirtschaftlichen Aufschwung folgte 1958 die einsetzende „Kohlekrise", von der sich das Ruhrgebiet nie mehr richtig erholt hat. Die heimische Kohle wurde zunehmend durch Erdöl ersetzt. Zudem war sie teurer als Kohleimporte aus dem Ausland, weil hierzulande weitaus tiefer gebohrt werden muss, um an das schwarze Gold zu kommen. Gleichzeitig wurde der Transport über Meere und Flüsse immer billiger. Infolgedessen mussten bis 1963 bereits 31 Großzechen schließen. In den Jahrzehnten darauf gab es weitere zahlreiche Stilllegungen. Die Zahl von 400 000 Bergleuten unter Tage in den Hochzeiten Ende der 1950er-Jahre schrumpfte bis in die 1970er-Jahre auf die Hälfte. 1996 hatte der Bergbau gerade einmal noch 85 000 Beschäftigte, Ende 2007 schließlich noch 27 000.

Im Jahr 2002 förderten noch sieben Bergwerke im Ruhrgebiet Kohle. Im Jahr 2009 gab es nur noch vier. Heute ist es nur noch eines: Prosper-Haniel und Schacht 10. Staatlich subventioniert wird der Abbau von Steinkohle voraussichtlich noch bis 2018, danach ist dieses Kapitel in der Geschichte des Ruhrgebiets endgültig abgeschlossen. Dass das Ruhrgebiet so stark unter der Kohlekrise leidet, liegt daran, dass sich hier über 150 Jahre eine industrielle und gesellschaftliche Monostruktur aufgebaut hat, die einzig und allein von der Menge an Kohle und Stahl definiert war. Alternativenlos. Der erforderliche Strukturwandel ist noch längst nicht abgeschlossen.

Ein Urgestein erzählt – kulinarische Geschichte(n) aus dem Pott

Werner Schneider ist jetzt 81, aber er und seine Frau Mia radeln täglich durch Herten, wo sie seit 40 Jahren wohnen. Werner arbeitete bis zu seiner Pensionierung im Jahre 1998 bei Schweisfurth als Lieferwagenfahrer und später als Chauffeur meines Vaters Karl Ludwig. Er war als Aussiedler mit seinen Eltern und Geschwistern aus Schlesien nach Mecklenburg gekommen und hatte später Arbeit auf der Zeche in Kamp-Lintfort gefunden. Dann kam er durch seinen Bruder Paul, gelernter Metzger, der damals schon bei Schweisfurth arbeitete, zu uns.

Nachdem Werner die Zeche als Bergwerkslehrling selbst erlebt hat, kann er wunderbar erzählen, wie das Leben der Kumpels damals in den Anfängen so war: „Die ‚Knifte‘ war ja die Hauptnahrung unter Tage. Graubrot mit Butter und Marmelade, Schmalz oder Wurstaufschnitt." Was die Stulle in Berlin ist, ist die Knifte im Ruhrgebiet. Die war einfach zu transportieren, und „Mutti"

hat die gemacht – Mutti wurde die Ehefrau genannt, wenn es Kinder gab. Die Knifte vereinte Eiweiß, Kohlenhydrate und Fett, Trennkost war noch ein Fremdwort. „Sie wurde in einer Blechdose, der ‚Dubbeldose‘, mitgenommen, weil da unten viele Mäuse waren. Vielleicht nahm man noch ein paar saure Gurken und eingelegte Paprika mit, die sehr beliebt und importiert war durch die vielen Gastarbeiter aus dem ehemaligen Jugoslawien in den guten Jahrzehnten."

Die gesamte Küche im Ruhrgebiet hat viele Einflüsse unterschiedlicher Zuwanderer verarbeitet, die ihre Lebens- und Esskultur jeweils mitbrachten. Egal, woher man kam, im Pott wurde mit erhobenem Kopf „malocht", also wirklich körperlich schwer gearbeitet. Darum brauchten die Kumpels nicht nur unter Tage, sondern auch zu Hause

Ganz links: Siegfried Gnichwitz hat viel Wissen weiterzugeben.

Links: Mit den Eheleuten Gnichwitz und Schneider im Schlosspark

etwas Gutes zu essen. Werner erzählt weiter: „Der früher karge Lohn zwang die Hausfrauen, sparsam zu wirtschaften. Es waren einfache Gerichte, die immer wieder auf dem wöchentlichen Speiseplan standen: Pfannkuchen und dicke Bohnen, Schnippelbohnen mit Mettwurst und natürlich die Fleischwurst, von der stets ganze Ringe gekauft wurden. In den meisten Siedlungen im Ruhrpott haben die Häuser einen kleinen Garten, wo damals Gemüse angebaut wurde und es Platz für einen selbst gebauten Stall gab, damit sich die Arbeiter mit dem Nötigsten versorgen konnten. Hier lebten Hühner – vor allem der Eier wegen – und Kaninchen, für die die Kinder an den Wegesrändern Löwenzahnblätter suchten. Hier gab es auch mal eine Ziege oder ein Schaf, und wer etwas auf sich hielt, besaß ein Schwein. Schafe und Ziegen gaben Milch und Fleisch, die Kaninchen auch. An Feiertagen kamen dann Köstlichkeiten aus dem eigenen Garten und Stall auf den Tisch. Die kräftige Hühnersuppe und der Kaninchenbraten waren Höhepunkte im Jahreslauf. Und einmal im Jahr wurde die Sau, wenn es eine gab, geschlachtet." Das war „dem Bergmann sein Stolz". Und

im Grunde war das damals auch alles bio, wobei aus diesem Blickwinkel sicherlich nie jemand das Frühstücksei oder das Gemüse aus dem eigenen Garten betrachtet hat.

Schweisfurth in Herten, also mein Urgroßvater und später sein Sohn Karl, also mein Vater, sorgten nach und nach dafür, dass Fleisch und Wurst billiger und somit für alle erschwinglicher wurde! Fleisch wurde in den Kantinen der Fabriken praktisch jeden Tag angeboten, der Sonntagsbraten war out! Und die Gebrüder Albrecht, die in Essen anfingen und genau hier in Herten noch heute das Zentrallager Aldi Nord betreiben, sorgten mit ihren Märkten für billige und nahrhafte Lebensmittel. Wenn man so will, auch eine Kulturleistung! Wäre damals allerdings zu ahnen gewesen, was man mit dem „immer billiger" letztlich anrichtet, hätte man das vielleicht anders gemacht.

Wenn ich an die Küche meiner Jugend im Ruhrgebiet denke, erinnere ich mich natürlich an viel Fleisch, meistens irgendwie zerbraten, an Gemüse, das auch weich wie Butter war, weil's zerkocht wurde, viel Kartoffeln, Brot und Königsberger Klopse, die

wegen der Kapern keiner so richtig mochte. Und Bratwürste auf dem Feuer mit Ketchup, den ganzen Sommer hindurch. Schnitzel, Nudeln, und als Salat gab es
eigentlich nur Kopf- und Friséesalat sowie Mais aus
der Dose. Schrecklich. Eintöpfe waren der Renner,
Grünkohl mit Mettwurst und Rahmspi-
nat mit Spiegelei und Bratkartoffeln galten
als Delikatessen. Meine Geschwister und
ich ernährten uns von Fleisch- und Leber-
wurst, zwei Schweisfurth- beziehungsweise
Herta-Klassikern. Wenn mein Vater nicht
schon früh in der Familie eine gewisse Ess-
oder besser gesagt Fleischkultur eingeführt
hätte, die er von seinen Reisen nach Nord-
und Südamerika, Spanien, Frankreich und
Italien mitbrachte, wäre unser häuslicher
Speiseplan so sicher wie das Amen in der
Kirche einseitig und öde geblieben. Doch
von nun an gab es Prime Rib of Beef, rosa
gebraten, T-Bone-Steaks, ebenfalls rosa, ab
und zu feines Brühfleisch wie beim „Hotel
Sacher" in Wien, alles zelebriert von meinem Vater für die Familie und häufig auch
für Gäste.

„Im Sommer wurde viel gegrillt, aber nur
Kotelett und Rippchen, nicht dieser neu-
modische Kram", sagt Mia, und wir wissen
sofort, was sie meint. „Der Bergmann, der
Töchter hatte, nahm gern mit den Lehrlin-
gen Kontakt auf und lud sie am Sonntag
zum Grillen ein in der Hoffnung, dass sich
etwas anbahnt", erzählt sie. Ihr Vater war
auch Bergmann. „So sind wir zusammengekommen,
und meine Schwester und Werners Bruder Paul ebenfalls!" Nun, es gab aber auch noch einen finanziellen
Hintergrund: Wenn eine Bergmannstochter von einem
jungen Bergmann geheiratet wurde, erhielt das Paar
ein „Kopfgeld", das von der Zeche bezahlt wurde.
Auch wenn Sie jetzt vielleicht schmunzeln, so hat man

*Mit wachem Auge finden
wir überall ganz kosten-
los kulinarische High-
lights. Die Natur stellt
keine Rechnung.*

damals Nachwuchs gesichert und Stabilität in den Bergbau bekommen!

„Tauben hielten die Kumpels auch, die Rennpferde!" Und Werner erzählt, dass

in Herten beim Taubenverein, den ich auch noch aus meinen Kindertagen kenne, gleich bei der Cola-Fabrik immer noch die Tauben samstags verschickt werden. „Herr Dimmerling und Herr Frieske, unsere ‚Taubenvädder', hielten am Kräuterhof in Herten, der auch zu Schweisfurth gehör-

te, ihre Reisetauben. Die haben die Tauben auch gegessen, wenn es zu viele wurden", lacht er. „Du, die wurden einfach gebraten." Das ist alles fußläufig vom Hertener Schlosspark entfernt, alles meine Jugendwelt, an die wir uns gemeinsam erinnern, während wir unter den alten Riesenbäume entlanglaufen, die vor 200 Jahren vom Grafen Nesselrode gepflanzt worden sind.

Auf die Frage, was er am liebsten isst, zählt Werner auf: Gulasch mit Klößen und Rotkraut oder Sauerbraten mit Blaukraut und Klößen, Bratkartoffeln mit Speck, Grünkohl mit Mettwurst und natürlich Sauerkraut mit Blutwurst: „Die gibt es heute fast nicht mehr." Bier trank man viel, Wein konnte man sich nicht leisten. „Die Frauen der Bergleute standen am Monatsersten am Werktor und fingen ihre Männer ab, damit die nicht gleich alles versoffen."

Viele Jahrzehnte haben sich die Kumpels bei Schweisfurth die „Pfötchen", wie Werner fast liebevoll die Schweinefüße nennt, gekauft, um aus ihnen Sülze zu machen. Die waren nicht nur billig, sondern mit Bratkartoffeln eine Delikatesse! „Wenn ich mit dem Lieferwagen in die Städte des Ruhrgebiets – Marl, Gelsenkirchen, Herten, Gladbeck, Herne – in unsere Filialen kam, standen die Menschen schon da, um noch Pfötchen abzubekommen. In Witten war der Renner das Gulasch, ich habe täglich 400 Kilogramm davon in die ‚Gulasch-Filiale' gebracht. Da standen die Leute schon Schlange bis auf die Straße. Ich habe ja mitgekriegt, was die Menschen in den einzelnen Regionen des Ruhrgebiets so für Vorlieben hatten."

N 51° 34' 14.385" — O 6° 59' 7.411"

Wir reden noch lange über vergangene Tage, die guten und die schlechten Zeiten, zum Beispiel auch über das „Stoppeln", also das Sammeln von Kartoffeln auf den bereits abgeernteten Feldern. Das sind prägende Erinnerungen, die vergisst man für den Rest seines Lebens nicht mehr. Die Älteren von Ihnen werden sicher auch noch viele solche Geschichten kennen. „Damals, gegen Ende des Zweiten Weltkriegs und direkt danach gab es so wenig zu essen, dass man es ,organisieren' musste. Freundliche Bauern markierten im Anschluss an die Ernte das zu stoppelnde Feld mit einem Stiel samt Stroh obendran. Mit der Handhacke gruben wir die letzten Kartoffeln aus oder sammelten die Ähren vom Roggen oder Weizen ein, die der Mähdrescher nicht erwischt hatte", erzählt Werner eindrucksvoll. „In Schlesien 1943/44 war das unsere Rettung, da ging nichts ohne zu stoppeln. Das Getreide haben die Bauern für uns gedroschen und gemahlen, und das haben die auch für die Kumpels gemacht, für deren Brot. Das waren harte Zeiten, noch in den 1950ern und zu Beginn der 1960er-Jahre", so Werner. „Wir hatten wirklich nix." Die Menschen lebten armselig. Wer das nicht selbst erlebt hat, kann sich solche Zustände kaum noch vorstellen. Denn heute fahren wir auf den Supermarktparkplatz, kaufen bequem ein und wissen vielfach gar nicht zu schätzen, wie gut es uns allen geht. Verschwenderische Überproduktionen, gern auch verharmlosend neutral als „Agrarüberschüsse" bezeichnet, wie es sie in Zeiten unserer heutigen Weg-

werfgesellschaft aufgrund falscher staatlicher Anreize so zahlreich gibt, erscheinen noch einmal in ganz anderem Licht, wenn man sich solche Geschichten unserer Eltern- und Großelterngeneration wieder einmal erzählen lässt.

„Heute gehen stattdessen eher ausländische Familien in die Felder und lesen billig die Kartoffeln, die ihnen die Bauern mit dem Roder ausgegraben haben", sagt Werner. Die alten Bergleute stoppeln zwar heutzutage immer noch, allerdings eher für ihre Kaninchen. Und so spannen wir den Bogen von den alten zu den aktuellen Zeiten, während wir die schöne Eichenallee am Schlossgraben entlanglaufen. Die Blätter entfalten sich – wie bei der Eiche üblich – nur sehr langsam, während alles andere schon in voller Grünpracht dasteht.

Wir fahren wieder Richtung Hertener Schloss und liefern unsere Freunde ab. Ohne weiteren Umweg geht es anschließend

Lisa, Simone und Simon das Menü fertig, während Toby fleißig fotografiert. Schön langsam und vorsichtig beladen wir anschließend den Bus mit Gemüsekisten, aus denen wir Tischbeine bauen wollen, Brettern als Tischplatten und natürlich den Speisen. Mit allem und allen, auch Bernadette und Christoph, der uns wahnsinnig viel geholfen hat, fahren wir zum Fuß der Halde, auf der der Tetraeder steht. Gemeinsam schleppen wir unsere Ausrüstung die wackelige Hängebrücke hinauf auf die erste Plattform, 18 Meter hoch! Von hier oben kann man erst erahnen, was für eine gigantische Konstruktion dieses Gebilde wirklich ist – 210 Tonnen schwer, 80 Meter hoch, Rohre von insgesamt 1,5 Kilometer Länge! Einige Wanderer lassen sich auf LOKAL ein und essen von unseren feinen Speisen – ein erhabenes Gefühl! Einen prominenteren Platz könnten wir für unser LOKAL-Event nicht finden!

Und plötzlich heißt es auch schon wieder schnell, schnell zusammenpacken, einladen und eine letzte Runde auf dem Plateau drehen. Unten dann die große Verabschiedung von den Spickermanns! Klasse war das mit euch! Nach einem allerletzten Abstecher ins alte Parkstadion in Gelsenkirchen samt Videoaufruf für unsere drittletzte LOKAL-Tour № 9 nach Südtirol und einem Besuch im Fanklub des FC Schalke 04 geht's mit erfüllten Herzen zurück in den Süden. Zusammen mit der Gewissheit, wieder ein besonderes Erlebnis eingefangen zu haben: eine Region, die voller Natur, toller Menschen und Lebensmittelerzeuger ist! All das passiert natürlich nicht einfach so: Man muss sich nur selbst auf den Weg machen!

zurück nach Bottrop zu den Spickermanns, um vorzubereiten, was vorzubereiten ist für unsere Kochshow am nächsten Tag. Der heutige Tag mit seinen vielen Eindrücken war wirklich wunderbar! Und beim Abendessen reift schließlich die Idee, morgen auf dem tags wie nachts weithin sichtbaren Tetraeder in Bottrop-Batenbrock die Besucher zu verköstigen!

Schlemmen auf der ersten Plattform des Tetraeders

Am nächsten Morgen checken wir im „Chillten" aus und fahren wieder zu unserem vertrauten Bioladen, in dessen Küche wir freundlicherweise alle Vorbereitungen treffen dürfen. Ich zeichne noch das LOKAL-Bild № 8 und wir machen uns Notizen für unser Buch, dann kochen

Welche Bioerzeuger wir gefunden haben und welche Lebensmittel sie uns geben konnten:

- Viele gute Tipps von Bernadette und Christoph Spickermann, „Spickermanns Bioladen", Im Fuhlenbrock 152, 46242 Bottrop
  ▲ — Entfernung: 7,7 Kilometer

- Gans, Schmalz, Eier, Spinat, Kartoffeln, Karotten, Lauch, Zwiebeln, Kräuter von Sabine Ridderskamp, „Rotthoffs Hof", Münsterstraße 43, 46244 Bottrop-Kirchhellen
  ▲ — Entfernung: 7,6 Kilometer

- Honig von Ralf Berghane, „Bioland-Imkerei Berghane", Laurentiusstraße 5, 45899 Gelsenkirchen
  ▲ — Entfernung: 5,8 Kilometer

- Wildkräuter aus dem Schlosspark von Schloss Herten, Im Schlosspark, 45699 Herten
  ▲ — Entfernung: 10,2 Kilometer

BASISREZEPTE

FÜR GÄNSEFOND VON DER GEGARTEN UND
DER ROHEN KARKASSE

GÄNSEFOND VON DER GEGARTEN KARKASSE , CA. 2,5 L:

- ½ STANGE LAUCH
- 1 KAROTTE
- 1 ZWIEBEL

- 1 EL NEUTRALES PFLANZENÖL
- KARKASSE VON 1 GEGARTEN
  GANS

- 2 LORBEERBLÄTTER
- 1 TL PFEFFERKÖRNER
- AUSSERDEM: EINMACHGLÄSER

Zubereitungszeit: 1 ¾ Stunden

---

1 — Lauch und Karotte gründlich putzen, waschen und in Stücke schneiden. Die Zwiebel nach Belieben schälen und quer halbieren. Das Pflanzenöl in einem großen Topf erhitzen und die Zwiebelhälften darin auf der Schnittseite bei starker Hitze anrösten, bis sie zu bräunen beginnen.

2 — Die Karkasse, Lauch, Karotte, Lorbeer und Pfefferkörner dazugeben, 3 Liter Wasser angießen. Das Ganze bei mittlerer Hitze langsam aufkochen, dabei immer wieder den entstehenden Schaum mit einer Schaumkelle abschöpfen (siehe Tipp). Den Fond bei mittlerer Hitze offen 1 ½ Stunden köcheln lassen.

3 — Die Flüssigkeit durch ein feines Sieb abgießen und noch heiß in sterilisierte Einmachgläser abfüllen. Die Gläser sofort fest verschließen. Den Gänsefond im Kühlschrank kalt stellen und komplett abkühlen lassen. Wenn die Gläser gut verschlossen sind, lässt sich der Gänsefond gekühlt bis zu 1 Jahr aufbewahren.

! — *Tipp:* Man schöpft beim Kochen eines Fonds oder einer Brühe den Schaum ab, um die Trübstoffe und vielleicht auch die Bitterstoffe zu entfernen.

GÄNSEFOND VON DER ROHEN KARKASSE, CA. 2,5 L:

- KARKASSE VON 1 UNGEGARTEN GANS
- 2 ZWEIGE OREGANO
- 2 STÄNGEL SALBEI
- 2 FRISCHE KNOBLAUCHZEHEN
- SALZ

Zubereitungszeit: 1 ¾ Stunden

1 — Die Karkasse unter fließendem kalten Wasser gründlich waschen. Oregano und Salbei ebenfalls waschen. Die Karkasse mit den Kräutern, dem Knoblauch und 1 Esslöffel Salz in einen großen Topf geben. 3 Liter Wasser angießen, das Ganze bei mittlerer Hitze langsam aufkochen und offen 1 ½ Stunde köcheln lassen, bis die Flüssigkeit auf die Hälfte der Menge reduziert ist.

2 — Den Fond durch ein feines Sieb abgießen und noch heiß in sterilisierte Einmachgläser abfüllen. Die Gläser sofort fest verschließen. Den Gänsefond im Kühlschrank kalt stellen und komplett abkühlen lassen. Wenn die Gläser gut verschlossen sind, lässt sich der Gänsefond gekühlt bis zu 1 Jahr aufbewahren.

‡ — *Zum Probieren:* Wenn die Brühe noch etwas mehr Geschmack haben soll, fügen Sie vor dem Aufkochen zusätzlich 1 Lorbeerblatt und 1 Teelöffel weiße Pfefferkörner hinzu.

BRUST & KEULE VON DER GANS

MIT SPINAT, ZWEIERLEI VON DER KARTOFFEL UND EI
FÜR 4 PERSONEN

FÜR DIE KARTOFFELESPUMA:

- 250 G KARTOFFELN
- SALZ
- 250 ML GÄNSEFOND
  (SIEHE SEITE 256 FF.),
  ALTERNATIV GEMÜSEBRÜHE
- ½ TL HONIG
- AUSSERDEM: STANDMIXER
  ODER STABMIXER,
  THERMO-SAHNESPENDER,
  2 SAHNEKAPSELN

Zubereitungszeit: 30 Minuten

1 — *Für die Kartoffelespuma:* Die Kartoffeln schälen, waschen, halbieren und in kochendem Salzwasser etwa 20 Minuten weich garen.

2 — Die weichen Kartoffeln abgießen und kurz ausdampfen lassen. Kartoffeln, Gänsefond, Honig und 1 Prise Salz im Standmixer oder mit dem Stabmixer fein pürieren.

3 — Die Masse in einem Topf bei schwacher Hitze langsam erwärmen, dann in den Sahnespender geben und mit den Sahnekapseln befüllen. Vor dem Servieren den Siphon gut schütteln.

‡ — *Zum Probieren:* Gerne können Sie noch 1 Esslöffel Butter zum Verfeinern hinzugeben und die Espuma mit etwas Pfeffer abschmecken.

→

FÜR DEN KARTOFFEL-
SALBEI-STAMPF:

- 400 G KARTOFFELN
- SALZ
- 100 ML GÄNSEFOND
  (SIEHE SEITE 256 FF.), ALTER-
  NATIV GEMÜSEBRÜHE ODER
  SAHNE
- 4–5 STÄNGEL SALBEI
- AUSSERDEM: KARTOFFELSTAMPFER
  ODER GABEL

Zubereitungszeit: 30 Minuten

FÜR DAS GEHACKTE
SCHNITTLAUCHEI:

- 1 KLEINES BUND SCHNITT-
  LAUCH
- 6 HART GEKOCHTE EIER
- SALZ

Zubereitungszeit: 30 Minuten

1 — *Für den Kartoffel-Salbei-Stampf:* Die Kartoffeln schälen, waschen, halbieren und in kochendem Salzwasser etwa 20 Minuten weich garen. Die weichen Kartoffeln abgießen und kurz ausdampfen lassen, dann mit dem Kartoffelstampfer oder einer Gabel zerdrücken.

2 — Den Gänsefond erhitzen, die gestampften Kartoffeln dazugeben und alles gut verrühren. Den Salbei waschen und trocken schütteln. Die Blätter abzupfen, in feine Streifen schneiden und unterheben. Den Stampf abschließend mit Salz verfeinern.

‡ — *Zum Probieren:* Sie können anstelle von Salbei auch wunderbar fein gehackten Knoblauch oder jedes andere Gartenkraut verwenden. Etwas Pfeffer als Würze schadet diesem Stampf ganz sicher auch nicht.

1 — *Für das gehackte Schnittlauchei:* Den Schnittlauch fein schneiden. Die hart gekochten Eier schälen, vorsichtig aufschneiden und die Eigelbe entfernen (siehe Tipp). Die Eiweiße fein hacken und mit den Schnittlauchröllchen mischen. Das Schnittlauchei mit etwas Salz verfeinern.

‡ — *Zum Probieren:* Sofern Sie Pfeffer haben und mögen – wir hatten keinen – verfeinern Sie das Schnittlauchei gerne zusätzlich mit 1 Prise davon für etwas mehr Schärfe.

! — *Tipp:* Hart gekochtes Eigelb eignet sich super zur Herstellung zum Beispiel eines Thousand Islands Dressings, einer Sauce für einen Caesar's Salad oder unsere Eigelbcreme (siehe Seite 265).

FÜR DEN GESCHMORTEN
SPINAT MIT FRÜHLINGSLAUCH:

- 250 G SPINAT
- 140 G FRÜHLINGSZWIEBELN
- 1 EL GÄNSESCHMALZ, ALTER-
  NATIV BUTTER ODER NEUTRA-
  LES PFLANZENÖL
- 2 EL HONIG, ALTERNATIV ROHR-
  ZUCKER ODER RÜBENSIRUP
- SALZ

Zubereitungszeit: 15 Minuten

1 — *Für den geschmorten Spinat mit Frühlingslauch:* Den Spinat verlesen, waschen, trocken schleudern und je nach Größe der Blätter grob schneiden. Die Frühlingszwiebeln waschen, trocknen, vom Wurzelansatz sowie von den oberen Halmspitzen befreien und der Länge nach halbieren.

2 — Das Gänseschmalz in einer Pfanne erhitzen, Frühlingszwiebeln samt Spinat hinzugeben und beides bei starker Hitze sehr scharf anbraten. Den Honig hinzugeben und den Pfanneninhalt mit 1 Prise Salz verfeinern.

FÜR DIE EIGELBCREME:

- 12 HART GEKOCHTE EIER
- 3 EL GÄNSEFOND
  (SIEHE SEITE 256 FF.),
  ALTERNATIV GEMÜSEBRÜHE
- SALZ
- AUSSERDEM: STABMIXER ODER
  BLITZHACKER

Zubereitungszeit: 10 Minuten

FÜR BRUST & KEULE VON DER GANS:

- 750 G GÄNSEBRUST
- 550 G GÄNSEKEULE
- 2 ZWEIGE OREGANO
- 2 STÄNGEL SALBEI
- SALZ
- AUSSERDEM: VAKUUMBEUTEL,
  ALTERNATIV BRATSCHLAUCH,
  VAKUUMIERER (ENTFÄLLT
  BEI BENUTZUNG DES BRAT-
  SCHLAUCHS), SOUS-VIDE-GA-
  RER (ENTFÄLLT BEI BENUTZUNG
  DES BRATSCHLAUCHS)

*Zubereitungszeit: 12 Stunden
15 Minuten*

1 — *Für die Eigelbcreme:* Die hart gekochten Eier schälen, vorsichtig aufschneiden und die Eigelbe herauslösen (siehe Tipp). Eigelbe und Geflügelfond mit dem Stabmixer oder im Blitzhacker fein mixen. Die Creme mit etwas Salz verfeinern.

! — *Tipp:* Die Eiweiße müssen Sie nicht wegwerfen. Sie können Sie klein gehackt zum Beispiel in einen Nudel- oder Kartoffelsalat geben oder für unser Schnittlauchei auf Seite 262 verwenden.

1 — *Für Brust & Keule von der Gans:* Den Elektrobackofen (Gas nicht geeignet) oder ein Wasserbad auf 65 °C erhitzen. In der Zwischenzeit Brust und Keule von der Gans unter fließendem kaltem Wasser waschen und mit Küchenpapier trocken tupfen. Oregano und Salbei ebenfalls waschen und trocken schütteln.

2 — Das Fleisch rundherum mit Salz würzen. Brust und Keule mit den Kräutern in einen Vakuumbeutel geben und vakuumieren. Alternativ Fleisch und Kräuter in einem Bratschlauch gut verschließen. Das Fleisch im heißen Wasserbad oder im Bratschlauch auf dem Blech im Ofen 12 Stunden langsam garen.

3 — Das Fleisch aus dem Beutel oder Schlauch nehmen, abtropfen lassen und in Stücke aufschneiden.

¤ — *So geht's zusammen:* Auf jeden Teller eine Nocke Kartoffel-Salbei-Stampf und geschmorten Spinat geben, Fleisch und Frühlingslauch anlegen, die Kartoffelespuma aufspritzen und das Ganze mit Schnittlauchei und Eigelbcreme garniert servieren.

◄ Bozen

- FISCH IN DEN ALPEN
- BESTE BIO-LANDBAUSCHULE
- ELISABETHS KONZERT
- URSPRÜNGLICHE NATUR

N
S

LOKAL – TOUR № 9

MÜHLBACH

=

ITALIEN IM MAI

N 46° 47′ 47.476″ — O 11° 40′ 5.16″

AB IN DEN SÜDEN

Nachdem wir nun schon so viele tolle Orte bereist haben, ist unser LOKAL-Team ganz gespannt darauf, wohin uns Andreas Hoppe als Nächstes führen wird – das Los fällt auf Mühlbach! Wohin, bitte schön, geht es? Auf Anhieb weiß keiner von uns so genau, wo Mühlbach liegt.

Bei einem Blick auf die Karte wird aber schnell klar, dass Mühlbach bei Brixen in Südtirol liegt. Hier mündet das Pustertal, das nach Osttirol führt, in das Eisacktal und hier verläuft auch die Brennerautobahn! Mühlbach ist gleich zehn Kilometer nördlich von Brixen, also noch weit vor Bozen, wo die Eisack in die Etsch mündet, die am Reschenpass entspringt und durch das Vinschgau sowie Meran fließt. Endlich einmal ein Grund, diese grandiose Landschaft mit ihren vielen Bächen und Flüssen, die alle Richtung Süden fließen, genauer zu studieren. Hoffentlich ist Mühlbach nicht zu hoch oben, nicht dass wir noch einmal Schnee erwischen, was ab einer bestimmten Höhe im Mai ja durchaus noch sein kann!

Wir treffen uns in Memmingen und besteigen unsere Autos, die uns in Windeseile sicher über den Fernpass nach Innsbruck und die Brennerautobahn nach Brixen bringen. Mit Südtirol meinen wir die „Autonome Provinz Bozen – Südtirol", die – wie Welschtirol, das heutige Trentino – am Ende des Ersten Weltkriegs im Rahmen des Friedensvertrags von 1919 Italien zugesprochen wurde, nachdem sie zuvor immer schon zum österreichisch-ungarischen Gebiet gehört hatte. Noch heute sprechen über 60 Prozent der Bevölkerung vorwiegend Deutsch, obwohl in den turbulenten Jahrzehnten bis etwa 1930 immer wieder versucht wurde, diese Region per Dekret zu italienisieren. Doch das ist nie richtig gelungen, heute wird an den Schulen wieder Deutsch gesprochen, jedoch lernen die Kinder ziemlich schnell Italienisch. Viele Schulkinder sprechen locker beide Sprachen. Das ist ja wenigstens einmal ein großer Vorteil für dieses Land, das bis heute

durch so viele Zeiten der Irrungen und Wirrungen gegangen ist und aufgrund seines Reichtums von Rest-Italien immer schon sehr beneidet worden ist. Südtirol ist eine der reichsten Gegenden Europas.

Natürlich haben wir uns rechtzeitig informiert, wo wir andocken können. Und wieder einmal hat Lisa treffsicher den richtigen Platz für uns gefunden – einen Bioland- und Demeter-Betrieb im Stadtgebiet von Brixen in den Wein- und Obstgärten an den Westhängen in Richtung Mühlbach, den „Marxenhof". Das Navi schickt uns über den kürzesten Weg durch enge, steile Gassen, Links- und Rechtskurven für Millimeterkünstler – und das wieder einmal mitten in der Nacht. Wir öffnen die Fenster unseres Autos und atmen die klare, nach Süden duftende Luft ein, und nach ein, zwei Verfahrern kommen wir endlich an. Der Eigner des Betriebs, Wolfgang Klammer, sagte uns schon am Telefon, dass er aufbleiben würde, bis wir ankommen. Und da steht er tatsächlich vor seinem Bauernhof, als wir Sonntagnacht gegen null Uhr in die Hofeinfahrt einbiegen! Zwar wundert er sich ein wenig über unsere

jung-alte Truppe, ist aber höflich und zeigt uns unsere Zimmer. Später wird er sich als Pionier des Ökolandbaus in Südtirol mit einem Wissen entpuppen, das uns begeistern wird! Und die ganze Familie Klemmer wird uns ans Herz wachsen.

Südtirol und seine Küche

Südtirol – kulinarisch ist das immer eine Reise wert. Natürlich auch, um viel unberührte Natur zu erleben und die Dolomiten zu besteigen. Aber vor allem ist die Südtiroler Küche stets ihrem eigenen Stil treu geblieben. Sie hat sich überhaupt nicht italienisieren lassen, sondern ihre Einflüsse aus dem Österreich-Ungarischen behalten, und sie pflegt weiterhin ihre uralte alpenländische Tradition. Wenn wir an die Südtiroler Küche denken, fallen uns die Vinschgauer Roggenbrötchen ein, mit Kümmel gewürzt, Speck-, Käse- und Spinatknödel, in gebräunter Butter schwimmend und so weich, dass die Gabel einfach hindurchrutscht. Da denken wir an Weine, den roten Lagrein vor allem, der trotz seiner Helligkeit unerwartet kräftig schmeckt. Als Jugendliche waren wir zum „Törggelen" bei den Freunden meines Vaters eingeladen, mit denen er schon in den 1970er-Jahren jeden September die Gipfel der Dolomiten bestieg. „Törggelen" nennt man das Fest nach der Weinernte im Herbst auf den Höfen, zu dem alle Lesehelfer und Mitarbeiter eingeladen werden. Vor allem hier im Eisacktal ist das bis heute Tradition. Es gab den „Suser" – den neuen Wein, der dann probiert wird –, fein aufgeschnittenen Südtiroler Speck, Kaminwurzen, Schüttelbrot, Roggen- und Dinkelbrot mit Butter, Knödel, Apfelwein und -saft, Apfelstrudel, geröstete Kastanien, diverse Bergkäse, den Zieger aus dem Resteiweiß beim Käsen und den bröckeligen Graukäse aus Magermilch. Der Südtiroler Speck, der mindestens ein Jahr in den Kellern der Bauern sprichwörtlich verschimmelt, hat ein Aroma, das durch die trockene kühle Bergluft anders ist als das von San-Daniele-oder Parmaschinken. Wir alle stürzten uns damals, als ich ein Jugendlicher war, nach dem einen oder anderen Bergspaziergang

auf diese feinen Dinge – ich vermute, das war am Meraner Höhenweg –, denn man hatte ordentlich Hunger. Und der Wein war nie knapp! Ich glaube, dort hatte ich meinen ersten kleinen Rausch!

Mühlbach liegt am Eingang des Pustertals. Das Gemeindegebiet in einer Höhe von 700 bis 3 100 Metern umfasst auch kleine Ortschaften wie Meransen, wo wir mit der Seilbahn hinauffahren, aber auch Vals und Spinges. In der Seilbahn sind viele Schülerinnen und Schüler, die jeden Tag von fast 1 500 Meter Höhe hinunter zur Schule in Mühlbach schweben. Auf unsere Frage an die Mädels, was sie denn jeden Tag hier oben zu Hause machen, antworten sie wie aus der Pistole geschossen: „Im Winter Ski fahren und im Sommer Schuhplattl´n!" Aha!

Hier oben hat man einen Blick rundum zu den großen Erhebungen der Dolomiten im Süden, man schaut ins Pustertal Richtung Osten. Wenn man zur Kirche von Meransen und noch etwas weiter läuft, blickt man hinunter ins Eisacktal. Eine tolle Gegend hier, relativ flach, wie eine Hochebene mit weitläufigen Hängen – für Skitouren und Langlauf sehr gut geeignet, ein Platz, zu dem man am besten mit Kindern fährt. Berühmt ist die Mühlbacher Klause, die Ruine einer Sperranlage. Sie bildet den westlichen Eingang zum Pustertal zwischen den Orten Mühlbach und Vintl, diente bereits im

Ganz links: So ein tolles Leben haben leider nur wenige Hähne.

Links: Hier in Südtirol muss man sich einfach wohlfühlen.

11. Jahrhundert als Grenzanlage zwischen den beiden Grafschaften Görz und Tirol, war Zollstätte und Wohnanlage zugleich. Zwischen der Mühlbacher Klause und dem Ort Mühlbach ist die Rienz seit 1939 aufgestaut, um die Gemeinde Mühlbach mit Wasserkraftstrom zu versorgen. An diesem Stausee ist der tolle „Santerhof", den wir auch noch besuchen werden!

Entlang des Eisacktals liegen wie überall in Südtirol viele Höfe ganz oben auf dem Berg, rundherum befinden sich die Grünlandflächen für das Futter der Tiere. Glücklich können sich die Bauern schätzen, die eine Südhanglage haben. Wir kennen aber auch wunderbare reiche Südtiroler Höfe, die nur Morgen- oder Abendsonne bekommen. Bei Niederdorf im Pustertal beziehungsweise in einem Seitental haben wir uns einmal einen solchen Hof angeschaut. Die Südtiroler Bauernhöfe sind viel reicher als die in Nordtirol. Während die alten barocken Südtiroler Bauernhöfe mit viel Ornamentik an der Fassade und innen mit Stuck verziert und großzügig gebaut sind, wurden die Nordtiroler Höfe zwar ebenfalls mit Holz verziert, aber wesentlich pragmatischer gebaut. Schön zu sehen sind die Südtiroler Höfe im ältesten Freiluft-

museum Südtirols, dem Südtiroler Landesmuseum in Dietenheim bei Bruneck. Oder im Bauernmuseum in Völlan bei Lana zwischen Bozen und Meran – sehr sehenswert, aber etwas weiter zu fahren.

Station 1: „Marxenhof" in Brixen

Der „Marxenhof" von Marianne und Wolfgang Klammer liegt 8,4 Kilometer von Mühlbach entfernt oberhalb Brixens am Berg mit Blick auf die Innenstadt. Nach einer kurzen Nacht in unserer kleinen Wohnung schauen wir auf die Stadt und das Eisacktal, das sich hier Richtung Süden bis ins 40 Kilometer entfernte Bozen erstreckt. Dort mündet die Eisack in die Etsch, die vom Reschenpass kommt und Richtung Mittelmeer weiterfließt. Ein wunderbarer Blick vom Balkon der kleinen Küche in der Gästewohnung, herrlich haben wir bei offenem Fenster geschlafen. Elissavet, genannt Eli, auf dieser Tour unsere Fotografin griechischen Ursprungs und ebensolcher Lebensart, war bereits früh mit Wolfgang im Keller. „Möchtest du mal meine Schweine sehen?", hatte er sie gefragt. „Schweinehaltung im Keller", hatte sich Eli gedacht, „na, das kann ja noch lustig werden!"

Im Keller leben allerdings keine Schweine, wie sich beim Gang hinunter herausstellt, hier reifen die wunderbaren Speckseiten von Wolfgangs Schweinen. Die wollen wir natürlich alle sehen. Der herrlich aromatische Duft strömt uns entgegen. Und schon im Treppenhaus entspinnen sich die ersten Gespräche. Wolfgang und Marianne Klammer sind äußerst sympathisch. Die älteste Tochter der Klammers studiert in Wien Natur- und Geisteswissenschaften, Sohn Matthias und Tochter Elisabeth besuchen noch die Schule, beide sind begnadete Musikanten. Wie es ausschaut, werden sie später den Weg der Eltern einschlagen. Carmen, die Schwester von Wolfgang, ist aus London da – also trotz Bergtälern eine sehr polyglotte Familie.

Schnell können wir auch das Rätsel auflösen, warum wir heute Nacht mit großem Gefolge hier aufgeschlagen sind und was der Sinn und Zweck unserer LOKAL-Tour ist. Es war uns schon fast ein bisschen peinlich, so spät in der Nacht anzukommen, Wolfgang hat gerade jetzt im angehenden Frühling hier auf 600 Meter Höhe genug Arbeit in den Obstgärten. Und „ganz nebenbei" ist er Vollzeitlehrer an der Landbauschule in Salern, wie wir erfahren. Wir stehen an der Treppe vor dem großen Frühstücksraum, alle sind hungrig, aber vor lauter begeistertem Reden und Kennenlernen geht erst einmal nichts mit Speck und Tee. Es stellt sich heraus, dass Wolfgang mit seinen Schülern und der Familie schon mehrmals in Herrmannsdorf war. „Viele Biobauern orientieren sich an dem, was im Biolandbau in Nordtirol und Süddeutschland passiert", erzählt Wolfgang, „wir sind wissbegierig!" Das mit Salern hört sich spannend an, das müssen wir uns merken, denn über die Landbauschule möchten wir später unbedingt noch mehr erfahren.

Der „Marxenhof" stammt von Wolfgangs Eltern, die zunächst weiter oben am Berg ihren Hof hatten. Anfang des letzten Jahrhunderts zog der Großvater Klammer weiter hinunter ins Tal, weil er dort Land kaufen konnte. Denn je niedriger das Land liegt, umso vielfältiger sind die Möglichkeiten, es zu bewirtschaften. Alle Flächen rund um den heutigen Hof gehören dazu. Seitdem ist die Stadt Brixen vom Tal bis an den Hof herangewachsen. Am Fuße von Bergen konnte, wer sich erweitern wollte, immer schon nur die Berge hinauf bauen. So ist das in Brixen auch.

Der von Wolfgang Klammer umgebaute Eicher in der Ausführung „Hürlimann"

Der „Marxenhof" ist ein Biobetrieb, wie man ihn sich gerne vorstellt und wie er in den Bergen Süddeutschlands, der Schweiz, Österreichs und eben auch Italiens vielerorts noch funktioniert – so haben wir es beispielsweise ja auch in Lech (siehe Seite 146 und 153) erlebt: Zimmer für die Gäste, die von Marianne Klammer liebevoll betreut werden, ihr Kräuter- und Gemüsegarten rund ums Haus, die Hühner rennen kreuz und quer, Beerenobst und natürlich Äpfel gibt es, denn das ist eines der wichtigsten landwirtschaftlichen Standbeine in Südtirol. Sogar Spargel wächst zu unserer großen Freude im Gemüsegarten.

Der Hof ist ein Archehof – wie zum Beispiel auch die „Domäne Dahlem" in Berlin (siehe Seite 97 ff.) – Wolfgang und Marianne kultivieren neben einigen modernen Biosorten auch alte Obstsorten, die langsam ihren Weg zurück auf die Märkte finden. Und dann sehen wir die Maschinen von Wolfgang, der ganz ursprünglich einmal Landwirt gelernt hat. Einen alten Eicher – einen Traktor – hat er mit einer hydraulischen Bodenbearbeitungsmaschine umgebaut. Damit behackt er den Boden unter den Obstbäumen – eine mühsame, aber wichtige Arbeit. Die Glyphosatbauern sprühen einfach „Roundup" darüber, sodass die „Unkräuter" verwelken. Wolfgang macht es anders und besser, er lockert den Boden und reguliert gleichzeitig das Beikraut, wie es im Ökolandbau heißt. Die Richtlinien des Ökolandbaus verbieten alle erlaubten „konventionellen" Spritzmittel und andere Ackergifte – und das sind in Summe über 1 000 Stück! Wolfgang macht eine Tugend daraus: Beikrautregulierung und Bodenbearbeitung in einem!

Irgendwann sitzen wir dann doch alle gemeinsam am Tisch beim herrlichen Frühstück. Alles ist vom Hof: das Vinschgerl frisch von Marianne aus eigenem Dinkel gebacken, die verschiedenen Kräutercremes und Marmeladen von hier, feiner Speck, getrocknete Apfelringe, Rosenblüten, Zitronenmelisse und Kräuter für das Spiegelei von den eigenen Hühnern. Langsam formen sich in unseren Köpfen konkrete Ideen für die Gerichte von morgen! Wir reden über kulinarische Dinge wie den „Kräutermantelschopf vom Schwäbisch-Hällischen und das Ossobuco von Schwein. „Der Schopf, Ihr sagt dazu Nacken, wird bei der Hausschlachtung zuerst verarbeitet", sagt Marianne. Schön wäre für uns morgen zum Beispiel auch eine Maronen-Löwenzahn-Creme. „Man kann auch mit wilden Hopfen- und Lindenblütenspitzen viel machen!" Marianne sammelt das alles auf dem weitläufigen Gelände, das zum „Marxenhof" gehört. Später werden wir dort auf jeden Fall auch noch eine Runde drehen und nach den Schätzen der Natur suchen: Rhabarber, Wermut, Melisse, südliche Kräuter von der Kräuterspirale, Estragon und Bohnenkraut. Radicchio gibt es noch vom Herbst. Beinwell an den Wiesenrändern. Wie wäre es mit Sushi mit Beinwell? Aber wo bekommen wir Fisch her? Radieschen, Buchweizen vom Vorjahr, roter Salat … Die Mandeln für die Bitterstoffe sind leider noch nicht reif. Aber Lorbeer gibt's! Und Spargel, wie gesagt, ist da, der bringt auch das Bittere. Und es wäre eine echte Option, morgen hier oben bei Wolfgang und Marianne zu kochen, denn hier hätten wir alles, was wir brauchen. Das behalten wir in jedem Fall schon einmal im Hinterkopf.

Das Wunder von Mals

Wolfgang berichtet über das „Wunder von Mals", gleichzeitig Titel eines Dokumentarfilms von Alexander Schiebel. Mals ist ein Ort im Obervinschgau, der heute komplett auf bio umgestellt ist. Er markiert den Kampf zwischen den heftig Gift spritzenden Bauern vom Südtiroler Bauernverband sowie den von Regionalregierungen geschützten Großobstbauern gegen die örtliche Bevölkerung, die sich das nicht mehr gefallen lassen wollte. Die ganze Welt fieberte mit, als die Malser über die Frage abstimmten, ob man „Pflanzenschutzmittel" im ganzen Gemeindegebiet verbieten solle. Die Geschichte ging so: Ein kleiner Biobauer, der inmitten der großen Obstbaubetriebe lag, ließ eines Tages seine Ernte auf Giftrückstände untersuchen, weil er schon vermutete, dass seine Flächen ständig etwas abbekämen von den Giftsalven der anderen Bauern. Und siehe da: Die Werte waren derart überhöht, dass er die Ernte nicht mehr als Bioware verkaufen konnte. Dabei sehr bemerkenswert: Auch die konventionellen Bauern und Händler wollten seine Ernte nun nicht mehr kaufen! Die Empörung in der Malser Bevölkerung war derart groß, dass eine neu gegründete Bürgerinitiative gegen die Vergiftung des Malser Tales aufbegehrte und nach jahrelangem Kampf gegen die Landesparlamente und den Bauernverband eine Bürgerabstimmung durchsetzte mit dem Ergebnis, dass die Bevölkerung im September 2014 mit überwältigender Mehrheit für ein Verbot aller chemisch-synthetischen Pestizide, die in der EU zugelassen sind, abstimmte.

Bei einer Wahlbeteiligung von 69 Prozent stimmten 76 Prozent für ein Verbot. Ende März 2016 wurde der „direkt-demokratische Wille", wie es auf der Website der Initiative www.hollawint.com heißt, vom Gemeinderat und vom Bürgermeister von Mals, Uli Veith, tatsächlich politisch umgesetzt. „Dies ist ein Beispiel für die Landwirtschaft Europas", heißt es auf der Website. Der Gemeinderat hat die „Verordnung für eine pestizidfreie Gemeinde" verabschiedet, die ein Verbot der „giftigsten" Pestizidklassen vorsieht, für die Ausbringung anderer Pflanzenschutzmittel neue Abstandsregelungen definiert und die Biolandwirtschaft explizit fördert.

Der oben erwähnte Film porträtiert viele Menschen, die gegen die Pestizide kämpfen. Peter Gasser zum Beispiel, Promoter des Referendums, sagt: „Wir wollen beweisen, dass ohne Pestizide alle besser leben könnten." Mitgefreut haben sich unter anderem Vandana Shiva, die sich in Indien und auf der ganzen Welt unermüdlich und kraftvoll für eine bäuerliche Landwirtschaft ohne ausbeuterische Ackergifte einsetzt, sowie Dr. Rudolf Herren, der berühmte alternative Agrarforscher und – wie Vandana – alternativer Nobelpreisträger, der nachgewiesen hat, dass nur der Ökolandbau die richtige Strategie für eine gesunde und ausreichende Ernährung der zehn Milliarden Menschen von morgen sein kann, weil *nur* dieser die sensible Lebensgrundlage aller Menschen, den Boden, versteht, respektiert und beschützt.

Das Spektakel ist allerdings noch lange nicht vorbei und der Kampf mitnichten

Für uns ist es großartig, wenn wir hin und wieder selbst Hand anlegen dürfen!

gewonnen. Ende Mai 2016 hat das Landgericht in Bozen der Eingabe von 150 Abstimmungsgegnern stattgegeben, die sich neben der Frage nach der Rechtmäßigkeit der Abstimmung auf das Argument berufen, dass nicht nur die Landwirte die Übeltäter seien, sondern auch die Kleingärtner viel Glyphosat versprühten. Das Gericht schließlich kam zu dem Schluss, sowohl die Form der damaligen Abstimmung als auch deren Fragestellung seien rechtswidrig gewesen. Das „Promotorenkomitee für eine pestizidfreie Gemeinde Mals" habe keinen Rechtsanspruch auf Abhaltung der Volksabstimmung gehabt. Unberührt davon bleibt allerdings die Pestizid-Verordnung, die die Gemeinde erlassen hat. Man versucht über Winkelzüge, den Willen des Volkes zu unterbinden. Peter Gasser meint: „Hier stellt sich die Frage: Wie kann das bäuerliche Eigentum von Biobauern geschützt werden vor Eintrag von Pestiziden der Nachbarn?" Die Antwort auf diese

Frage kann sich jeder von uns denken, aber sie ist in der Praxis noch nicht gefunden.

In Mals gilt es darüber hinaus, den Trend zur Monokultur aufzuhalten. „Das Gegenteil von Monokultur ist Schönheit", sagte Alexander Schiebel, als er sich die Permakulturgärten im Vinschgau ansah, und bezog das nicht nur auf die Landwirtschaft, sondern auch auf Firmen. In Mals ist die Schönheit in Gefahr, weil sich die Apfelanlagen momentan schnell ausbreiten. Warum das so ist? Der Vinschgau in Südtirol ist mit weniger als 500 Millimetern Niederschlag im Jahr das größte Trockental der Alpen. Tagsüber reichlich Sonne und nachts ein frisches Lüftchen prägen das Klima, das vor allem für das Gedeihen von Äpfeln hervorragend geeignet ist. Nur eine Nutzpflanze soll daher übrig bleiben, ein Schmetterling ist dort „eine Sensation", so Schiebel, „und über die Bienen wissen wir inzwischen auch alle, was diese Landwirtschaft mit ihnen macht" (siehe hierzu auch Seite 244 ff.). Polykulturen sind schön, das erlebt man, wenn man bei den Klammers auf dem „Marxenhof" und auf dem „Santerhof" von Willi Gasser ist, unser nächstes Ziel auf dieser Tour. Es ist also an uns, für den Erhalt der Polykulturen mitzukämpfen.

Auch wenn das „Wunder von Mals" weniger wundervoll als anvisiert ablief, weil die konservativen Agrarkräfte zu stark sind und die entsprechende Presse alles „runtergeschrieben" hat, ist es doch von der Idee her ein Leuchtturm.

N 46°47'47.476" — O 11°40'5.16"

Station 2: „Santerhof" in Mühlbach

Der „Santerhof" liegt am Eingang des Pustertals, 5,1 Kilometer von Mühlbachs Mitte entfernt und nahe der Mühlbacher Klause. Den Familienbetrieb führen Wilhelm „Willi" Gasser und seine Frau Helga, aber auch die Kinder helfen gerne mit, insbesondere der Sohn Johannes. Der Name „Santerhof" kommt von *Sonter*, was „auf Sand gebaut" bedeutet. Die Böden hier sind sehr durchlässig.

Wir überfallen die Gassers mal so richtig, haben wir doch keine Zeit zum Anrufen gehabt. Eigentlich geht das gar nicht und es ist uns auch wirklich ganz unangenehm! Aber wir sind inzwischen schon sehr gut im raschen Leisten von Überzeugungsarbeit, und so verbringen wir letztendlich tatsächlich mehrere Stunden auf dem „Santerhof", während wir den Geschichten von Willi lauschen.

„Seit 1991 machen wir hier Bioanbau." Wie es dazu kam, ist wieder einmal Teil einer Widerstandsgeschichte. „Der Straße da oben habe ich das Ganze hier zu verdanken, gegen die haben wir uns gestemmt", sagt Willi und zeigt nach oben, wo wirklich in fast beängstigend geringem Abstand die neue Straße auf riesigen Betonstelzen den Verkehr Richtung Osten ins Pustertal führt. Neu ist sie auch nicht mehr, denn in den Jahren vor 1991 hat Willi in einer von ihm gegründeten Bürgerinitiative – leider ohne Erfolg – gegen ihren Bau gekämpft. „Ich habe verloren, aber meine Argumente von damals, dass man die Natur nicht

durch ein solches Bauvorhaben kaputt machen darf, haben sich auf mein ganzes Leben und meine Arbeit hier ausgewirkt." Und dann sagt er den Kernsatz des Tages, der uns nachdenklich macht: „Besser, man ändert sich selbst als die anderen, weil das ist aussichtslos." 1994 war die Straße dann endlich fertig. „Das hat den Hof viel Platz gekostet, genau wie der Stausee von 1939, die schönsten Felder sind nun alle im Wasser." Wir schauen auf den tiefer gelegenen See, der in der Sonne türkis-weiß nach oben glitzert.

Der „Santerhof", der wunderbar restauriert und erhalten ist und im Kern auf eine 800-jährige Geschichte blickt, ist wirklich sehr liebevoll gepflegt. Alle Neu- oder Ausbauten tragen mit ihrem traditionell-modernen „Mischstil" Willis ganz eigene Handschrift. Zum Beispiel der schöne Keller gleich neben dem Hofladen, in dem man mit einer Gesellschaft einen gemütlichen Abend genießen kann: wunderbare schnörkellose Obstholzbänke und Tische, kaum Firlefanz als Dekoration, nur das alte

*Ganz links:
Die neugie-
rigen Ziegen
lieben das
frisch gemähte
Gras!*

*Links: Wein-
probe auf dem
„Santerhof"*

Geweih eines Hirschen mit einem Christus-symbol in der Mitte: „Das musste raus aus der Stube oben", erklärt Willi. „Das Motiv passt nicht zu mir, da ich kein Jäger wie mein Vater bin." Wir sind gespannt, was es hier für uns zu entdecken gibt. „Man muss darauf achten, dass am Hof die richtigen Pflanzen wachsen." Tatsächlich macht Willi alles irgendwie anders als selbst die übrigen Biobauern in der Gegend. „Die reden alle nur darüber, machen aber nichts."

Das Hauptgeschäft der Gassers, übrigens im Vollerwerb, sind zum einen Bioäpfel, von denen gibt es hier allein 40 unterschiedliche Sorten. Sie wachsen auf den Wiesen rund um den Hof. Von den Wiesen wird Heu gemacht, das bekommen die bei Gassers lebenden Schafe und Ziegen. Das finden wir super, denn so wird die Fläche doppelt genutzt. Die beliebteste Apfelsorte ist der Topaz, dem wegen seiner geringen Krankheitsanfälligkeit nicht nur im Biolandbau große Bedeutung zukommt. Beispielsweise ist er resistent gegen Schorf-pilz, das sind diese schwarzen Punkte auf der Apfelschale. Mehltau und Regenfle-ckenkrankheit müssen indes auch hier be-

handelt werden, wenn es andauernd regnet wie in diesem Jahr. Ähnlich wie beim Wein werden die Pflanzen mit Bicarbonat oder Kupfer und Schwefel behandelt. Das ist allerdings wie gesagt in der Regel nur in sehr feuchten Jahren nötig. Uns fällt auf, dass die Bäume hier sämtlich ohne Stützgerüste auskommen. Fährt man durch Südtirol, sieht man allerorts, wie die Äste der Obst-bäume mithilfe von Gerüsten abgestützt werden. Willi erklärt das so: „Die Pflanzen müssen sich selbst nach oben bewegen, so wachsen sie zwar langsamer, aber auch gesünder. Das macht die Bäume insgesamt stabiler und stärker, so erziele ich am Ende das bessere Ergebnis."

Sämtliche Apfelbäume auf der Streuobst-wiese vom „Santerhof" werden als Hoch-stämme beschnitten und gepflegt, die stets aus einem Grundstamm und einem Ver-edelungsstamm bestehen. Der Grundstamm ist der untere Teil samt Wurzel, Willi nennt ihn auch „die leistungsbestimmen-de Unterlage". Sie ist immer schnell und kräftig wachsend. „Im Biolandbau kann ich durch die Verwendung stark wach-sender Unterlagen und „aufgepfropfter"

Veredelungsstämme interessante Geschichten erzählen, das können die anderen Biobauern meistens nicht", erklärt Willi. Und weiter: „Ist der Unterbau stark genug, wird in etwa 20 Zentimeter Höhe zunächst eine Zwischenveredelung der Sorte Golden Delicious aufgepfropft, in 70 Zentimeter Höhe folgen dann Stamm und Krone des Topaz." Wir fragen Willi, warum er ihn nicht direkt auf den Unterbau aufpfropft. „Die Zwischenveredelung ist dem Umstand geschuldet, dass der Topaz auf Grashöhe ein Problem mit der Kragenfäule hat", erklärt er uns. Das haben wir bislang auch nicht gewusst! In den Folgejahren werden

unterhalb der gewünschten Kronenhöhe alle Äste von Grund-, Zwischenveredelungs- und Veredelungsstamm entfernt. Durch den langen Stamm sind auch mehr Reservestoffe im Holz vorhanden, was zu einem vitaleren Wachstum führen kann.

Seit 1996 gibt es auf dem „Santerhof" darüber hinaus wieder Wein, auf einer Fläche von einem dreiviertel Hektar kultivieren die Gassers verschiedene Sorten Wein- und Tafeltrauben. „Das nördlichste Weingut Italiens ist bio, und das ist hier," sagt Willi stolz. Jetzt wird es geheimnisvoll. „Die sind alle PIWIs." Was bitte? Auf Nachfrage erfahren wir, dass das die Abkürzung für relativ neu gezüchtete Kreuzungen, sogenannte pilzwiderstandsfähige Rebsorten ist. Hier muss der Winzer zum Pflanzenschutz und zur Schädlingsbekämpfung nur noch ganz wenig Schwefel, Kupfer und Bicarbonat einsetzen. In einer ganzen Saison sind lediglich maximal drei Spritzbehandlungen notwendig. Zum Vergleich: Sonst wird im Biolandbau pro Jahr 15- bis 18-mal gespritzt – Wahnsinn, wie groß hier der Unterschied ist! Im Folgenden fallen Rebsortennamen wie der weiße Solaris – der ist uns schon in Heilbronn bei Andreas Stutz begegnet (siehe Seite 64) –, Johanniter sowie die roten Reben Regent und Cabernet Cortis.

Der Weinkeller ist wie alles hier wunderschön gestaltet. Das Haus, das nicht etepetete, sondern einfach nur würdevoll ohne schreckliche Renovierungen gealtert ist, birgt viele schöne Fleckchen wie eben den Weinkeller, der allerdings mit Edelstahltanks bestückt ist. Sie wirken in einem

Wilhelm „Willi" Gasser

solch schönen Keller ein wenig wie Fremdkörper, bieten dem Winzer aber den Vorteil, gegenüber den im Wein enthaltenen Säuren korrosionsbeständig zu sein. Der Wein reift hier ungestört von äußeren Einflüssen sowie insbesondere Sauerstoff heran. So behält er eine ausgeprägte Fruchtnote und Frische. Genau umgekehrt ist es beim Einsatz von Holzfässern. Holz ist ein Naturprodukt, es lebt, verändert sich unter Temperatureinflüssen, weist selbst eine starke Aromatik auf und hat Poren, was es sauerstoffdurchlässig macht. Der Einsatz von Edelstahltanks ist auch kostengünstiger als der Ausbau des Weins in Holzfässern. Beide Varianten haben ihre Vorzüge, wobei wir den Geschmack der Natur etwas mehr lieben. Aber das Ambiente hier unten ist schön mit den naturbelassenen Steinwänden. Neben den Edelstahlbehältern gibt es auch einige neue Sherryfässer für die besondere Weinreifung. Alles ist ordentlich und hat seinen Platz. Schon bei der Einfahrt in den „Santerhof" war uns aufgefallen, dass wirklich nichts herumliegt. Die Zäune für die Tiere sind aus Lärchenholz von eigener Hand gefertigt – sehr schlicht und sehr schön!

Zurück geht's nach oben und raus auf den Hof. Da kommt auch „Manfried", wie sich Manfred Hofer selbst nennt, der hier in dem alten hübschen Nebenhaus wohnt.

Er hilft Willi bei allem, was zu tun ist. Er zeigt uns die Tiere im Stall: Bergziegen und Bergschafe. In so einem schönen Stall möchte man auch wohnen! Manfried legt sich zu den Tieren, lacht vor Glück, und das tut Eli auch, die vor Entzücken plötzlich in einem fort auf den Auslöser ihrer Kamera drückt!

Wir wollen gerade schon wieder losfahren und haben uns bereits verabschiedet, da weist uns Willi „noch schnell" auf die „gefleckten Alpenschweine" hin, die Manfred hält. Hofnah bei den Plantagen befindet sich eine Ganzjahresweide für diese alte Nutztierrasse. Drei lustige neugierige Schweinchen eilen herbei, als wollten sie sich sagen: Kommt, Leute, hier gibt es etwas zu erleben! Tatsächlich sind die Tiere grau gefleckt mit leichtem Farbverlauf. Ähnlich wie bei den Schwäbisch-Hällischen oder den Mangalitza-Schweinen ist ihr Körper kürzer und behaart. Sicher werden sie den Winter hier gut durchhalten und prima in der Erde wühlen können. Die alten Rassen – man kann es nicht oft genug wiederholen – verschwinden mehr und mehr, denn die Industrie bevorzugt ihre eigens gezüchteten Hochleistungsrassen – höhere tägliche Zunahmen bei gleicher Futtergabe ergeben bessere „Futterverwerter". Das Ganze hat sich die Industrie selbstverständlich patentieren lassen, sie besitzt also ein Patent auf das Leben, und diese Tatsache bekämpfen wir seit Jahrzehnten. Es darf kein Patent auf Leben geben, und dazu gehören nicht nur die Tiere, sondern auch das Saatgut.

Fischzucht in den Alpen

Bei unserem ungeplanten Abstecher zu den Schweinen entdecken wir nun noch etwas: einen echten Fischteich, das heißt einen, der mit echtem Bergwasser gespeist wird. „Das macht mein Sohn, der Johannes, aber der kommt erst später von der Schule!" Der Teich ist nicht gerade klein und ich merke direkt, wie sich bei Simon der Jagdtrieb regt! Das heißt, wir ändern unsere Abfahrtspläne kurzfristig und müssen Zeit gewinnen, denn wir haben mit Johannes ein ernstes Wörtchen zu reden, wenn er kommt. Also lassen wir uns von Manfried und Willi noch erzählen, wie es zu dem Teich gekommen ist. „Hier wären keine Tiere auf dem Hof, wenn mein Sohn das nicht gewollt hätte und sich nicht auch darum kümmern würde", sagt Willi. Und da meint er nicht nur die Hühner, die Schafe, die Ziegen und die Schweine, sondern eben auch die Fische. „Ich habe dem Johannes zum Geburtstag diesen Teich gebaut. Ich kenne ihn: Wenn er etwas mit Tieren anfängt, dann kümmert er sich auch und zieht das durch. Er informiert sich über Tierhaltung und Tiergesundheit, probiert Dinge aus und hat inzwischen ein beachtliches Wissen gesammelt. Seit er fünf Jahre alt ist, interessiert sich Johannes nur für die Tiere," erzählt der Vater weiter. „Wenn andere Kinder sich Handys und Computer zu

Weihnachten und Geburtstagen wünschten, wollte Johannes immer Tiere haben. Den Wunsch haben wir dann auch erfüllt. Er verbringt seine gesamte freie Zeit bei ihnen."

Dann kommt Johannes von der Schule und ist – ohne Mittagessen – sofort bei der Sache, obwohl da plötzlich so viele Leute stehen, die er nicht kennt. Aber einen offenen Geist wie den dieses 13-Jährigen bringt so etwas nicht aus dem Gleichgewicht, im Gegenteil. Mit Freude zeigt er uns alles, und nach einer Weile holt Johannes die ersehnte Angel für Simon … Petri Heil! Es braucht ein bisschen Geduld, aber nach einer halben Stunde beschäftigen sich die Regenbogen- und Bachforellen plötzlich intensiv mit dem dicken Wurm am Haken. Simon zieht nacheinander zwei kapitale Forellen aus dem Wasser, man hört das Adrenalin in seinen Adern förmlich fließen: „Das ist mein erster Fisch an der Angel! Ich habe das noch nie gemacht!" Gemeinsam nehmen wir die beiden Fische aus, diskutieren über die Innereien und ob man die verwerten kann. Die anderen – fleischfressenden – Forellen freuen sich sicher auch über den „kalten Braten", also werfen wir sie zurück ins Wasser. Ein perfektes Beispiel für einen kleinen Nährstoffkreislauf!

Tatsächlich sind das Wasser und seine Durchflussgeschwindigkeit entscheidend für eine gute Fischzucht. Eiskaltes, sauerstoffreiches Wasser ist die Lebensgrundlage für die Forellen, aber natürlich auch für andere Gebirgsbachfische wie Rutten, Saiblinge und Seeforellen, die manchmal bis über einen Meter groß und 25 Kilo-

gramm schwer werden können, wenn sie genügend abwechslungsreichen Lebensraum und tiefe Seen haben, die kalt genug sind.

Ökologische Aquakultur

Der Anbauverband „Naturland" in Deutschland hat Pionierarbeit für ökologisch zertifizierte Fischzucht geleistet. Das war auch notwendig geworden, denn die Wildfischbestände sind inzwischen völlig überfischt und regenerieren sich nicht, solange weiter in dieser Größenordnung abgefischt wird. Einen Hoffnungsschimmer gibt es, weil die derzeitige EU-Kommissarin für den Fischfang im Jahr 2015 deutlich niedrigere Fangquoten durchgesetzt hat. Dennoch ist die sogenannte Aquakultur weltweit auf dem Vormarsch, und diese hat mit diversen Problemen zu kämpfen: Degradierung, also Verarmung von Naturräumen, schlechte Haltungsbedingungen für die Fische, damit in Zusammenhang stehende Zunahme von Gesundheitsproblemen sowie eine nicht nachhaltige Herkunft von Futtermitteln.

Naturland hat bereits 1996 Regeln für die ökologische Aquakultur aufgestellt. Dazu gehören die sorgfältige Auswahl des

Endlich werden Simons Anglerträume wahr. Seine Ausbeute: zwei großartige Forellen!

Links: Danke, lieber Johannes, dass wir bei dir angeln durften!

Rechts: Der beste Blick ist manchmal hart erarbeitet.

Standorts der Anlage, Obergrenzen bei der Besatzdichte, ein Verzicht auf den Einsatz von Chemie, beispielsweise gegen Algen, die Verwendung natürlicher Heilmittel und eine Verarbeitung nach besonderen Richtlinien, die die meisten erlaubten Zusatzstoffe ausschließen. Stabilisatoren wie diverse chemische Emulgatoren, vor allem Phosphate, Säuerungsmittel wie Citrate und Umrötungsmittel wie Pökelsalz sind tabu. Auch für das Räuchern gelten bestimmte Reglements wie die Verwendung heimischer Hölzer und Gewürze, die durchschnittliche Glimmtemperaturen von maximal 500 Grad Celsius beim Räuchern, um nur einige Kriterien zu nennen. Schwarzräuchern mithilfe von speziellen chemischen Tinkturen, mit denen das Fleisch eingestrichen wird, also die toxikologisch bedenkliche extreme Dunkelfärbung des Produkts, und die Verwendung von Katenrauch oder nicht naturbelassenen Hölzern sind verboten. Ebenso ist die Verwendung von Flüssigrauchpräparaten zur Raucherzeugung untersagt. Ja, das alles hat die Industrie erfunden, um das Räuchern zu beschleunigen. Wir mögen das nicht, weil's chemisch ist und eben auch so schmeckt!

Futter und Wasser sind die wirklich entscheidenden Kriterien. Pflanzliche Futtermittel müssen nach den Naturland-Richtlinien erzeugt und biozertifiziert, also gentechnikfrei, sein. Und da die Gattung der Salmoniden, zu denen alle Forellen und Saiblinge gehören, Allesfresser sind, futtern sie auch Fischmehl. Zugelassen ist jedoch kein Fischmehl und Fischöl im Futter, das aus eigens für die Gewinnung von futterinitiiertem Fischfang stammt, wie heute üblich, sondern nur aus den Resten der Speisefischverarbeitung hergestellt worden ist.

Dazu eine kleine Vertiefung. Heute fahren riesige Fischkutter über die Weltmeere und fangen alles ab, was sie bekommen können, auch Delfine und kleine Wale, Speisefische und Kleinfische aller Art, nur um daraus Fischmehl für die Aquafarmen zu produzieren! Paul Walter auf Sylt, der letzte Krabbenfischer dort, nennt die Schiffe „Gammelkutter", weil die meilenweit gegen den Wind stinken, denn sie verarbeiten bis zu 3 000 Tonnen ungekühlten (!) Fisch pro Tag zu Fischöl und Fischpellets. Falls Sie noch mehr über dieses Thema wissen möchten, schauen Sie einmal in mein Buch

„Die Bio-Revolution" – Sie werden erstaunt sein, was es dort noch so alles zu lesen gibt.

Naturland regelt durch Richtlinien, wie Ökosysteme und Fischbestände nachhaltig geschont werden können. Die reichen bis hin zur Teichumgebung, zu Laichgebieten für Amphibien und Rastplätzen für Zugvögel, Wanderwegen für Fische sowie Fischtreppen. Sie regeln aber auch, welche Materialien beim Bau eines Teichs verwendet werden dürfen und welche nicht. PVC zum Beispiel ist verboten. Auch das Abhalten fischfressender Vögel, zu denen beispielsweise der Kormoran zählt, der sich langsam, aber sicher hier in Europa ausbreitet, ist nur mit natürlichen Methoden erlaubt, etwa mit Netzen oder Raubvogelattrappen.

Die ökologische Aquakultur ist auf jeden Fall interessant, denn Fische sind bessere Futterverwerter als Geflügel, Rind oder Schwein. Für die Eiweißversorgung der Menschheit spielt der Fisch eine zentrale Rolle. Alle Menschen in Küstenregionen der Welt – in Asien, Süd- und Nordamerika, Europa sowie in den Polargebieten – leben seit jeher vom Fisch, das sind schätzungsweise fünf Milliarden! Die massive „Abwanderung" der Fischproduktion auf das Festland bringt viele Probleme gesundheitlicher, naturschützerischer und tierwohlträchtiger Art, die wir intensiv vermeiden müssen. Ein Weg ist sicher auch das Zurückschrauben des Wildfischfangs auf ein Maß, bei dem sich die Bestände selbst erhalten können. Der Greenpeace-Fischführer, den Sie auf der Homepage der Umweltschutzorganisation bestellen können, und auch der vom WWF geben Ihnen hier

differenzierten Aufschluss darüber, wonach Sie an der Fischtheke fragen sollten.

Aber am besten ist und bleibt, sich LOKAL mit einer ökologischen Fischzucht zu verbinden! Logisch! Und wenn Sie am Meer leben, sollten Sie schauen, ob es Anglerware gibt: Das ist das Fairste und Feinste, was Sie tun können, wenn Sie nicht auf Fisch verzichten möchten. Wer von Ihnen an vertiefenden Infos interessiert ist, dem empfehle ich einen Besuch auf der Internetseite von Naturland, hier finden Sie viele interessante Infos, oder das Buch „Die neue Fischkochschule" von Nicole Knapstein und anderen, in dem ähnlich wie in unserem Fleischbuch in einer guten Warenkunde der Frage nachgegangen wird, welche Fischprovenienzen gehen und welche das absolut nicht tun!

Nun haben wir alles, was wir brauchen. Neben den zwei köstlichen Forellen nehmen wir vom „Santerhof" noch Äpfel, Säfte und Ziegenmilch mit und verabschieden uns, denn es ist nun doch spät geworden und wir müssen für unser Essen morgen auf dem „Marxenhof" noch einiges vorbereiten. Also rasch zurück dorthin.

Station 3: „Fachschule für Land- & Hauswirtschaft Salern" in Vahrn

Während Simon am Dienstagmorgen mit Lisa und Simone kocht, fahre ich mit Wolfgang Klammer hinauf zur Landbauschule Salern in Vahrn, darüber wollten wir doch so gerne noch mehr erfahren. Die „Fachschule für Land- und Hauswirtschaft Salern", wo Wolfgang schon seit über 20 Jahren als Fachlehrer für Viehwirtschaft und ökologischen Landbau arbeitet, ist gerade einmal 7,3 Kilometer von Mühlbach entfernt. In Südtirol gilt in der landwirtschaftlichen Ausbildung bis heute das Monosystem, während bei uns das duale System üblich ist. Das heißt, die Auszubildenden arbeiten nicht wie bei uns auf einem bestimmten Hof und nehmen parallel dazu am Schulunterricht der Berufsschule teil, sondern sie besuchen für drei oder vier Jahre ausschließlich eine Fachschule, wo sie nach dem Prinzip *Learning by Doing* Theorie und Praxis erlernen. Denn auch später am Hof werden die zu leistenden Arbeiten zu 80 Prozent Praxistätigkeiten sein. Alle Schüler lernen über die eigentliche Hofarbeit hinaus kochen, das ist eine wichtige Grundfertigkeit für jeden Menschen, wie wir finden. Salern ist eine Schule, die unter anderem selbst Tiere hält, Berglandwirtschaft, Forstwirtschaft und Gartenbau betreibt, Werkstätten wie eine Holz- und eine Metallwerkstatt sowie eine zur Reparatur landwirtschaftlicher

Maschinen und Geräte, eine Sennerei und einen Hofladen unterhält. Gleichzeitig ist Salern ein Internat, die Schüler aus ganz Südtirol lernen also nicht nur gemeinsam, sondern sie leben hier auch zusammen. Eine ganze Reihe von Weiterbildungsangeboten richtet sich darüber hinaus nach dem Grundsatz des lebenslangen Lernens an Erwachsene.

Vielleicht fragen Sie sich jetzt, warum wir diese Schule nun so besonders intensiv unter die Lupe nehmen möchten. Für uns ist an dieser Schule so besonders, dass sie vor einiger Zeit auf ökologischen Landbau umgestellt hat und biozertifiziert ist. Wolfgang ist einer derjenigen, die die Entscheidung zu diesem gewichtigen Schritt jahrelang mit vorangetrieben hat, bis das Land Bozen zustimmte. Das ist ein echtes Statement und wir finden es bezeichnend,

Ganz links: Wolfgang Klammer

Links: Applaus für Elisabeths großarti-ges Quetschenspiel!

dass dieser Schritt getan wurde, denn die Schule ist eigentlich doch für alle Bauern in Südtirol da. In Deutschland scheint Derartiges absolut unvorstellbar, hier wird strikt in Fachschulen für Ökolandbau und Fachschulen für konventionellen Landbau getrennt. Und auch in unserem Nachbarland Österreich ist das eher unüblich. Letztendlich zieht sich diese Trennung ja nicht nur durch die Schulen, sondern im Grunde durch die ganze Gesellschaft. Wir predigen immer, dass man sich in die Wertschöpfungskette begeben muss, wenn man von den Preisentwicklungen am Erzeugermarkt unabhängig bleiben möchte. Salern beispielsweise hat eine eigene Sennerei, also eine Milchverarbeitung, hier lernen die Jugendlichen, wie man es schafft, mit der Verarbeitung seiner eigenen Produkte dem Verbraucher näherzukommen. Wenn man anschließend in der Lage ist, diese Produkte auch selbst zu vermarkten, ist man schon sehr weit gekommen. In Zeiten, in denen sich die Preisspirale für Erzeuger immer weiter nach unten dreht, ist das besonders wichtig. Denn es kann nicht sein – so wie es sich ganz aktuell wieder in der Milchwirtschaft abzeichnet –, dass Bauern von der Substanz zehren müssen, um zu überleben. Und wir werden nicht müde, das immer wieder zu erzählen.

Wie wir so durch die Einrichtung wandern und Wolfgang ganz viel Wissenswertes erzählt, entdecke ich, dass es hier auch eine Imkerschule gibt. Das ist großartig, denn uns fehlt für unser Menü noch die Süße, und so kann ich Simon noch Honig mitbringen. Nach zwei Stunden Führung, wirklich sehr beeindruckenden Geschichten und Begegnungen machen wir uns wieder auf in Richtung „Marxenhof". Während wir das Schulgelände verlassen, sehen wir am Waldrand eine Gruppe Schüler, die lernt, wie man fachgerecht Fichten fällt.

Essen und Musik unter freiem Himmel

Simon freut sich natürlich sehr über den Honig, den ich ihm mitbringe. Doch wo wollen wir eigentlich essen? Aufgrund des schönen Wetters entwickelt sich rasch die Idee, das Event einfach mitten im schönen Obstgarten vom „Marxenhof" stattfinden zu lassen. Also bauen wir auf der Wiese zwischen den Bäumen unseren Tisch mit Stühlen rundherum auf. Mittags sitzen wir schließlich mit der gesamten Familie Klammer sowie den Gassers, die ihren Mitarbeiter Manfried mitgebracht haben, sehr gemütlich um den Tisch im Garten.

Aus den großartigen Zutaten, die wir bekommen haben, hat Simon ein ganz köstliches Menü gezaubert (siehe Seite 288 ff.) Dazu gibt es einen wahren Ohrenschmaus, denn zum akustischen Höhepunkt wird das wunderbare Quetschenspiel von Wolfgangs und Mariannes Tochter Elisabeth. Danke noch einmal dafür, liebe Elisabeth!

Da der Rückweg nach Hause für uns recht weit ist, brechen wir schweren Herzens frühzeitig aus Südtirol auf. Wunderbar fahren wir über den Brenner und dann durch die Mieminger Bergwelt in Tirol, machen hier in den herrlichen Frühlingswiesen noch großartige Fotos. Diese Tour hat wieder einmal unglaublich viel Spaß gemacht und wir alle hören nie auf zu lernen. Die Finessen im Obst- und Weinbau beispielsweise waren auch für uns Neuland. Wenn Menschen Sachen einfach anders machen und gegen den Strom schwimmen, erfüllt uns das immer wieder mit großer Ehrfurcht und bestärkt uns in unserer Überzeugung, dass wir auf dem richtigen Weg sind. Bei uns ist der Einsatz von Düngemitteln, Pestiziden und Herbiziden wie Glyphosat noch halbwegs kontrolliert. Blickt man allerdings über die Grenzen Deutschlands und Europas hinaus, geschieht der Einsatz dieser Chemiekeulen wesentlich unkritischer – beispielsweise in Westafrika kommen noch heute Mittel zum Einsatz, die bei uns bereits seit 20 und mehr Jahren verboten sind. Und wer wird letztendlich damit reich? Das sind deutsche und amerikanische Konzerne! Davon kann am Ende doch niemand profitieren. Aber das werden die meisten erst merken, wenn es leider schon zu spät ist.

In Zeiten, wo sich die Industrie derartig auf die „Bios" wirft, ist es unsere Pflicht, dagegenzuhalten, denn nur so bestimmen wir die Zukunft selbst. Ein gutes Produkt kann nur entstehen, wenn der Rohstoff anständig ist. Und den anständigen Rohstoff wiederum kann es nur geben, wenn wir mit dem Boden, der Pflanze oder auch dem Tier gut umgehen. So bekommt der Kreislauf der Produkte und des Lebens wieder einen Sinn, ein entsprechender Umgang mit „Lebens"-Mitteln ist „sinn"-voll.

Welche Bioerzeuger wir gefunden haben und
welche Lebensmittel sie uns geben konnten:

- Speck, Schweinefleisch, Schweineschmalz,
  Äpfel, Apfelsaft, Beeren- und Trockenobst,
  Meerrettich, Radieschen, Dinkelmehl, Eier,
  Rhabarber, Spargel, Maronen, Salat und
  viele Kräuter finden wir bei Marianne und
  Wolfgang Klammer vom „Marxenhof",
  Ortnerweg 23, I-39042 Brixen/Südtirol
  ▲ — Entfernung: 8,4 Kilometer

- Forellen, Äpfel, Apfelsaft, Traubensaft,
  Wein und Ziegenmilch geben uns Willi
  Gasser und seine Familie vom „Santerhof",
  Pustertaler Straße 40, I-39037 Mühlbach
  ▲ — Entfernung: 5,1 Kilometer

- Honig gibt es für uns in der „Fachschule
  für Land- und Hauswirtschaft Salern",
  Salernstraße 26, I-39040 Vahrn
  ▲ — Entfernung: 7,3 Kilometer

FORELLE & KARAMELLISIERTE RADIESCHEN

MIT TRAUBEN- UND APFELREDUKTION,
ASIASALAT UND FRITTIERTEN BRENNNESSELN
FÜR 4 PERSONEN

FÜR DIE FORELLE:

- 4 FORELLENFILETS
  (À 100 G, MIT HAUT),
  ALTERNATIV SAIBLING
- SALZ
- 1 EL SCHWEINESCHMALZ,
  ALTERNATIV BUTTER
- 1 HANDVOLL GEMISCHTER
  ASIASALAT, ALTERNATIV
  WILDKRÄUTERSALAT

Zubereitungszeit: 10 Minuten

1 — *Für die Forelle:* Die Forellenfilets auf Gräten prüfen und vorhandene ziehen. Die Filets auf der Fleischseite leicht mit Salz würzen. Das Schweineschmalz in einer Pfanne erhitzen und die Forellenfilets darin bei mittlerer Hitze auf der Hautseite 2 Minuten braten. Die Pfanne vom Herd nehmen, die Filets wenden und auf der Fleischseite 1 Minute ziehen lassen.

2 — Den Asiasalat waschen, verlesen und trocken schleudern.

FÜR DIE KARAMELLISIERTEN RADIESCHEN:

- 20 KLEINE RADIESCHEN
- 1 EL HONIG
- SALZ

Zubereitungszeit: 15 Minuten

1 — *Für die karamellisierten Radieschen:* Die Radieschen waschen, putzen, Stiel- und Wurzelansatz entfernen. Die Radieschen vierteln. Den Honig in einer beschichteten Pfanne erhitzen. Wenn er zu karamellisieren beginnt, die Radieschen-viertel dazugeben und im Honig bei mittlerer Hitze 3 Minuten langsam ziehen lassen. Mit Salz abschmecken.

⟶

FÜR DIE TRAUBENREDUKTION:

– 500 ML TRAUBENSAFT

Zubereitungszeit: 20 Minuten

FÜR DIE APFELREDUKTION:

– 500 ML APFELSAFT

Zubereitungszeit: 20 Minuten

FÜR DIE FRITTIERTEN BRENNNESSELBLÄTTER:

– 12 BRENNNESSELBLÄTTER
– 250 G SCHWEINESCHMALZ, ALTERNATIV NEUTRALES PFLANZENÖL

Zubereitungszeit: 10 Minuten

ZUM SERVIEREN:

– 4 JUNGE LINDENBLÄTTER
– FRISCHE MEERRETTICHWURZEL-SPÄNE

1 — *Für die Traubenreduktion:* Den Traubensaft in einem kleinen Topf aufkochen und bei mittlerer Hitze auf die Hälfte der Menge einkochen. Die Reduktion in ein Glas umfüllen und im Kühlschrank 30 Minuten kalt stellen.

1 — *Für die Apfelreduktion:* Den Apfelsaft in einem kleinen Topf aufkochen und bei mittlerer Hitze auf die Hälfte der Menge einkochen. Die Reduktion in ein Glas umfüllen und im Kühlschrank 30 Minuten kalt stellen.

1 — *Für die frittierten Brennnesselblätter:* Die Blätter waschen, dabei Küchen- oder Einweghandschuhe tragen, und sorgfältig trocken schütteln. Das Schmalz erhitzen und die Brennnesselblätter darin 30 Sekunden kross frittieren. Auf Küchenpapier abtropfen lassen.

¤ — *So geht's zusammen:* Die Forellenfilets auf Tellern platzieren, mit Radieschen und Asiasalat toppen, mit der Trauben- und Apfelreduktion beträufeln und mit Brennnesselblättern sowie Lindenblättern und Wurzelspänen garnieren.

SCHWEINEFILET IM KRÄUTERMANTEL

MIT ZWEIERLEI GEBRATENEM SPARGEL, ROSMARIN-
KARTOFFEL-TORTELLINI UND HOLUNDERBLÜTENSCHAUM
FÜR 4 PERSONEN

FÜR DIE TORTELLINI:

- 150 G DINKELMEHL
- 40 ML ZIEGENMILCH, ALTERNATIV VOLLMILCH
- 2 EIER
- 15 G FLÜSSIGES SCHWEINESCHMALZ, ALTERNATIV RAPSÖL
- SALZ
- 250 G KARTOFFELN
- 20 G SCHNITTKNOBLAUCH, ALTERNATIV FRÜHLINGSZWIEBELN
- 1 ZWEIG ROSMARIN
- AUSSERDEM: NUDELMASCHINE, RUNDES GLAS ODER AUSSTECHER (10 CM Ø)

Zubereitungszeit: 1 Stunde

1 — *Für die Tortellini:* Das Dinkelmehl in einer Schüssel mit 25 Milliliter Ziegenmilch, 1 Ei, dem Schweineschmalz und 1 Prise Salz zu einem glatten Teig verkneten. Den Teig zu einer Kugel formen, in Frischhaltefolie wickeln und im Kühlschrank 20 Minuten ruhen lassen.

2 — In der Zwischenzeit für die Füllung die Kartoffeln schälen, in Stücke schneiden und in einem Topf mit kochendem Salzwasser bei mittlerer Hitze 20 Minuten weich garen. Die Kartoffeln abgießen, kurz ausdampfen lassen und fein stampfen. Den Schnittknoblauch waschen und in feine Röllchen schneiden. Den Rosmarin waschen und trocken schütteln. Die Blätter abzupfen und fein hacken.

3 — Kartoffeln, Schnittknoblauch, Rosmarin, restliche Ziegenmilch, übriges Ei und 1 Prise Salz in einer Schüssel mischen. Den Nudelteig aus der Folie wickeln, mit den Händen leicht flach drücken und von Stufe 1 bis 7 durch die Nudelmaschine drehen.

4 — Aus der Platte mit einem Glas oder runden Ausstecher Kreise ausstechen. Jeweils 1 Esslöffel Füllung in die Mitte geben, den Rand mit Wasser

⟶

N 46° 47' 47.476" — O 11°40' 5.16"

befeuchten und die Teigkreise zu Halbmonden zusammenklappen. Die Ränder rundherum fest andrücken. Die beiden Enden über der Mitte zusammendrücken. Die Tortellini in siedendem Salzwasser etwa 5 Minuten ziehen lassen, bis sie nach oben steigen. Herausheben und abtropfen lassen.

FÜR DEN GEBRATENEN SPARGEL:

- 200 G WEISSER SPARGEL
- 150 G WILDER HOPFENSPAR-
  GEL, ALTERNATIV GRÜNER
  SPARGEL
- 1 EL SCHWEINESCHMALZ,
  ALTERNATIV BUTTER
- 1 EL APFELSTAUB
  (SIEHE REZEPT SEITE 293)
- SALZ

Zubereitungszeit: 15 Minuten

1 — *Für den gebratenen Spargel:* Den weißen Spargel schälen und die holzigen Enden entfernen. Den Hopfenspargel waschen und die holzigen Enden ebenfalls abschneiden. Alle Stangen schräg in Stücke schneiden.

2 — Das Schweineschmalz in einer Pfanne erhitzen und den weißen Spargel darin bei starker Hitze 3 Minuten anbraten. Den Hopfenspargel dazugeben und 1 Minute mitbraten, er sollte noch leichten Biss haben. Mit dem Apfelstaub bestreuen. Mit Salz abschmecken.

**FÜR DEN HOLUNDERBLÜTEN-
SCHAUM:**

- 250 ML ZIEGENMILCH, ALTER-
  NATIV VOLLMILCH
- 3 EL GETROCKNETE
  HOLUNDERBLÜTEN, ALTERNATIV
  3 EL HOLUNDERBLÜTENHONIG
- 1 EL SCHWEINESCHMALZ,
  ALTERNATIV RAPSÖL
- AUSSERDEM: STABMIXER

Zubereitungszeit: 25 Minuten

**FÜR DAS SCHWEINEFILET IM
KRÄUTERMANTEL:**

- 600 G SCHWEINEFILET
- SALZ
- 1 EL SCHWEINESCHMALZ,
  ALTERNATIV BUTTERSCHMALZ
- 1 HANDVOLL GEMISCHTE
  KRÄUTER (Z. B. FENCHELGRÜN,
  BASILIKUM, THYMIAN)

Zubereitungszeit: 30 Minuten

1 — *Für den Holunderblütenschaum:* Die Ziegenmilch in einem kleinen Topf bei mittlerer Hitze aufkochen. Die Holunderblüten dazugeben, die Milch noch einmal aufkochen, den Topf vom Herd ziehen und die Blüten 15 Minuten ziehen lassen.

2 — Die Milch durch ein feines Sieb in ein anderes Gefäß abgießen, mit dem Fett zurück in den Topf geben und mit dem Stabmixer schaumig aufmixen.

1 — *Für das Schweinefilet im Kräutermantel:* Den Backofen auf 150 °C Umluft (170 °C Ober-/Unterhitze, Gas Stufe 2) vorheizen. Das Schweinefilet von Fett und Sehnen befreien und rundherum mit Salz leicht würzen. Das Schmalz in einer Pfanne erhitzen und das Schweinefleisch darin bei starker Hitze rundherum kurz anbraten. Das Fleisch auf dem Gitterrost im heißen Ofen etwa 15 Minuten fertig garen, dabei eine Fettpfanne unterschieben.

2 — In der Zwischenzeit die Kräuter waschen und trocken schütteln. Die Blätter von den Zweigen zupfen und fein schneiden. Die gehackten Kräuter auf einem Brett oder Teller verteilen und das fertig gegarte Schweinefilet darin wälzen. Das Filet kurz ruhen lassen, dann in Medaillons aufschneiden.

¤ — *So geht's zusammen:* Die Tortellini mit dem Spargel auf Teller verteilen, das Schweinefilet im Kräutermantel anlegen und mit dem Holunderblütenschaum beträufelt servieren.

IN HONIG KARAMELLISIERTER RHABARBER & APFEL

MIT KASTANIENMUS, SALBEI-MINZ-PESTO UND APFELRINGEN
FÜR 4 PERSONEN

FÜR DEN KARAMELLISIERTEN RHABARBER:

- 200 G RHABARBER
- 2 EL HONIG
- ROSENBLÜTENBLÄTTER ZUM GARNIEREN

Zubereitungszeit: 15 Minuten

1 — *Für den karamellisierten Rhabarber:* Den Rhabarber waschen, entfädeln und in 10 Zentimeter lange Stücke schneiden. Den Honig in einer beschichteten Pfanne erhitzen. Wenn er zu karamellisieren beginnt, den Rhabarber dazugeben und 1 bis 2 Minuten im Honig schwenken. Er sollte nicht zerfallen.

FÜR DEN KARAMELLISIERTEN APFEL:

- 2 MITTELGROSSE ÄPFEL
- 2 EL HONIG

Zubereitungszeit: 15 Minuten

1 — *Für den karamellisierten Apfel:* Die Äpfel waschen, vierteln und ohne Kerngehäuse und in feine Scheiben schneiden. Den Honig in einer zweiten Pfanne erhitzen und leicht karamellisieren. Die Äpfel dazugeben und ebenfalls 1 bis 2 Minuten darin schwenken.

FÜR DAS KASTANIENMUS:

- 150 G MARONEN
  (VORGEGART UND VAKUUMIERT)
- 250 ML ZIEGENMILCH,
  ALTERNATIV VOLLMILCH
- 2 EL HONIG
- AUSSERDEM: STABMIXER

Zubereitungszeit: 30 Minuten

1 — *Für das Kastanienmus:* Die Maronen mit Ziegenmilch und Honig in einem Topf aufkochen und bei mittlerer Hitze garen, bis die Flüssigkeit fast verkocht ist. Das Ganze in einen hohen Rührbecher umfüllen und mit dem Stabmixer zu Mus mixen.

FÜR DAS SALBEI-MINZ-PESTO:

- 1 EL HONIG
- 150 G SCHWEINESCHMALZ
  (ALTERNATIV SONNEN-
  BLUMENÖL)
- 25 MINZEBLÄTTER
- 1 HANDVOLL SALBEIBLÄTTER
- AUSSERDEM: STABMIXER

Zubereitungszeit: 30 Minuten

1 — *Für das Salbei-Minz-Pesto:* Den Honig mit 100 Milliliter Wasser in einem kleinen Topf aufkochen und bei mittlerer Hitze auf die Hälfte der Menge einkochen. Den Topf vom Herd ziehen, das Schweineschmalz unterrühren und schmelzen lassen.

2 — Minze- und Salbeiblätter waschen und trocken schütteln. Beides mit der Honig-Fett-Reduktion in ein hohes Rührgefäß geben und mit dem Stabmixer fein pürieren.

FÜR APFELSTAUB UND
GETROCKNETE APFELRINGE:

- 2 ÄPFEL
- AUSSERDEM: APFELAUSSTECHER,
  DÖRRGERÄT, BLITZHACKER
  ODER STANDMIXER

Zubereitungszeit: 8–10 Stunden

1 — *Für Apfelstaub und getrocknete Apfelringe:* Die Äpfel waschen und das Kerngehäuse mit einem Apfelausstecher entfernen. Beide Äpfel in 2 Millimeter dünne Ringe schneiden und im Dörrgerät bei 55 °C 8 bis 10 Stunden trocknen. Alternativ die Scheiben im Backofen auf einem Backblech bei 60 °C trocknen.

2 — Die Apfelringe herausnehmen und abkühlen lassen. Die Hälfte der Ringe im Blitzhacker oder Standmixer zu feinem Pulver mixen.

ZUM SERVIEREN:

– ROSENBLÜTENBLÄTTER

¤ — *So geht's zusammen:* Den karamellisierten Rhabarber und die Apfelstücke auf Teller verteilen und jeweils einige Nocken Kastanienmus dazwischensetzen. Das Ganze mit Salbei-Minz-Pesto beträufeln, mit den getrockneten Apfelringen garnieren und mit Apfelstaub sowie Rosenblütenblättern bestreut servieren.

- DIE ÄLTESTE SEILBAHN
- WOLLSCHWEINE
- LUXUS TRIFFT NATUR
- JUGENDHERBERGE MIT SEEBLICK

LOKAL – TOUR № 10

ARTH

+

SCHWEIZ IM JUNI

N 47°3'8.225" — O 8°33'16.097"

GRÜEZI, KÖNIGIN DER BERGE!

Nun sind wir endlich einmal in der Schweiz! Mit einem neugierigen Blick auf die Karte stellen wir schnell fest, dass die Rigi, die „Königin der Berge", ein Bergmassiv zwischen Vierwaldstättersee, Zugersee und Lauerzersee in der Zentralschweiz ist. Ausgangspunkt für uns wird der kleine Ort Arth sein.

Man hat ja alle erdenklichen Vorurteile gegenüber der Schweiz, aber wir kennen Gott sei Dank schon viele Bio- und Kulinarikleute hier, nicht zuletzt Dominik Flammer, der mit seinen inzwischen drei riesigen Bild- und Textbänden „Das kulinarische Erbe der Alpen" sämtliche verfügbaren Buchpreise abgeräumt hat und den wir 2015 zur Buchmesse in Frankfurt getroffen haben. Dominik ist ein gleichermaßen sympathischer, kraftvoller wie leidenschaftlicher Kämpfer für den Erhalt des alten alpinen Lebensmittelhandwerks, und mit seinen Büchern bietet er den kleinen und kleinsten Erzeugern sowie Lebensmittel-Handwerkern, Bauern und Köchen, die verstanden haben, dass die Entwicklung der Kulinarik in genau diese Richtung gehen muss, wenn sie überleben will, eine Plattform.

Bio und Kulinarik in der Schweiz

Die Schweizer fördern seit Langem den Ökolandbau, so ist es hier auch schon länger selbstverständlich, dass die großen Einzelhandelsketten wie Migros und Coop Bioprodukte aus der Schweiz und der ganzen Welt vertreiben. Natürlich hat das etwas mit dem Schutz der geliebten Heimat zu tun, denn das ist die richtige Herangehensweise. Inzwischen ist der Übergang zu bio nach einem ambitionierten Zeitplan sogar für das ganze Land in der Schweizerischen Verfassung verankert.

Alle Schweizer Landwirte werden über ein nationales Programm gefördert, sodass auch die Bauern in Bergregionen existieren können. Daneben gibt es für die Erzeugung von Bioprodukten Prämien, die sich in besseren Preisen ausdrücken. In der Schweiz ist völlig klar: Die Bauern müssten einpacken, bekämen sie insbesondere in den schwierig zu bewirtschaftenden Bergregionen keine direkten Einkommenssubventionen. Hier ist es *Common Sense*, dass die bäuerlichen Familienbetriebe überleben müssen, denn sie erzeugen nicht nur Nahrung, sondern sind auch Landschaftspfleger und Kulturschaffende. Die Schweizerische Werteskala sieht das vor! Wenn wir doch in Deutschland auch so eine Einstellung zu unseren Bauern hätten! Stattdessen setzen wir sie dem erbarmungslosen Preiswettkampf der vier großen Lebensmitteleinzelhandelskonzerne ungeschützt aus! Bei der Milch sehen wir gerade, was der Neoliberalismus bewirkt: Die Preise sinken ins Bodenlose. Abscheulich, und die Politiker machen weiter und merken gar nicht, dass die Effizienz-„Fortschritte" durch immer mehr Zuchtauswahl mit Blick auf die Milchleistung und immer mehr Kraftfutter aus Südamerika durch den massiven Preisverfall zunichtegemacht werden. Man sollte Kraftfutter verbieten und wie beim Mindestlohn, der ja auch eine ethische Begründung hat, einen Mindestpreis für Milch verordnen. Dann hätte man im Nu mehr Tiergesundheit, bessere Mich und eine viel bessere CO_2-Bilanz. Der Teufelskreis wäre durchbrochen.

Toby, unser Fotograf, und ich machen uns schon am Sonntagmittag auf in die Schweiz, um gemeinsam mit Ulrike Kraus vorzuorten. Ulrike ist die Lektorin unseres Projekts, die uns während der beiden letzten LOKAL-Reisen begleitet und die wir nun endlich live kennenlernen. Wir nehmen also die Region rund um Arth an der Rigi im Kanton Schwyz daraufhin in Augenschein, wo man die schönsten Bilder machen kann und wo man vor allem die guten Produkte findet.

Nach einem langen Tag Relaxen vor den Obstpaletten am „Fluofeld"

Die Rigi-Region

Die Gemeinde Arth liegt am unteren Ende des Zugersees, ist aber nicht einmal fünf Kilometer Luftlinie vom Vierwaldstättersee entfernt. Das durch die Novelle „Wilhelm Tell" von Friedrich von Schiller bekannte Küssnacht liegt zwölf Kilometer entfernt Richtung Nordwesten zwischen dem Zugersee und dem nordwestlichen Arm des Vierwaldstättersees. Der Ort Schwyz liegt elf Kilometer weit weg. Das hier ist die Zentralschweiz, und wir befinden uns damit in einem der drei Urkantone Uri, Schwyz und Unterwalden (heute Ob- und Nidwalden genannt)! Hier ist also die Geschichte der Schweiz ganz nah zu spüren, ein erhabenes Gefühl!

Zu Arth gehört auch Goldau gleich nebenan, wo wir Uli um kurz vor sechs Uhr am Bahnhof abholen. Wir haben noch keine Bleibe, auch nicht für Simon, Simone und Lisa, die morgen früh kommen. Nun sind insbesondere seit der Freigabe der Wechselkurse zwischen dem Schweizer Franken und dem Euro die Preise für uns hoch, also schauen wir nach einer Jugendherberge. Die finden wir in Gersau am Vierwaldstät-

tersee. Wir fahren direkt dorthin, nachdem wir über das Telefon drei Zimmer reserviert haben. Was für ein Blick, als wir am See ankommen! Er ist dunkelgraublau, aufgewühlt, dahinter die mattgrünen Berge von Bürgenstock, Buochserhorn, Brisen und Schwalmis, im Hintergrund die Engelberger Alpen, an denen die hellweißen Nebelschwaden nach viel Regen hochziehen, ein leicht mit Blau durchwachsener Himmel, ab und zu die letzte Sonne – und Stille! Hier ist nichts los an diesem Sonntagnachmittag, die Zürcher, Luzerner und Zuger Wochenendausflügler sind längst wieder daheim und die Sommertouristen noch nicht angekommen. Es ist fast ein bisschen gespenstisch. Wir ahnen noch gar nicht, dass wir hier in einer der schönsten Gegenden der Schweiz gelandet sind, mit Biopionieren am laufenden Band, mit einer Kulinarik von höchsten Ansprüchen!

Die Jugendherberge liegt unterhalb der Uferstraße direkt am See. Als wir ankommen, ist auch hier nicht viel los. Im alten Schweizer Haus bekommen wir drei putzige Zimmer mit Ausblick, das Haus ist bestimmt 300 Jahre alt und hat mehrere „modernere" Anbauten. Überhaupt fällt auf, dass vieles hier in der Schweiz trotz des vielen Geldes noch recht ursprünglich geblieben ist, die touristischen Attraktionen sind von der Größe her „normal" geblieben. Das kennt man auch von den Skigebieten hier: kein Gigantismus, sondern dem Menschen gemäß gebaute, maximal mittelgroße Hotels, Restaurants

und Liftanlagen, alles noch fürs Herz und nicht für den Geldbeutel der Fremdenverkehrsunternehmer wie in anderen Regionen der Alpen. Böse Zungen würden sagen, dass alles ein bisschen stehen geblieben ist, aber das ist die falsche Sichtweise. Es ist wohl auch wieder einmal der Heimatliebe der Schweizer zu verdanken, die erkannt haben, dass mit Gigantismus der eigentliche Grund, warum Menschen hier Urlaub machen wollen, wegfiele: die Ruhe und die Natur zu erleben. Kein Massentourismus, auch nicht im Winter! Wir finden diese Einstellung großartig!

Erschöpft von der Anreise fallen wir ins Bett, und das ist gut so, denn am nächsten Tag steht viel auf dem Programm.

Station 1: „Haldihof" in Weggis

Montags nach dem Frühstück in der (noch!) leeren Jugendherberge fahren wir nach Weggis, um uns – sieben Kilometer Luftlinie von Arth entfernt – den „Haldihof" anzusehen. Wir passieren das „Park Hotel Vitznau", wo wir später am Tag noch

sein werden. Der „Haldihof" liegt auf einer kleinen Anhöhe inmitten der Hochstamm-Obstplantagen und als wir uns dem Hof nähern, spüren wir schon, dass das hier ein ganz besonderer Platz ist. Allein der Blick ist der Wahnsinn. Wir treffen Bruno und Rebecca Muff, die Inhaber, und es ist wieder wunderbar: Man kommt gleich ins Gespräch, beide sind trotz Überfallkommando und vieler Fragezeichen von Anfang an total offen und herzlich.

Wir drehen mit Bruno eine kleine Runde, und er zeigt uns stolz seine seit Januar in Betrieb befindliche Brennerei: Ein Würfel aus Glas und Holz steht da frei zwischen Obstbäumen in der Landschaft, sehr klar und gut, diese Architektur, eine Seite lässt sich fast komplett öffnen. Wir laufen in die tolle Halle, überall stehen sauber polierte Brennkessel aus Kupfer, es gibt eine kleine Degustationsbar auf einer Empore und ein weiteres komplettes Geschoss mit einem sehr fein gestalteten Tagungsraum samt angeschlossener Küche. Von hier oben hat man einen Rundumblick über den See, die Berge, die Plantagen und die nahe gelegenen Bauernhäuser des Hofs.

Wir lassen uns in wunderbare Gespräche mit Bruno über die Hochstamm-Obstbäume, den Schnaps, die diversen Obstessige, den Gin und den Fruchtsaft ziehen, das erste Gläschen „Alte Birne" wird genossen, und irgendwann treffen Simone, Lisa und Simon mit großem Hallo ein! Alle sind begeistert von Bruno, Rebecca und dem „Haldihof"! „Dürfen wir morgen hier vielleicht für euch und alle anderen Protagonisten und Gäste kochen?", fragen wir zaghaft. Beide sind gleich einverstanden und wir verabreden uns für den nächsten Morgen. Bestimmt gibt es später noch Zeit, beide ausführlicher ihre Geschichte erzählen zu lassen. Eines haben wir schon herausbekommen: Auch Bruno ist Quereinsteiger mit interessanter Geschichte. Näheres dazu also vielleicht später!

Vorerst sausen wir wieder los am Vierwaldstättersee entlang zurück Richtung Gersau nach Vitznau. Simon hat schon mit Christian Nickel telefoniert, der deutsche Küchendirektor vom „Park Hotel" und Freund von Simon, der sich auf uns freut.

Station 2: „Park Hotel" in Vitznau – Zwischenstopp

Christian wartet tatsächlich schon auf uns und gibt uns eine interessante Führung durch das Hotel und seine Küchen. Nenad Mlinarevic, Küchenchef des Gourmetrestaurants „focus" ist vom Gault&Millau gerade erst zum bisher jüngsten Schweizer „Koch des Jahres 2016" gekürt worden. 18 Punkte im Gault&Millau, zwei Michelin-Sterne – nicht schlecht! Im selben Hotel gibt es ein zweites Restaurant, das „PRISMA", geleitet von

Küchenchef Patrick Mahler, der es ebenfalls zu einem Stern und 16 Punkten gebracht hat. Und jetzt wird es interessant für uns, denn „Nenad verkocht nur Schweizer Produkte", sagt Christian. Wir fragen, wie denn die Gäste reagieren, wenn es keinen Seefisch aus dem Nordpolarmeer, keinen Hummer aus New England und keinen Kaviar aus Persien gibt. „Wenn du eine gute Leistung bringst und mit den LOKALen Schätzen leckere Speisen machst, sind die Gäste hochzufrieden!" Und weiter erklärt Christian: „Das Verständnis ist hundertprozentig da, vor allem bei den Menschen aus

*Unsere vorletzte Tour wird
zur Genussreise!*

unserem Kulturkreis!" Na, das ist ja schon eine kleine Herausforderung ... Wir finden es dennoch bemerkenswert, dass Hummer und Co. in dieser hochklassigen Restaurantwelt nicht mehr eine *Conditio sine qua non* sind und auch die Tester von Gault&Millau und Michelin das nicht als Voraussetzung sehen, sondern den Verzicht auf exotischen Luxus in Kombination mit LOKALität inzwischen fast als ein besonderes Asset ansehen, das Pluspunkte bringt. Im „Park Hotel" in Vitznau kocht man auf höchstem Niveau, deswegen schauen wir ein bisschen hinein.

Wir erfahren viel über dieses riesige alte Hotel von 1902 mit dem sensationellen Blick über den Vierwaldstättersee, das heute „einem gebürtigen Deutschen" gehört. 2009 bis 2013 wurde es mit größtem Aufwand umgebaut, um hier den Luxus und die Eleganz zu realisieren, die sich Gäste nur wünschen können.

Auch in die diversen Satellitenküchen dürfen wir hineinschauen, alles perfekt, und es sieht anders aus hier, als man es von Restaurantküchen gewohnt ist. Die Geräte sind eher klein und es gibt auch keine riesigen Kühlzellen – hier werden ganz offensichtlich viele kleine Portionen gekocht. Christian verbessert mich: „Hier geht es um Details!" – Schön gesagt! Die Hauptküche ist weitläufig und hat mehrere Gänge, wobei sämtliche Geräte und Aufbauten nur hüfthoch sind, damit alle einander sehen können – so macht man das heute. „Wenn die Leute so richtig vermögend sind, sind sie sehr umgänglich und locker", antwortet Christian auf die Frage, ob die Gäste manchmal anstrengend

sind. „In der Schweiz ist der Luxus eher der achtsame Umgang mit dem Land – und Qualität hat eben seinen Preis", das finden wir auch. Besser als die Reichen, die ihr Fleisch bei Aldi einkaufen.

Wir unterhalten uns noch über Fragen der Wirtschaftlichkeit: „Unser Wareneinsatz ist durch unseren LOKALen Gedanken sehr gut", meint Christian. Gepaart mit dem Storytelling über die LOKALen Bauern und Gärtner, wie zum Beispiel die Biogärtnerei „Zurmühle Gemüse" und der „Haldihof", sowie deren Überzeugungen funktioniert das Konzept. „Sehr schlau", sagen wir zu Christian, und diesem bleibt nichts anderes übrig, als zu nicken! „Ja, damit ist Nenad zum „Koch des Jahres" gekürt worden und er ist auf dem Weg zu seinem dritten Stern, davon bin ich überzeugt!"

Und noch etwas: Auch hier im „Park Hotel" Vitznau „muss die Sau aufgehen", wie Simon und ich immer sagen. „Du verdienst nur dann etwas, wenn du zu etwas Kurzgebratenem wie Filet oder Lende gleichzeitig etwas Geschmortes auf den Teller bringst", meinen Simon und Christian unisono. Das Gesottene und das Geschmorte sind für uns eh eine feinere Garmethode als das rosa kurz gebratene Stück, weil es viel bekömmlicher ist und die Aromen, die man haben möchte und dazugibt, viel tiefer in das Fleisch eindringen können! Simon kommt natürlich noch auf unser Lieblingsthema, die Innereien. „Innereien müssen von biologisch gefütterten und gehaltenen Tieren sein, sonst hast du den ganzen Dreck wie Antibiotika und Glyphosat drin", sagt Simon nicht ohne Wut, denn gerade kocht

Oben: Wer die Aussicht von hier oben genießen möchte, muss sich zu Fuß oder mit der Seilbahn auf den Weg machen.

das hochpolitische Thema um die Zulassung des Unkrautvernichtungsmittels Glyphosat in der EU hoch, und die Kommission macht eine Probeabstimmung nach der anderen. Probe deshalb, weil sie nicht in die Verlegenheit kommen möchte, die Zulassung endgültig EU-weit zu verwehren. Die Probeabstimmungen fallen nämlich immer pro Abschaffung aus. Die Industrie verharmlost das Spritzmittel und sitzt den Politikern „auf dem Schoß".

Von neuen Erkenntnissen erfüllt – und auch ein bisschen aufgerüttelt! – fahren wir von dannen, mit der Frage im Bauch, ob so etwas geht oder nicht. „Natürlich", ist unsere Antwort, denn wenn die Vermögenden nicht in die Themen der Zukunft eingeführt werden, wer soll denn die Speerspitze darstellen? Die müssen verstehen, wie es anders geht, zum Beispiel in der Kulinarik. Der innovative Sternegastronom muss die Trends setzen, dann kommen die Anderen, wie wir ja wissen, hinterher.

Station 3: „Berghotel Wissifluh" in Vitznau

Ob wir froh seien, dass dies unsere vorletzte Reise ist, fragte mich neulich meine Tochter Sophie, und ich überlegte und

antwortete: „Eigentlich sind wir auch ein bisschen traurig, denn mit LOKAL hatten wir jeden Monat die Gelegenheit, interessante Leute kennenzulernen!" Auch wenn wir nur mit wenigen davon dauerhaft engeren Kontakt pflegen können, so ist jeder Besuch, jede Bekanntschaft und jede neue Geschichte doch eine spannende Erfahrung für alle im Team – wir lernen immer wahnsinnig viel dazu!

So auch bei Sylvia und Jürg Trionfini. Bruno hatte uns den Tipp gegeben, die beiden einmal zu besuchen. Wir fahren zur Talstation der „Wissifluh"-Seilbahn, die

Unten links: Glückliche Wollschweine

Unten rechts: Sylvia und Jürg Trionfini leben auf „Wissifluh" inmitten und mit der Natur.

ein Bauernhof im Frühjahr, noch dazu oben auf dem Berg, zusätzlich das Hotel – das alles bedeutet sehr viel Arbeit.

Wir schaukeln in zwei Abordnungen auf eine Höhe von etwa 950 Meter, die Gondel hat nur Platz für vier, und schon da wird es eng. Knapp 450 Höhenmeter sind zu überwinden, und es gibt keine Stütze! Fast am Ziel, schauen wir nach unten, und es sind gefühlte 200 Meter Luft unter uns. Ein mulmiges Gefühl macht das schon, und einen Moment denke ich bei mir: Zurück gehe ich da zu Fuß runter! Hier bekommt mich keiner mehr rein! Aber da wussten wir noch nichts von der Geschichte der 108 Jahre alten Seilbahn und von der Liebe und Sorgfalt, die Jürg in sie hineinsteckt! In einer ganz besonderen Geschichte gegen das „seilbahnbesessene Schweizertum" hat sich dieser Rebell durchgesetzt, sonst wäre die Seilbahn längst geschlossen worden und das Berghotel und die Biolandwirtschaft wären nicht hier!

Oben angekommen, laufen wir durch ein verwunschenes kleines Wäldchen bis zu einer Lichtung, wo wir den blonden Bauern mit einem jungen Helfer gerade beim Beladen eines Anhängers treffen. „Sind wir hier richtig auf der ‚Wissifluh'?", fragen

7,2 Kilometer Luftlinie von Arth entfernt liegt. Dort hinauf zu den beiden kommt man in zweieinhalb Stunden Marsch oder eben mit der Gondel. Erst erkennen wir die Talstation gar nicht, so klein ist sie. Simon nimmt das Telefon zur Hand, um die Leute da oben anzurufen und sie zu fragen, ob wir willkommen sind. Sylvia ist am Telefon und weiß natürlich gar nicht, worum es geht. Journalisten müssen sich dort oben lange im Voraus anmelden und später lernen wir auch, warum das so ist. Sylvia nimmt sich dann aber doch ein Herz und sagt, wir sollen heraufkommen. Natürlich stören wir sie im Grunde, denn

N 47°3'8.225" — O 8°33'16.097"

wir, und er antwortet freundlich: „Ja! Ich komme gleich, geht schon mal rein, da ist Sylvia!" Wir laufen weiter zu dem alten Haus am Hang. Jeder begrüßt Sylvia artig und wir entschuldigen uns für den Überfall, was das Eis schon einmal ein bisschen bricht. In der Stube des Berggasthofs, in der wir sitzen, ist alles wundervoll alt, alle Möbel sind noch original. Nichts stört. Ein altes schweizerisches Hotel am Berg. Und davor eine Terrasse zum Tal hin mit atemberaubendem Blick über den Vierwaldstättersee hinweg und auf den Turm, den die beiden gebaut haben: „Geht später mal hinauf, vier ‚Fenster' hat der Turm, und ein jedes offenbart ein eigenes tolles Gemälde der Landschaft!" Man merkt: Wir haben es hier mit Naturgenießern zu tun, sie freuen sich jeden Tag daran, obwohl sie schon 29 Jahre hier oben leben und arbeiten – mit Menschen, die ein Anliegen haben.

„Als kleiner Junge wollte ich immer Bauer sein und später hatte ich den unausrottbaren Wunsch zu beweisen, dass man von vier Hektar Land eine Familie ernähren kann", erzählt uns Jürg. Zu Beginn hatten sie im Tal einen kleinen Betrieb gepachtet, mit Ab-Hof-Verkauf, und es war ein „super Erfolg", aber dann verloren sie die Pacht. Daraufhin haben sie „Wissifluh" gefunden, niemand sonst traute sich damals zu, den Ort zu bewirtschaften, so bekamen sie den Zuschlag. Nach neun Jahren Pacht konnten sie den Hof und das Hotel erwerben. „Ich sehe mich eher als Landschaftsgärtner", sagt Jürg. „Wir haben nicht so viel Zeit, alles zu machen, was wir hier landwirtschaftlich und vom Herzen her gern machen würden, aber es geht jeden Tag um

den Erhalt auf der ganzen Linie, beispielsweise der alten Nutztierrassen, wir haben Wollschweine und Rätisches Grauvieh!", führt Jürg aus. „ProSpecieRara" heißt der Verein, den Hans-Peter Grünenfelder, heute international gefragt und renommiert, gegründet hat. Wir unterhalten uns wunderbar und es gibt aufgegossenen Rotkleetee und einen moosgrünen Tee, den ich erst im dritten Anlauf als Walnussbaumblättertee entlarve und mir damit großen Respekt von allen Anwesenden erarbeite. Bevor wir draußen einen kleinen Rundgang machen, stecken die Frauen mit Sylvia die Köpfe zusammen, schauen alte Fotos an und lachen. Simon und ich reden mit Jürg, als wenn wir uns schon Jahrzehnte kennen würden! Er erzählt vom Wollschwein und dass früher nur die reichen Bauern Schweine hatten. „Man kann Wollschweine nicht mästen, das Fett wird zu stark." Deshalb füttert Jürg die Tiere nur mäßig, lässt sie draußen rennen, wühlen und suhlen und hat damit natürlich auch nicht die Zunahmen pro Tag, wie andere Bauern es gerne haben wollen. „Bei uns leben die Tiere länger und werden nicht so schwer, vielleicht 80 Kilogramm, aber sie fressen mir nicht die Haare vom Kopf, auch Heu und Gras im Sommer fressen sie gerne, nicht einfach nur Getreide." Klar, das Gras macht die guten Fettsäuremuster im Fleisch.

„Ich versuche, meine Kollegen zu motivieren, auf Stickstoffdünger zu verzichten, denn das stickstoffgedüngte Gras aus der Industrie schimmelt sofort und dann braucht man schon wieder Chemie gegen die Sporen! Einmal musste ich mir einen Teil des Heus konventionell zukaufen, um keine Kuh schlachten zu müssen", so Jürg. Dann ist ein Kalb gestorben, „weil meine Tiere hier oben in der Natur nie mit Pilzen oder auch Glyphosat in Berührung gekommen sind. Jürg beobachtet, dass das Glyphosat Bienen tötet – darüber hatten wir ja auch schon lange mit Ralf Berghane auf unserer Gladbeck-Tour gesprochen (siehe Seite 244 ff.). Das Zeug ist einfach gefährlich, weil es eben ein Gift ist. „Man hat das untersucht und dann war klar, dass ein Bauer im Tal das Herbizid einfach offen hat liegen lassen. „Ich hab 'ne Galle gekriegt", sagt Jürg, der eigentlich ein in sich ruhender Mensch ist. Ein Freund von Jürg in Weggis hat Bienen und als die Gemeinde anfing, alle Wegränder des Ortes mit „Roundup", in dem Glyphosat enthalten ist, zu spritzen, waren plötzlich die meisten Bienen tot. „Es lagen nur noch tote Bienen vor den Bienenhäusern."

Wir drehen noch eine Runde und schauen, was die Natur hier oben für unser Menü zu bieten hat. Und wir erfahren, dass „Wissifluh" vor einigen Jahren ganz groß im Fernsehen war. „Der ‚Tatort Schweiz' wurde bei uns gedreht", erzählt Jürg. Nach dem „Tatort", in dem der Schriftzug „Berghotel Wissifluh" ständig zu sehen war, kamen mindestens ein Jahr lang viele Besucher aus Deutschland, die den Originalort sehen wollten.

Während wir durch das hohe, nasse Gras laufen, kommt die Sonne heraus und scheint uns wohltuend in die Gesichter. Neben Rettich, Vogelmiere und diversen Kräutern bekommen wir am Ende noch Schweineschmalz. Und wir ergattern Halsgratstücke! „Das Wollschwein ist unser Markenzeichen, das kann man schon so sagen", meint Sylvia. Wir verabschieden uns mit großen Juchhe und laufen beladen zurück zur Seilbahn. Plötzlich hören wir aus dem Lautsprecher die Stimme von Jürg, der uns noch einmal dankt und eine gute Fahrt wünscht. Später lese ich auf der Website der Trionfinis folgende zwei Sätze: „Wir pflegen keine Speisekarte – lassen Sie sich überraschen!" Nach jahrelanger Erfahrung hat sich Sylvia entschlossen, eine Gartenküche zu machen, das heißt, sie verarbeitet das, was reif oder gerade vorhanden ist. Eine weise Einstellung, die mir

Blauer Federkohl (unten), Meerrettich-blüten (oben links), Guter Heinrich (oben rechts)

bekannt vorkommt. Und der zweite Satz ist: „Um uns und Ihnen gerecht zu werden, wäre es toll, wenn Sie sich telefonisch voranmelden würden." Dieses Prinzip haben wir mit unserem „Überfall" einfach durchbrochen. Sorry, Sylvia und Jürg, es waren – trotzdem – ein paar wunderbare Stunden mit euch zwei Goldschätzen! Danke!

Station 4: Gärtnerei „Zurmühle Gemüse" in Weggis

Wir machen uns auf zur Gärtnerei „Zurmühle" auf der Halbinsel bei Weggis-Hertenstein – 12 Kilometer Luftlinie von Arth entfernt –, die sich gerade in Umstellung vom konventionellen Betrieb auf Bioanbau befindet und die uns Christian empfohlen hatte. Eine solche Umstellung geschieht nicht von heute auf morgen, das ist ein Prozess, der mindestens zwei und mehr volle Jahre in Anspruch nimmt. „Bio Suisse", der Dachverband der insgesamt 33 kantonalen und regionalen Organisationen der ökologischen Landwirtschaft in der Schweiz, begleitet die Umstellung engmaschig und achtet genauestens darauf, dass die Richtlinien eingehalten werden. Die Mehrheit aller Schweizer Biobauern ist in diesem Zusammenschluss organisiert.

Seniorchefin Ursula Blaser führt uns über den Hof. Leider haben wir kaum Zeit für ein tieferes Gespräch, denn wir wollen unbedingt noch auf den „Fluofeld" bei Arth, dessen Hofladen bald schließt. Aber der Blick von hier ist atemberaubend und die Chefin so freundlich, dass wir uns die Zeit nehmen. Wir bekommen ein paar wenige schöne hellrote Tomaten, denn hier wird

für Migros die Tomate normalerweise grün produziert! Außerdem bekommen wir noch Radieschensprossen, Salatgurken und ein paar junge Äpfel – wir laufen noch hinunter zum See, wo Thomas Zurmühle eine Veranstaltung für die Migros-Leute am nächsten Tag vorbereitet – und dann fahren wir leider auch schon wieder, und zwar nach Oberarth.

Station 5: „Biohof Fluofeld" in Oberarth

Hier, lediglich 350 Meter von Arths Zentrum entfernt, legen wir ebenfalls nur einen kurzen Boxenstopp ein, denn Michael Reichmuth-Caduff hat selbst nicht viel Zeit. 15 Minuten vor Ladenschluss hüpfen wir in den Hofladen direkt am alten Hof. Die Stufen hinab kommt ein durchtrainierter, mitteljunger, gut aussehender Mann im grünen Overall, bereit, für bio Bäume aus-

Michael Reichmuth-Caduff

zureißen, und lacht uns an: Michael. Von einem zurückhaltenden Schweizer nichts zu erkennen, geht er doch gleich mit uns in medias res, nachdem wir ihm das Prinzip von LOKAL erklärt haben. Auf dem Rundgang erzählt er von seiner Familie, seinen Eltern, die klein angefangen haben. Irgendwann hat er übernommen und die Landwirtschaft auf Biobetrieb umgestellt. „Wir haben hier insgesamt sechs Hektar, wovon vier für den Gemüsebau, einer für Beeren und ein weiterer als Grünland für meine Tiere dienen", sagt er. „Wir vermarkten neben dem Hofladen unsere Produkte auf diversen Wochenmärkten in Einsiedeln, Goldau und Brunnen, außerdem über viele Läden in unserer Umgebung wie Schwyz und Küssnacht an der Rigi und bis Unterägeri."

Michaels Frau Anita und auch seine Mutter sind mit von der Partie. So hat sich die

Familie ein weiteres Standbein aufgebaut, nämlich die Produktion von vegetarischen frischen Speisen für Kindergärten, Schulen und diverse Kantinen in der Gegend. „Hier können wir alles verarbeiten, was geerntet werden muss, aber eventuell nicht in unverarbeiteter Form verkauft werden kann!" Ich kenne die Herausforderung, wenn mit einem Mal ganz viel da ist und man nichts wegwerfen will. Ein Verarbeitungsschritt ist da logischerweise hilfreich.

Wir packen uns den Kofferraum voll mit frischem Gemüse, Eiern und Beeren und fahren in unsere Jugendherberge in Gersau zurück. Alle sind müde vom Tag, dem frühen Aufstehen für Lisa, Simone und Simon und den ganzen Eindrücken. Am nächsten Morgen springen wir Jungs nach einem Mini-Jogging am Ufer noch eben in den Vierwaldstättersee – ein MUSS! Blitzartig sind wir wach. Der Frühstückssaal der Jugendherberge ist voller Kinder und Jugendlicher! Nicht schlecht! Wir ergattern dennoch einen Platz am Fenster mit grandiosem Blick über den See, und ich denke bei mir: Wirklich schön, diese Schweiz, lange keinen Kontakt mehr gehabt, aber doch noch irgendwie vertraut. Dieses Schwyzerdütsch, genau so klang es im Speisesaal im Internat!

Kochen in der Brennerei

Bruno, Rebecca und ihre Mitarbeiter empfangen uns am „Haldihof", als würden wir uns schon ewig kennen. Wir bringen alle Utensilien und Zutaten nach oben in unseren Adlerhorst im neuen Würfel. Es

Duft und Geschmack des Sommers!

N 47° 3′ 8.225″ — O 8° 33′ 16.097″

Links: Unser LOKAL-Menü in der Brennerei vom „Haldihof"

Rechts: Manchmal geht es um Details!

regnet ein bisschen, aber es ist warm. Während alle schnibbeln, schälen, rühren und den im „Park Hotel" dankenswerterweise sous-vide gegarten Wollschweinenacken prüfen, schaffen wir es dennoch, Bruno noch einmal zu interviewen. Der Mann hat so viel zu erzählen, das haben wir tags zuvor schon gespürt. Und wir erfahren, dass er einer der Mitbegründer von Greenpeace Schweiz war: „Ich habe irgendwann Monika Griefahn in Hamburg angeschrieben, um sie um Hilfe beim Aufbau eines Büros in der Schweiz zu bitten, und sie sagte sofort zu!", erzählt Bruno. „Da war ich 15 Jahre alt und nahm an der Gründungsveranstaltung teil. Die Zeit war für mich super – kämpfen statt reden, das hat mich fasziniert. Das darf bei Greenpeace nicht verloren gehen, trotz aller Hintergrundarbeit," mahnt er. „Wenn man die Jugend begeistern will, braucht man diesen ‚Speerspitzen'-Arm." Bruno war auch lange bei der Organisation „BirdLife" in der Schweiz im Vorstand, seine Begeisterung für die Natur und die Fauna hat bei ihm also eine lange Geschichte. „Heute nach Jahrzehnten des Umwegs mache ich das, wovon ich früher nur geträumt habe", sagt er schelmisch. Und wir fragen natürlich, was das denn gewesen sei, jahrzehntelang.

„Ursprünglich bin ich Landschaftsökologe", erzählt Bruno. „Mein Bruder ist Raumplaner," fügt er ergänzend hinzu. „In unserem Kinderzimmer haben wir unsere erste Firma gegründet! Da waren wir ungefähr 18. Wir haben auf den ersten Apple-Rechnern die Landschaft digitalisiert und Adressen draufgelegt", erklärt Bruno, „zur räumlichen Suche nach Adressen." Wir stehen auf der Terrasse und schauen in die Ferne auf den Vierwaldstättersee und die Berge dahinter. „Irgendwann hatten wir ein Büro in Luzern. Die Firma wuchs. Wir haben für sehr viele Computeranwendungen den Geoteil gemacht. So haben wir das Geoportal für die Deutsche Post erdacht, mit Blaupunkt ein GPS-basiertes Navigationssystem programmiert und für Microsoft den Flugsimulator gebaut." Man merkt nur ein ganz kleines bisschen den Stolz, der da durchscheint, für überschwängliche Geschichten ist Bruno zu bescheiden, das ist sehr angenehm. „Irgendwann hat Google bei uns angeklopft und wollte sich bei uns einkaufen, denn wir hatten fertige

Lösungen. Die wollten sich Zeit erkaufen, Vorsprung", erzählt Bruno. So wurden unsere 60 Mitarbeiter vor neun Jahren der Kern von Google Technical Services in Europa. Heute arbeiten dort 2 000 Leute. Die sind in Zürich, denn sie schätzen die Nähe zur ETH! Ich bin ausgestiegen, denn ich wollte nicht Angestellter von Google sein." Welch erstaunliche Menschen man auf unseren Touren doch immer wieder trifft! Aber es geht noch weiter und wird für LOKAL noch besser ...

„Ich war einer von 30 Leuten im Initiativkomitee zur Verankerung von bio in der Schweizerischen Verfassung", berichtet Bruno weiter. Das war eine Initiative von Bauern und Konsumenten, die nicht locker gelassen haben. Die Idee dahinter war, dass der Bauer erst eine besondere Leistung erbringen soll, über das „Gewöhnliche" hinaus, bevor er Geld bekommt. „Das Parlament und die Regierung in Bern waren natürlich dagegen. Wir haben lange kämpfen müssen, aber jetzt steht es in der Verfassung!" Und ich frage ihn weiter, wie denn der Umstellungsvorgang verläuft. „Das dauert seine Zeit, und die ist nicht kurz, aber es geht in die richtige Richtung", sagt Bruno. Das „FibL" – das „Forschungsinstitut für biologischen Landbau" – ist ja deshalb erst entstanden. Es betreibt Anbaustudien aller Art, Feldversuche, forscht an einzelnen biologischen Pilz- und Insektenmitteln und legt die Grundlage für die Wirtschaftlichkeit der schweizerischen Biobauern. „Der Biolandbau in der Schweiz ist mindestens gleichgestellt mit dem konventionellen Landbau."

Bruno tut alles, was er macht, ganz offensichtlich mit größter Überzeugung und aus tiefster Seele. Darum baut er im Gegensatz zu vielen anderen Bauern sein Obst auch auf Hochstämmen an. Durch den vielerorts fast schon industriellen Anbau sind auch in der Schweiz in den letzten 50 Jahren fast 80 Prozent aller Hochstämme verschwunden, denn sie brauchen im Gegensatz zu Kurzstämmen länger, bis sie tragen. Ihre Pflege ist durch den Beschnitt aufwendiger, zudem ist ihr Obst schwieriger zu ernten. „Aber die alten Sorten wachsen am Hochstamm besser", das ist für Bruno klar. Für ihn zählt natürlich auch der viel aromatischere Geschmack der alten Sorten, sie geben seinen Spirituosen und Obstessigen einfach den reicheren Geschmack. Und schlussendlich gibt es noch ein weiteres Argument: Mit der Rekultivierung der

Hochstämme kehren auch seltene Vogelarten wie zum Beispiel der Gartenrotschwanz zurück! Hier in der Schweiz setzt sich die Initiative „Hochstamm Suisse" für deren Erhaltung und Rekultivierung ein. Insgesamt ein länderübergreifendes Thema, denn schon in Südtirol hatten wir darüber ein längeres Gespräch mit Willi Gasser vom „Santerhof" (siehe Seite 276 ff.). Und auch aus Deutschland kennen wir das. Der „Haldihof" ist natürlich Teil von „Hochstamm Suisse", eines von rund 600 Mitgliedern, das ist schon eine ganze Menge. Sie alle verpflichten sich, als Obstverarbeiter neben dem eigenen Obst Hochstammobst von anderen Bauern zu fairen Preisen einzukaufen. Die Überzeugungen von Bruno und Rebecca finden ihren Abdruck in all den Initiativen, die die beiden im Laufe der Jahre aufgebaut haben, kompromisslos und tief greifend. Aber es wird wirklich Zeit, zu Simon und den anderen zurückzukehren.

Simon und unsere Crew haben ein wunderbares LOKAL-Menü gekocht. Wir räumen Tische und Stühle in die Halle. Um zwölf Uhr treffen die ersten Gäste ein: Jürg und Sylvia vom Berghotel „Wissifluh", Patrick Mahler vom „PRISMA" im „Park Hotel" kommt mit dem jungen Koch Bernhard und natürlich Bruno mit seinen Leuten. Zehn Gäste, drei Gerichte! Es dauert diesmal ein bisschen länger, Simon will Höchstleistungen vollbringen, das schafft er natürlich auch! Dafür habe ich mehr Zeit, mich mit den Gästen zu unterhalten. Beim Essen, Genießen und Reden vergeht die Zeit wie im Fluge. Und dann ist es auch schon wieder vorbei – die Gäste zerstreuen sich, wir räumen noch rasch auf und beseitigen unsere Spuren, dann zerstreuen auch wir uns wieder in die verschiedenen Himmelsrichtungen und sind schon sehr gespannt, wohin uns die Reise auf unserer letzten Tour führen wird!

Welche Bioerzeuger wir gefunden haben und
welche Lebensmittel sie uns geben konnten:

- Honig, Essig und eine grandiose Location
  zum Kochen finden wir bei Rebecca
  und Bruno Muff, „Haldihof", Haldihof,
  CH–6353 Weggis
  ▲ — Entfernung: 10,2 Kilometer

- Wollschweinnacken, Schweineschmalz,
  Kartoffeln, Guter Heinrich, Vogelmiere,
  Bohnenkraut, Knoblauchrauke und Meer-
  rettich bekommen wir von Sylvia und Jürg
  Trionfini, „Berghotel Wissifluh", Wissifluh,
  CH–6354 Vitznau
  ▲ — Entfernung: 7,2 Kilometer

- Gurken, Tomaten sowie rote und grüne
  Radieschensprossen geben uns Ursula
  Blaser und Thomas Zurmühle von
  „Zurmühle Gemüse", Zinnenstrasse 4,
  CH– 6353 Weggis
  ▲ — Entfernung: 12,0 Kilometer

- Joghurt, Eier, Bohnen, Frühlingszwiebeln,
  Himbeeren und Erdbeeren kaufen wir
  bei Anita und Michael Reichmuth-Caduff auf
  dem „Biohof Fluofeld", Alter Pilgerweg 4,
  CH–6414 Oberarth
  ▲ — Entfernung: 2,0 Kilometer

KALTE KARTOFFEL-MEERRETTICH-SUPPE

MIT SAUREN GURKEN, PULVER VON MEERRETTICHBLÄTTERN, HIMBEERE UND TOMATE
FÜR 4 PERSONEN

FÜR DAS PULVER VON MEERRETTICHBLÄTTERN:

- 250 G MEERRETTICHBLÄTTER
- AUSSERDEM: DÖRRGERÄT, BLITZHACKER ODER STANDMIXER

Zubereitungszeit: 10–12 Stunden

1 — *Für das Pulver von Meerrettichblättern:* Am Vortag die Blätter verlesen, waschen, den inneren Strunk entfernen. Die Blätter im Dörrgerät verteilen und bei 45 °C 12 Stunden trocknen. Alternativ den Backofen auf niedrigste Stufe vorheizen und die Blätter auf einem Backblech im warmen Ofen 10 bis 12 Stunden trocknen.

2 — Die getrockneten Meerrettichblätter im Blitzhacker oder Standmixer zu feinem Pulver mixen.

FÜR DIE SAUREN GURKEN:

- 1 SALATGURKE
- 150 ML BLÜTENHONIG-BALSAMESSIG, ALTERNATIV APFELESSIG
- 75 G HONIG
- 20 G SALZ

Zubereitungszeit: 20 Minuten

1 — *Für die sauren Gurken:* Die Gurke waschen, halbieren und mit einem Sparschäler in hauchdünne Streifen schneiden. Essig und Honig mit 200 Milliliter Wasser aufkochen. Die Gurkenstreifen mit dem heißen Sud übergießen und bis zur Verwendung ziehen lassen.

2 — 12 Gurkenstreifen auf Küchenpapier abtropfen lassen und aufrollen. Den Rest wie im Tipp angegeben aufbewahren.

! — *Tipp:* Die Gurken lassen sich perfekt auf Vorrat zubereiten und – in sterile Einmachgläser abgefüllt – mehrere Wochen aufbewahren. Sie schmecken zum Beispiel auch zur Vesper super!

⟶

FÜR DIE KALTE KARTOFFEL-MEERRETTICH-SUPPE:

- 1 GROSSE MEEERRETTICH-WURZEL
- 750 G MEHLIGKOCHENDE KARTOFFELN
- 750 ML MINERALWASSER
- 1 EL BLÜTENHONIG-BALSAMESSIG
- 6 EL NATURJOGHURT
- SALZ
- AUSSERDEM: ZENTRIFUGAL-ENTSAFTER, DÖRRGERÄT, STABMIXER ODER STANDMIXER

Zubereitungszeit: 20 Minuten + 10–12 Stunden Trocknungszeit

1 — *Für die kalte Kartoffel-Meerrettich-Suppe:* Am Vortag den Meerrettich schälen, in Stücke schneiden und durch den Entsafter drücken. Den Meerrettichsaft in einem Schraubglas luftdicht verschließen und bis zur Verwendung kalt stellen. Das Meerrettichfleisch im Dörrgerät verteilen und bei 45 °C 12 Stunden trocknen. Alternativ den Backofen auf niedrigster Stufe vorheizen, das Fleisch auf einem Backblech verteilen und im warmen Ofen je nach Temperatur 10 bis 12 Stunden – am besten über Nacht – trocknen.

2 — Am folgenden Tag die Kartoffeln schälen und in kochendem Wasser etwa 20 Minuten weich garen. Abgießen und ausdampfen lassen, dann mit dem Mineralwasser mit dem Stabmixer oder im Standmixer fein pürieren.

3 — 25 Milliliter Meerrettichsaft, Essig und Naturjoghurt zur Suppe geben. Mit Salz abschmecken. Die Suppe bis zum Servieren im Kühlschrank kalt stellen.

$\longrightarrow$

FÜR HIMBEERE UND TOMATE:

- 250 ML HIMBEERESSIG
- 250 G HIMBEEREN PLUS
  12 SCHÖNE HIMBEEREN ZUM
  GARNIEREN
- 1 TOMATE
- SALZ
- 50 G HONIG
- AUSSERDEM: STABMIXER
  ODER STANDMIXER

Zubereitungszeit: 25 Minuten

ZUM SERVIEREN:

- ESSBARE BLÜTEN ZUM
  GARNIEREN

1 — *Für Himbeere und Tomate:* Den Himbeeressig in einem kleinen Topf aufkochen und bei starker Hitze etwa 10 Minuten dickflüssig einkochen.

2 — In der Zwischenzeit die Himbeeren waschen und trocknen. Die Tomate waschen, halbieren, entkernen und ohne Stielansatz in kleine Würfel schneiden. Die Würfel abgedeckt beiseitestellen.

3 — Die Tomatenkerne und 250 Gramm Himbeeren mit dem Stabmixer oder im Standmixer fein pürieren. Mit wenig Salz verfeinern.

4 — Wenn der Essig dickflüssig eingekocht ist, den Honig darin auflösen.

¤ — *So geht's zusammen:* Die kalte Kartoffel-Meerrettich-Suppe auf tiefe Teller verteilen, je drei schöne Himbeeren aufsetzen, drei saure Gurkenröllchen anlegen, mit Himbeer-Tomaten-Püree sowie dem reduzierten Himbeeressig beträufeln, mit Tomatenwürfeln bestreuen, mit den beiden Pulvern von Meerrettichwurzel und -blättern bestäuben und mit Blüten garniert servieren.

‡ — *Zum Probieren:* Um das Tomaten-Himbeer-Püree zu verfeinern und für ein wenig Schärfe würzen Sie es mit grob zerstoßenen roten Pfefferbeeren.

GEGRILLTER HALS VOM WOLLSCHWEIN

MIT HONIGSUDRAGOUT, ZWEIERLEI VON DER VOGELMIERE, GRÜNEN BOHNEN UND BLUMENKOHL
FÜR 4 PERSONEN

FÜR DEN GEGRILLTEN HALS VOM WOLLSCHWEIN:

- 1 KG WOLLSCHWEINHALS, ALTERNATIV SCHWEINEHALS
- SALZ
- AUSSERDEM: VAKUUMBEU-TEL, ALTERNATIV ZIP-FRISCH-HALTEBEUTEL, VAKUUMIERER (ENTFÄLLT BEI BENUTZUNG EINES FRISCHHALTEBEUTELS), SOUS-VIDE-GARER, ALTERNATIV GROSSER TOPF, HOLZKOHLE-KUGELGRILL

Zubereitungszeit: 12 ½ Stunden (im Sous-Vide-Garer) oder 8 ½ Stunden (im Topf)

1 — *Für den gegrillten Hals vom Wollschwein:* Den Schweinehals mit Salz großzügig einreiben. Das Fleisch in einen Vakuumbeutel geben und mit dem Vakuumierer fest verschließen. Alternativ das Fleisch in einen Zip-Frühstücksbeutel geben und vor dem Verschließen – am besten über einer Tischkante – die Luft so gut wie möglich herausstreichen.

2 — Im Sous-Vide-Garer ein Wasserbad auf 68 °C erhitzen. Den Schweinehals im heißen Wasser 12 Stunden garen. Alternativ in einem großen Topf das Wasser bis zum Siedepunkt erhitzen und das Fleisch darin etwa 8 Stunden ziehen lassen.

3 — Den Grill anfeuern. In der Zwischenzeit das Fleisch aus den Beuteln nehmen, dabei den entstandenen Sud auffangen. Das Fleisch mit Küchenpapier trocken tupfen und in 4 schöne Portionsstücke à 100 Gramm schneiden. Das restliche Fleisch für das Honigsudragout verwenden.

4 — Wenn die Kohlen gut durchgeglüht sind und sich außen eine weiße Ascheschicht gebildet hat, die Temperatur auf 150 °C regulieren. Die Schweinehalsstücke auf den Grill legen und von beiden Seiten jeweils 4 Minuten scharf angrillen.

→

FÜR DAS ZWEIERLEI VON DER VOGELMIERE:

- 600 G VOGELMIERE, ALTERNATIV ERBSENSPROSSEN
- 40 G SCHWEINESCHMALZ, ALTERNATIV NEUTRALES PFLANZENÖL
- 250 G FRÜHLINGSZWIEBELN
- 8 EL BLÜTENHONIG-BALSAM-ESSIG, ALTERNATIV APFELESSIG
- 1 ½ EL HONIG
- AUSSERDEM: STABMIXER ODER STANDMIXER

Zubereitungszeit: 40 Minuten

1 — *Für das Zweierlei von der Vogelmiere:* Die Vogelmiere waschen und verlesen. In einem Topf ausreichend Wasser aufkochen und 500 Gramm Vogelmiere 1 Minute blanchieren. Herausnehmen, in Eiswasser abschrecken und abtropfen lassen.

2 — Das Schweineschmalz in einem kleinen Topf erhitzen und die restliche Vogelmiere im heißen Fett maximal 2 Minuten frittieren, bis sich die ersten Blätter braun färben. Sofort herausnehmen und auf Küchenpapier abttopfen lassen.

3 — Die Frühlingszwiebeln putzen, waschen und die Wurzelansätze entfernen. Die Hälfte in grobe Stücke schneiden und in 500 Milliliter Wasser etwa 25 Minuten weich garen, bis die Flüssigkeit vollständig eingekocht ist. Frühlingszwiebel und frittierte Vogelmiere mit dem Stabmixer oder im Standmixer sehr fein pürieren. Ein feines Sieb mit einem Passiertuch oder Küchenpapier auslegen und das Püree darin abtropfen lassen.

4 — Von den restlichen Frühlingszwiebeln den weißen bis helleren Teil auf dem heißen Grill mit dem Fleisch rundherum 5 bis 8 Minuten grillen. In der Zwischenzeit für das Dressing Essig und Honig verquirlen und die restliche Vogelmiere darin kurz vor dem Anrichten marinieren.

FÜR DEN HONIGSUDRAGOUT:

- ABSCHNITTE VOM GEGARTEN WOLLSCHWEINHALS (S. O.)
- 250 ML SUD VOM WOLL-SCHWEINHALS (S. O.)
- 100 G HONIG

Zubereitungszeit: 40 Minuten

1 — *Für den Honigsudragout:* Die Fleischabschnitte in feinste Würfel schneiden. Den Sud in einem kleinen Topf mit dem Honig aufkochen und die Flüssigkeit bei starker Hitze etwa 10 Minuten auf die Hälfte der Menge einkochen, dabei regelmäßig rühren.

2 — Die Wollschweinhalswürfel kurz vor dem Servieren in den Sud geben und erhitzen.

FÜR BOHNEN UND BLUMENKOHL:

- 500 G BLUMENKOHL
- 100 G BREITE BOHNEN
- SALZ
- 20 BLÄTTER GUTER HEINRICH, ALTERNATIV SPINAT
- 3 FRÜHLINGSZWIEBELN
- 5 STÄNGEL BOHNENKRAUT
- 1 KLEINE HANDVOLL KNOB-LAUCHRAUKE, ALTERNATIV BÄRLAUCH
- 1 TOMATE
- 2 EL SCHWEINESCHMALZ

Zubereitungszeit: 40 Minuten

1 — *Für Bohnen und Blumenkohl:* Den Blumenkohl waschen und in Röschen schneiden. Die Bohnen waschen, entfädeln und in 3 Zentimeter breite Stücke schneiden. Blumenkohl und Bohnen in kochendem Salzwasser 8 Minuten blanchieren. Herausnehmen, sofort in Eiswasser abschrecken und abtropfen lassen.

2 — Den Guten Heinrich waschen und in kochendem Wasser 10 Sekunden blanchieren. Herausnehmen und ebenfalls abschrecken. Die Frühlingszwiebeln waschen, putzen und ohne Wurzelansätze in Ringe schneiden. Bohnenkraut und Knoblauchrauke waschen und trocken schütteln. Die Bohnenkrautblätter abzupfen und mit der Knoblauchrauke in feine Streifen schneiden. Die Tomate waschen, halbieren, entkernen und ohne Stielansatz würfeln.

3 — Das Schweineschmalz in einer Pfanne erhitzen und die Frühlingszwiebelringe darin bei starker Hitze schön anbraten. Bohnen, Guten Heinrich, Knoblauchrauke und Bohnenkraut dazugeben und kurz durchschwenken. Mit wenig Salz verfeinern.

4 — Die Blumenkohlröschen zum Fleisch auf den heißen Grill legen und rundherum 3 bis 4 Minuten schön angrillen.

¤ — *So geht's zusammen:* Das Honigsudragout in einer Linie auf den Tellern verteilen. Das gegrillte Fleisch daneben auflegen und mit etwas Frühlingszwiebel-Vogelmiere-Püree und den Bohnen toppen. Jeweils einige Blumenkohlröschen daneben auf die Teller setzen und das Ganze mit der marinierten Vogelmiere garniert servieren.

NATURJOGHURT & RADIESCHENSPROSSEN

MIT DREIERLEI ERDBEEREN
FÜR 4 PERSONEN

FÜR NATURJOGHURT & RADIESCHENSPROSSEN:

- 500 G NATURJOGHURT
- 50 G RADIESCHENSPROSSEN, ALTERNATIV SHISOKRESSE
- AUSSERDEM: STABMIXER ODER STANDMIXER, EINWEG-SPRITZBEUTEL

Zubereitungszeit: 15 Minuten + 1 Stunde Kühlzeit

FÜR DIE DREIERLEI ERDBEEREN:

- 600 G ERDBEEREN
- AUSSERDEM: DÖRRGERÄT, ALTERNATIV BACKOFEN, BLITZHACKER ODER STANDMIXER, STABMIXER ODER STANDMIXER

Zubereitungszeit: 12 ¼ Stunden

1 — *Für Naturjoghurt & Radieschensprossen:* Den Joghurt vor der Verarbeitung mindestens 1 Stunde im Kühlschrank kalt stellen. Die Radieschensprossen vom Beet schneiden, waschen und trocken schütteln. Einige schöne Sprossen für die Garnitur beiseitelegen, den Rest mit 200 Gramm Joghurt mit dem Stabmixer oder im Standmixer fein pürieren. Den restlichen Joghurt glatt rühren, in einen Spritzbeutel füllen und ebenfalls kalt stellen.

1 — *Für die dreierlei Erdbeeren:* Die Erdbeeren waschen und trocken tupfen. 250 Gramm Erdbeeren vom Stielansatz befreien und in feine Scheiben schneiden. Die Erdbeerscheiben im Dörrgerät verteilen und bei 45 °C 12 Stunden trocknen. Alternativ den Backofen auf niedrigste Stufe vorheizen, die Erdbeerscheiben auf einem mit Backpapier belegten Backblech verteilen und im warmen Ofen je nach Temperatur 10 bis 12 Stunden trocknen.

$\longrightarrow$

2 — Die getrockneten Erdbeeren im Blitzhacker oder Standmixer zu Pulver zerkleinern. Von den restlichen Erdbeeren die schönsten vier Beeren mit Stielansatz in Viertel schneiden. Den Rest ohne Stielansatz mit dem Stabmixer oder im Standmixer fein pürieren.

¤ — *So geht's zusammen:* Jeweils einen Rand Naturjoghurt auf tiefe Teller spritzen und den Radieschenkressejoghurt in die Mitte geben. Einige Kleckse Erdbeerpüree aufsetzen, die Erdbeerviertel auflegen, mit reichlich Erdbeerpulver bestreuen und mit den restlichen Radieschensprossen garniert servieren.

- SCHAFE ÜBER SCHAFE
- GRANDIOSE LANDSCHAFT
- ORTHODOXE KIRCHE
- DIE LETZTE TOUR

N
S

LOKAL – TOUR № 11

BISCHOFSHEIM

DEUTSCHLAND IM JULI

N 50° 24.6.974" — O 10° 0.34395'

EINE REISE WIRD ZUR FRIEDENSMISSION!

Da ist sie nun, die letzte Tour – wie schnell das Jahr und die Reisen verflogen sind! Spontan kommt uns die Idee, unsere letzte Reise zur Friedensmission zu erklären – egal, wohin es geht.

Wir leben in einer angespannten Zeit, das Säbelrasseln hört nicht auf, überall brodelt es, werden Anschläge für das vermeintlich Bessere verübt, überall rüsten die alten Machtblöcke auf und positionieren ihre Raketen. Es ist unerträglich dumm, dass wir die Friedensüberzeugungen und die gemäßigte Vorgehensweise der 1970er-und 1980er-Jahre wieder verloren haben. Für das Verständnis unter den Völkern und Religionen zu werben und für Pazifismus unter allen Umständen, das ist unsere LOKAL-Mission. Frieden unter den Menschen ist auch die Voraussetzung für einen Frieden mit der Natur, für die wir hier bei LOKAL angetreten sind. Und später sehen wir, wie diese Verständigung „durch das Wort" auch auf unserer Reise nach Bischofsheim passiert!

Andreas Hoppe liebt offensichtlich das Außergewöhnliche – deswegen schickt er uns auf unserer letzten Tour nach Bischofsheim an der Rhön! Nun, keiner von uns kennt sich da wirklich aus oder war schon jemals dort – ein Fehler, wie wir rasch feststellen! Denn wir finden eine unglaublich schöne, ursprüngliche Landschaft mit sanften Hügeln bis 900 Meter Höhe, Laubwäldern, Wiesen ähnlich denen auf der Schwäbischen Alb und kleinen pittoresken Dörfern, die irgendwie stehen geblieben sind zu einer Zeit, als alles vielleicht noch besser war. Ein Naturreservat, das noch nicht von dem „Immer mehr – immer größer" der Konsumwelt erfasst worden ist, sondern ein bisschen auch ein einsames Leben fristet. Dabei ist die Rhön mitten in Deutschland. Früher war hier der „Zonenrand", wie man so despektierlich sagt. Auf einer Größe vergleichbar mit dem Saarland erstreckt sich die Rhön über drei Bundesländer: Thüringen, Hessen und Bayern. Die Rhön ist Biosphärenreservat, was natürlich Auswirkungen auf die Gestaltung der Landschaft und den Tourismus hat: Naturschutz wird hier

Gruppenbild mit Pater Johann und seiner Tochter Tatjana

großgeschrieben, Ökolandbau auch. Letzterer hat es aber in einem so dünn besiedelten Gebiet schwer, denn die Arme von Aldi, Rewe und Co. reichen natürlich auch in die letzten Bergtäler der Rhön, um den Menschen hier billige Lebensmittel zu offerieren.

Die Holzschnitzerstadt Bischofsheim hat die Form eines „Fränkischen Rundlings", das heißt, die Altstadt befindet sich innerhalb der historischen, gut erhaltenen Stadtmauer. Wir sind hier tatsächlich in Unterfranken, dem nördlichsten Zipfel Bayerns. Die Holzschnitzertradition ist unübersehbar: Christliche und seit Langem auch orthodox-christliche Darstellungen in Holz findet man vielfach in der Stadt, wenn man sich tiefer auf Bischofsheim einlässt. Was wir natürlich tun – und die Geschichte geht so:

Unsere Zelte schlagen wir in der „Brennerei-Gasthaus Dickas" an der alten Stadtmauer auf. Sie hat eine kleine Pension und ein Restaurant, das sich auf die LOKALen Werte besinnt und fast ausschließlich Rhöner Rohstoffe verarbeitet, genauso macht

es die Brennerei. Michael Albert, der uns durch seine Facebook-Nominierung in seine Heimatstadt gelotst hat, hat uns schon vor dem Start mit vielen Anlaufstellen versorgt, da werden wir heute schon einmal sondieren. Doch vieles kommt wie immer ganz anders. Denn wenn man sich öffnet, entstehen die erstaunlichsten Begegnungen, denen man dann weiter folgt. Das ist ja auch das Spannende an LOKAL!

Schon am Sonntag geht's Richtung Bischofsheim, um in Fulda unsere Fotografin Elissavet abzuholen. Später treffen wir dann unsere Lektorin Uli. Es schüttet immer wieder in Strömen, und wir fahren durch die Wälder und Felder, alles ist in frisches Grün getaucht. Eine Herde Fleckvieh betrachten wir genauer, riesig viel Platz haben die Rinder hier. Mit meinem speziellen Lockruf, den ich noch aus Kindertagen kenne – „Männe kooomm" –, kommen schließlich die Tiere fürs Foto zu uns getrabt. Die Landschaft und davor die Rinder sind so ein typisches Motiv, dass Eli ganz aus dem Häuschen ist. Aber schnell weiter nach Bischofsheim! Über die bayerische Grenze fahren wir hinunter ins Tal.

Wir nehmen Uli zu uns und verorten uns schon einmal in der Gegend. Von wunderbaren Hügeln aus schauen wir in die weitläufigen Täler der Rhön. „Land der offenen Ferne" wird sie deshalb auch genannt.

Auf dem Weg entdecken wir auf einem Berg inmitten einer hohen Blumenwiese eine Herde wunderschöner milchkaffeefarbener Blondes d`Aquitaines. Französische Kühe hier? Ganz klar: Die alten Niederungsrassen und auch die Höhenrassen haben wieder Hochkonjunktur. Immer mehr wird hierzulande mit bestimmten Kreuzungen experimentiert, Mutterkuhherden entstehen überall, denn die Deutschen haben (endlich) das gute Rindfleisch für sich entdeckt. Mutterkühe heißen so, weil sie im Jahr nur ein Kalb (oder Zwillinge) zur Welt bringen und aufziehen müssen, währenddessen alle Milch dem Kalb gehört! Was für ein Bild! Wo schon dürfen Tiere heutzutage noch so leben?

Es wird eiskalt hier oben bei den Kuhdamen, und wir machen uns auf den Rückweg. Simon, Lisa und Katharina erwarten wir für den frühen Montagmorgen. Nach dem Einchecken in der „Brennerei-Gasthaus Dickas" schauen wir uns ein wenig in der hübschen Altstadt um. Und da steht er dann plötzlich, der Pater Johann im schwarzen Gewand, mit Bart, schwarzer Kappe und einem freundlichen Gesicht! Es stellt sich heraus, dass er einer der Pfarrer der russisch-orthodoxen Gemeinde hier in Bischofsheim ist und aus der Ukraine stammt. Und wir denken: „Wahnsinn, noch gestern haben wir die letzte LOKAL-Tour zu einer Friedensmission gemacht, schon sind wir unserer Idee einen wesentlichen Schritt näher!"

Die orthodoxe Kirchengemeinde „Hl. Nektarios von Ägina"

Pater Johann

Die Gemeinde wurde 1981 von griechischen und russischen Einwanderern gegründet. Sie gehört zum russischen Patriarchat, ist aber auch offen für andere orthodoxe Christen. Hier im alten Wirtshaus der örtlichen Brauerei „Heurich Bräu" sind heute der alte große Gebetsraum, der Glockenraum, der Andachtsraum für den heiligen Nektarios und der kleine Konzertsaal im Hinterhof untergebracht, in dem eine große Orgel steht und der gleichzeitig als Bibliothek dient. Die orthodoxe Kirche ist keine zentral gelenkte Kirche wie der Katholizismus, sie ist ohne „universellen Machtanspruch", wie es bei den Orthodoxen in Bischofsheim genannt wird. Diese Kirche hat sich über die Jahrhunderte nie verändert, hat also die ungebrochene Verbindung zur frühen Christenheit. Sie ist weniger starr und undogmatischer, als der Begriff vermuten lässt. Ich selbst habe in Griechenland erlebt, wie ungezwungen und offen die Patres dort sind. Es gibt auch keinerlei Missionsgedanken wie bei anderen Kirchen, und das erschien mir immer als sehr angenehm. Jeder, der möchte, egal welchen Glaubens, darf die Gottesdienste besuchen.

N 50°24' 6.974" — O 10°0' 34.395"

Hier in Bischofsheim vereinen sich Ost und West, und wir sind über die Offenheit der Gemeinde erfreut, denn als wir Pater Johann, der eigentlich Ivan heißt, fragen, ob wir am nächsten Tag im Gemeindezentrum für alle kochen dürften, sagt er sofort zu! Zwar gibt es hier nur einen 50 Jahre alten Elektroherd, da wird Simon Augen machen. Aber wer kann, der kann! Dafür ist das Gemeindezentrum im Sinne unserer Friedensmission eine großartige Location. Etwas Besonderes, etwas Völkerverständnisvolles! Wir verabreden uns für Dienstagmorgen.

Sehr zufrieden mit diesen ersten Ergebnissen gehen wir spätabends ins Bett. Am nächsten Morgen beim Frühstück im Gasthaus der Brennerei überlegt Wirtin Brigitte Vorndran mit uns gemeinsam, wer für uns als Erzeuger noch infrage kommen könnte. Die „Ölmühle Rehberg" ist mit 20 Kilometer Entfernung leider zu weit weg. Auch die „Bio-Ölmühle" in Weimarschmieden liegt nicht innerhalb unseres Radius. Wieder werden wir – wie schon so oft – auf tierisches Fett zurückgreifen. Ebenso geht es mit Familie Derleth in Salz, die Bioeier produziert, genauso wie mit der „Landmetzgerei Kleinhenz", die uns Michael empfohlen hatte. Unserer ursprünglich langen Liste können wir beim Schrumpfen förmlich zusehen. Brigitte Vorndran empfiehlt uns, mit Michael Geier zu sprechen, der für den bayerischen Teil des Biosphärenreservats zuständig ist. Er ist Beamter des Freistaats und ein wahnsinnig netter Mann am anderen Ende der Leitung. Die Leute vom Biosphärenreservat fördern natürlich den Biolandbau so viel wie möglich!

„Aber leider ist der Hausgarten nicht selten ein Einsatzort für Insektizide", meint Michael Geier. Dann habe ich Janet Emig am Telefon. Sie ist die Chefin vom „Verein Natur und Lebensraum Rhön" und die Geschäftsstelle liegt auf der Wasserkuppe im hessischen Teil der Rhön. Sie empfiehlt uns noch Klaus Keidel in Gersfeld, der auch Rhönschafe hat und die Flächen biologisch bewirtschaftet. Später haben wir auch den am Telefon, sehr nett und engagiert, und wir nehmen uns vor, ihn am Nachmittag zu besuchen.

Am späteren Vormittag sind wir komplett – Simon, Lisa, Simone und Simons (frisch!) Verlobte, aber uns schon lange vertraute Katharina sind nun auch da – die Begrüßung wird ein kleines Fest! Denn uns ist klar: Das ist unsere letzte Tour, und alle fühlen, dass es eigentlich immer so weitergehen könnte! Wir berichten über die diversen Recherchen, die wir schon angestellt haben, und von Pater Johann und seinem Gemeindesaal mit Küche. Gemeinsam fahren wir zu Klaus Keidel, der die Rhönschafe im Nebenerwerb hält und extra spontan für uns von seiner Arbeit kommt.

Station 1: Rhönschäfer Klaus Keidel in Gersfeld

Endlich der erste Erzeuger – ein Rhönschä-fer, 9,7 Kilometer von Bischofsheim ent-fernt im hessischen Teil der Rhön! Rhön-schafe sind extrem gut an die Landschaft und die rauen Winter angepasst. Sie gehö-ren hierher, weil sie die Grünflächen opti-mal pflegen und die Menschen ihr Fleisch und Fell verwerten können. Und Klaus Keidel ist ein Volltreffer! Ein unglaublich netter und aufgeschlossener Mann, der mit seiner Frau Sonja den Hof bewirtschaf-tet. „Wir haben pro Jahr bis zu 260 Tiere in der Herde", erzählt Klaus, mit dem wir sofort per Du sind. „Es gibt Jahre mit vie-len Zwillingsgeburten und welche mit we-nigen, keiner weiß so richtig, warum", er-zählt er, nachdem wir zu den exponierten Wiesen gefahren sind, wo die große Herde den Sommer und auch Teile des Winters verbringt. „Kälte macht den Tieren nichts aus, minus 20 Grad sind kein Problem, auch nachts nicht, aber Feuchtigkeit im Winter ist nicht gut für die Hufe", erzählt er. Dann holen die Keidels die Tiere in den Stall am Hof, wo sie mit Bioheu gefüttert werden. 100 Mutterschafe und deren Läm-mer, die mit den Müttern laufen, bis sie ge-

schlachtet werden oder – sofern weiblich, ausgewählt schön und gesund – selbst der Nachzucht dienen, gehören ihnen. Dazu kommen 80 Ziegen. „Die stehen am Roden-bacher Köpfchen!", sagt Klaus und zeigt hinüber in die Landschaft, aber die Ziegen sind dort drüben für das bloße Auge nicht erkennbar. „Einmal pro Saison haben wir einen neuen Bio-Rhönschafbock, und das seit inzwischen 20 Jahren", erklärt er. „Wir wollen keine Inzucht, deswegen werden die Böcke von Bioherde zu Bioherde weiterge-reicht."

Die beiden Töchter von Klaus und Son-ja, Linda und Marlen, die 21 und 18 sind, waren beim Ablammen immer dabei. „Diese Werte kann man einem Stadtkind nicht vermitteln", sinniert Klaus. „Mein Mann macht das aus Leidenschaft! Die einen gehen ins Fitnessstudio, er braucht das nicht!", sagt Sonja, die uns so sympa-thisch anlacht. „Wir verkaufen die Scha-fe lebend an den Metzger oder lassen sie von ihm lohnschlachten und bekommen das Fleisch dann zurück. Manchmal ver-kaufen wir die kleinen Lämmer auch als Rasenmäher an Privatpersonen", erzählt Klaus. „Wir züchten diese alte Rasse rein, das heißt, wir kreuzen kein Merino oder

Links: Sonja und Klaus Keidel, unsere Rhönschäfer

Rechts: Wir waren, ach was, wir sind ein großartiges Team!

Schwarzkopfschaf ein." Das würde zwar mehr Fleischigkeit bringen, aber Klaus hält die Herde lieber sauber. „Beim Kreuzen besteht ja auch immer die Gefahr, dass man sich Krankheiten wie die Moderhinke hereinholt, und das ist nicht lustig. Das kriegst du fast nicht mehr weg, wenn's mal drin ist in der Herde. Man sieht, ob sie reinrassig sind: schwarze Füße hier und da ja, aber schwarze Beine verraten eine Einkreuzung", erklärt uns Klaus.

Dann erzählt er von den momentanen Schwierigkeiten bei der Vermarktung: „Eine regionale Supermarktkette hat den Leuten erst gesagt, dass sie die Rhönschafzucht durch Abnahme fördern wollen, und alle haben ihre Herden ausgebaut. Nun liegt dort das Rhönschaf-Projekt auf Eis. Die nehmen gerade nur noch Merino, weil es schön fleischig ist." Es ist zum Heulen. „Es müssten sieben bis acht Euro pro Kilo Schlachtgewicht bezahlt werden, konventionell gibt es 3,80 Euro, bio manchmal bis zu 5,50 Euro. Viele müssen nun überlegen, ob sie weitermachen wollen. Mehr als zehn Schäfer haben schon aufgegeben – und deshalb ist das Rhönschaf wieder auf der

Liste der gefährdeten Nutztierrassen." Nun, der Fleischanteil ist gering beim reinen Rhönschaf, es muss anstelle von fünf Monaten – wie zum Beispiel beim Merinoschaf – drei bis vier Monate länger laufen fürs Gewicht. Das heißt aber auch, es braucht mehr Futter, logisch. Wie die Heidschnucke hat das Rhönschaf den geringsten Fettgehalt, was auch nicht unbedingt alle Gourmets freut. Ob das längere Leben ohne Kastration denn nicht zu Geschlechtsgeruch bei den männlichen Lämmern im Fleisch führe, fragen wir. „Sie dürfen den Geruch der Damen nicht in die Nase bekommen, dann geht das", sagt Klaus. Wir fragen, was dagegen spricht, sie früher zu kastrieren? „Kastrieren ist nicht gut, denn dann trauern die Tiere erst einmal und nehmen nicht mehr zu." Aha, eine interessante Erkenntnis, von der wir so noch nie gehört haben. „Wir lassen die Tiere im frühen Winter ablammen, damit Ostern genügend Lämmer da sind. Sie würden auch zweimal lammen, wir wollen das aber zu ihrer Schonung nur einmal pro Jahr."

„Die Ziegen setzen wir für Landschaftsprogramme gegen die Verbuschung ein", erklärt Klaus. „Dieses Jahr sind dafür aber noch keine Gelder freigegeben worden, was ungewöhnlich ist", fügt er hinzu. „Stillstand." Und wir kommen auf die unsägliche Landwirtschaftspolitik zu sprechen. „Der Staat hat die Landwirte kaputt gedrückt, vor sechs Wochen hat hier wieder ein Milchbauer mit 30 Kühen aufgegeben." Aber das ist nicht das Einzige, was Klaus auf den Magen schlägt. „Kleine Bauern bekommen kaum Flächen, die großen arbeiten mit allen Tricks, um dranzukommen. Wenn du einen Grundbesitzer hast, der nur auf Geld aus ist, dann bekommst du nichts. Ich habe sieben Hektar dazupachten können, und Christoph, der Eigentümer, war sehr fair, denn er hätte von den Biogasbauern viel mehr Pacht bekommen. Aber die düngen dreimal pro Jahr mit Gülle, und dann ist die Vielfalt der Gräser und Blumen auf der Fläche dahin!" Denn Gülle ist reich an Ammoniak und ätzender Harnsäure, das macht auf Dauer die Wurzeln zarter Pflanzen kaputt, die es eh schwer haben, sich gegenüber den kräftigeren Wiesenpflanzen zu behaupten. Das sieht man nur, wenn man genauer hinschaut, die Monokultur entlarvt und nicht nur „schön grün" sieht. Und dann redet Klaus noch über die Verbraucher, die hier leben: „Bei vielen ist der Geiz der Motor, deswegen gehen sie zum Edeka und kaufen tiefgefrorenes Lammfleisch aus Neuseeland. Aber es gibt auch immer mehr, die ihr Lamm bio und LOKAL haben wollen." Gut, das zu hören!

Wir reden noch über das Scheren. „Dieses Jahr scheren wir spät, weil es so viel geregnet hat und es den Schafen dann nicht so gut geht, aber jetzt müssen wir uns beeilen, denn bald wird es heiß", erklärt Klaus. „Das Scheren ist auch für die jungen Lämmer wichtig, denn dann kommen die besser ins Fleisch!" Das hören wir jetzt ebenfalls erstmalig! „Dann haben Parasiten, die das Tier schwächen könnten, keinen Lebensraum." Klaus hält seinen Schäferstab, und wir fragen ihn, warum der unten einen kleinen Haken sowie eine Minischaufel hat. „Mit dem Haken kann ich mir die

Tiere an den Beinen herholen, mit der kleinen Schaufel steche ich schon mal Beikraut aus." Wieder etwas gelernt. Dann beobachten wir noch ausgiebig, wie die beiden Border Collies Bora und Jimmy die Schafe hüten und in der Gruppe halten. Mit einem Satz springen sie elegant über den 1,50 Meter hohen mobilen Weidezaun, und Klaus ruft ihnen unverständliche Befehle zu. Es ist wunderbar anzuschauen und unsere Fotografin Eli hat wie die Collies die hellste Freude!

Wir schauen noch einmal über die weiten Landschaften der Rhön hinweg hinüber zum Rodenbacher Köpfchen. Dann fahren wir weiter, aber nicht ohne uns bei Klaus und Sonja mit leckerem Lammfleisch zu versorgen. Über dem Moment liegt das ganz starke Gefühl, die beiden nicht zum letzten Mal in unserem Leben getroffen zu haben. Nur 200 Meter weiter unten leben unsere nächsten Freunde …

Station 2: Redaktion des Magazins „chefs!" in Gersfeld

Sabine Romeis war lange mit ihrem Redaktionsbüro für große Verlage tätig, bevor sie 2012 mit ihrem Mann Richard „Ritchie" Herbert das Magazin „chefs!" auf die Beine stellte. Sie fungiert als Herausgeberin und Chefredakteurin, Ritchie ist Geschäftsführer des Gastronomia Verlags, in dem „chefs!" erscheint. Ritchie ist eigentlich Schreinermeister, Allround-Handwerker und Landwirt, als Chef von „chefs!" findet er aber immer weniger Zeit für seine angestammten Faibles – geblieben ist eine kleine Herde von Rhöner Weideochsen der Rasse Fleckvieh. „chefs!" ist ein Fachmagazin, das sich an Profiköchinnen und -köche wendet. Business-to-Business also. Das Magazin vergibt jährlich die „CHEFS TROPHY AUSBILDUNG", in deren Rahmen Vorzeigeausbilder/-innen im Kochberuf gekürt werden. Ritchie und Sabine laden uns zu Saft, Bier, Kaffee und Kuchen ein. Wir sammeln in ihrem Garten anschließend noch Wildkirschen und Holunder für das Menü morgen und besuchen die prachtvollen Ochsen. Ritchie liebt sie und sie ihn, das ist deutlich zu spüren! Leider können wir uns bei unseren Gastgebern nicht lange aufhalten, denn die Auswahl an Zutaten ist tatsächlich noch etwas zu übersichtlich. Also fahren wir erst einmal zurück zu unserem Stützpunkt in der Schaubrennerei, denn Brigitte Vorndran, die von diesem Leid weiß, hat etwas für uns organisiert.

Rechts: Rezepte und Texte für unser Buch wollen auch geschrieben werden.

Unten: Richard Herbert und einer seiner imposanten Ochsen

Station 3: Steinpilze von Georg Kirchner

In diesem Fall kommt die Station tatsächlich zu uns, denn spätabends bringt uns auf Bitte von Brigitte Vorndran Georg Kirchner noch frische Steinpilze – großartig! Beim Bier plaudern wir über deren Suche. Georg ist in Bischofsheim geboren und kennt die Wälder wie seine Westentasche, weil er bereits als kleiner Junge hier überall unterwegs war. „Im Frühjahr findet man schon mal einzelne Exemplare von Steinpilzen, die Hauptzeiten sind September und Oktober." Dieses Jahr ist durch die feuchten Böden alles früher dran. „Der eigentliche Pilz sitzt ja als Geflecht im Boden", erklärt Georg. „Alle Pilze leben in Symbiose mit Bäumen, denn der Pilz bringt dem Baum Wasser und der Baum dem Pilz Nährstoffe. Ein bestimmter Pilz braucht einen bestimmten Baum, zum Beispiel die Rotkappe braucht die Zitterpappel beziehungsweise die Espe." Natürlich sind die Pilze irgendwann angefressen, denn Insekten legen ihre Eier unter die Kappen. Und die geschlüpften Kleinen fressen die Pilze von unten an. „Sandstein, also sandige Böden sind gut für den Steinpilz, zum Beispiel drüben in Unterweißenbrunn." Wir reden noch über Gott und die Welt an der kleinen Bar der Brennerei, ein Schüler der Holzschnitzerschule kommt auch noch vorbei und erzählt von einem alten Haus, das er gerne mit Kommilitonen mieten würde, aber der Eigentümer sei so merkwürdig. In diesem Moment fühlen wir uns, als seien wir schon ein Teil von Bischofsheim, die Kreise verbinden sich langsam, jeder kennt jeden.

Immer noch fehlen Obst und Gemüse für unser Menü. Wir vereinbaren darum, am nächsten Morgen recht früh zum „Rhönschafladen" nach Oberelsbach zu fahren. Brigitte Vorndran hat hier wieder einmal den perfekten Tipp parat, denn dort kaufen ihr Mann und sie selbst ihre Kartoffeln ein.

Station 4: „Rhönschafladen" in Oberelsbach-Ginolfs

Nach einem wunderbaren Frühstück in unserer Unterkunft begeben wir uns zeitig auf den Weg zu Zita und Josef Kolb nach Oberelsbach. Der „Rhönschafladen" ist zum Glück nur 6,1 Kilometer von Bischofsheim entfernt. Der landwirtschaftliche Betrieb

der Kolbs mit angeschlossenem Hofladen liegt zentral im Ort auf einer alten Hofanlage, in deren Zentrum ein bestens instand gehaltenes Fachwerkhaus aus dem 17. Jahrhundert steht. In dem kleinen Hofladen werden neben Biolammfleisch und Gänsen Wurstwaren aus eigener Herstellung sowie andere Produkte vom Rhönschaf verkauft. Seit 1985 ist Josef Kolb vom BUND als Betriebsleiter für das Projekt „Rhönschaf" eingesetzt. Aktuell zählt sein Betrieb 400 Schafe. Gemeinsames Ziel ist neben der Erhaltung der vom Aussterben bedrohten Rasse die Verarbeitung und Vermarktung der Tiere und deren Pflege der Kulturlandschaft Rhön. 1999 hat Josef Kolb seinen Ackerbau auf bio umgestellt. Hier wird vor allem Futtergetreide für Schafe angebaut.

Da wir auch bei den Kolbs recht spontan erscheinen, hat Zita leider keine Zeit, uns zu den Gänsen zu begleiten, die etwas außerhalb am Ortsrand auf einer großzügigen Wiese mit Badeteich ein sehr unbeschwertes Biogänseleben führen. Wir kaufen nach einem sehr netten Gespräch sämtliche ihrer Kartoffelvorräte auf und fahren ohne weiteren Umweg zurück nach Bischofsheim.

Kochen im russisch-orthodoxen Gemeindezentrum

Im Herzen Bischofsheims vor der orthodoxen Kirche laden wir rasch unser Equipment aus und erobern damit den Speiseraum des Gemeindezentrums. Wir fühlen uns wirklich geehrt und erhaben, an solch einem ungewöhnlichen Ort unser vorerst letztes Essen zubereiten und zelebrieren zu dürfen. Das passt so wunderbar zu unserer Friedensmission, als gäbe es keine Zufälle im Leben. Pater Johann hat seine Tochter Tatjana mitgebracht – orthodoxe Patres müssen verheiratet sein. So etwas hätte den Katholiken in der Geschichte schon viel Ärger erspart! Und während sie auf dem Klavier ein Stück schöner als das andere zum Besten gibt, zaubert Simon mit Lisa und Simone in der bescheiden ausgestatteten Küche ein großartiges Gericht (siehe Seite 338 ff.). Schließlich sitzen im russisch-orthodoxen Gemeindezentrum Menschen verschiedener Konfessionen friedlich vereint am Tisch. Das ist ein Moment, in dem es uns noch viel unverständlicher wird, welch grauenhafte Auswüchse religiöser Fanatismus und religiöser Eifer – wie gerade auf der ganzen Welt und hautnah auch bei uns in Deutschland – zu treiben imstande sind.

Zum elften Mal räumen wir nach dem Mahl auf, machen sauber, packen wieder ein und verwischen vor Ort die Spuren unseres Treibens. Wir danken noch einmal Pater Johann ganz herzlich für seine religionsübergreifende Gastfreundschaft, dann verabschieden wir uns auch voneinander – schon komisch, bisher wussten wir stets, wann wir uns spätestens wiedersehen würden. Dieses Mal ist es ein Abschied ins zeitlich Ungewisse.

Im Nachhinein sind die elf Monate nahezu verflogen. Von Reise zu Reise haben wir uns gesteigert, unser Tun ist immer selbstverständlicher, flüssiger und damit auch interessanter geworden. Immer besser haben wir gelernt, die richtigen Fragen zu stellen und uns bestmöglich zu organisieren. Das Gewahrwerden von immer mehr Negativbeispielen hat schließlich das (Agrar-)Politische und Kämpferische in uns wachgerüttelt. Wir fragen uns mehr denn je, wie man in Deutschland, aber natürlich auch über

Ganz links: An so einem Ort zu kochen, ist wirklich etwas Besonderes!

Links: Haben wir für unser Buch auch nichts vergessen?

unsere Landes- und Kontinentalgrenzen hinaus die Vermaisung und sonstige Ausbreitung von Monokulturen zulassen und – schlimmer noch – weiter fördern kann. Wie kann man die Milchwirtschaft zu derartiger Hochleistungszucht antreiben, wo am Ende trotz wahnsinnigen Technikeinsatzes, trotz Antibiotikakeulen, Masthilfen und Soja aus Südamerika niemand glücklich wird und den Bauern finanziell unter die Arme gegriffen werden muss, damit sie weiter existieren können? In den Zeitraum unseres Experiments ist auch die Verlängerung der Genehmigung zum Einsatz von Glyphosat gefallen. Glasklar, dass die EU genau dieses Ergebnis haben wollte und es bekommen hat, obwohl sie unter den EU-Mitgliedern faktisch keine Mehrheit dafür finden konnte. Nie hat es eine offizielle Abstimmung gegeben, stets sind lediglich Testabstimmungen durchgeführt worden. Der Wunsch der EU-Kommission ist hier ganz klar ein anderer als der der Mehrheit aller Europäer. Auch das hat uns sehr bewegt, zumal wir Teil der Protestbewegung waren, sind und bleiben werden. Noch in diesem Jahr sollen CETA- und TTIP-Abkommen ratifiziert werden. Mit dem „Comprehensive Economic and Trade Agreement", das die EU seit 2009 mit Kanada verhandelt, verhält es sich ähnlich wie mit TTIP („Transatlantic Trade and Investment Partnership") und den USA. Beide werden bestehende Umweltstandards untergraben und eine zukünftige Umweltgesetzgebung einschränken. Für uns alle ist es dringend Zeit, weiterhin dagegen aktiv zu werden, wenngleich zu befürchten steht, dass beide längst abgemachte Sache sind.

Liebe Leserinnen und Leser, wir haben uns mit unserem LOKAL-Experiment in unserer unmittelbaren Umgebung verortet, aber was ist mit der Globalisierung? Trinken wir nicht gern Kaffee und Tee, lieben Schokolade, würzen unser Essen mit Ingwer, Pfeffer, Koriander und Kreuzkümmel? Es gibt eine sinnvolle Globalisierung, denn wir helfen Bauern in der ganzen Welt, ihre Erzeugnisse zu fairen Preisen zu verkaufen – wenn wir es richtig machen! Immer mehr Biobauern in Indien, Südamerika, im Orient und in Afrika erlangen durch die steigende Nachfrage nach Qualitätsbioprodukten garantierte Preise sowie durch langfristige Abnahmegarantien mehr Existenzsicherheit und gesunde Arbeitsbedingungen. Das ist ein Segen für viele! Hier macht Globalisierung Sinn! Wir müssen also beides im Blick behalten – die große Welt und unseren eigenen kleinen LOKAlen Flecken, auf dem wir leben und für dessen Erhalt wir ebenso Sorge mittragen müssen. Dann wird die Sache rund!

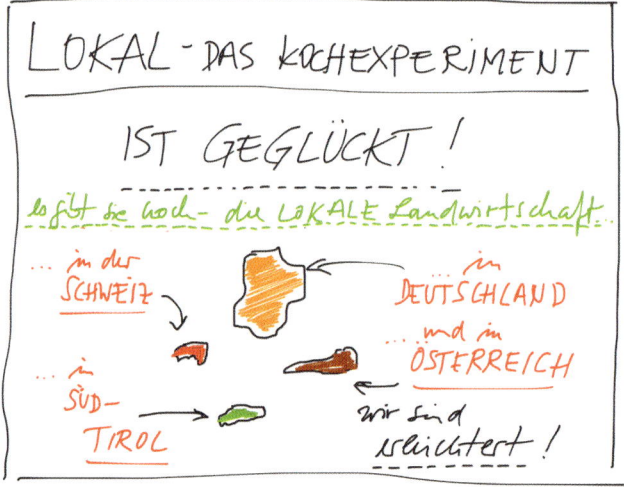

Welche Bioerzeuger wir gefunden haben und
welche Lebensmittel sie uns geben konnten:

- Lammfleisch geben uns die Rhönschäfer
  Sonja und Klaus Keidel, Schachen 43,
  36129 Gersfeld
  ▲ — Entfernung: 9,7 Kilometer

- Wildkirschen und Holunderblüten pflü-
  cken wir im Garten von Sabine Romeis und
  Richard Herbert, „chefs!"-Magazin,
  Brembach 5a, 36129 Gersfeld
  ▲ — Entfernung: 8,8 Kilometer

- Frische Steinpilze bringt uns der Pilzesamm-
  ler Georg Kirchner in die „Brennerei-
  Gasthaus Dickas" von Brigitte und Claus
  Vorndran, Josefstraße 9,
  97653 Bischofsheim an der Rhön
  ▲ — Entfernung: 250 Meter

- Kartoffeln finden wir bei Zita und Josef
  Kolb im „Rhönschafladen", Friedhofsweg 4,
  97656 Oberelsbach-Ginolfs
  ▲ — Entfernung: 6,1 Kilometer

RAGOUT & GESOTTENES VOM LAMM

MIT KARTOFFEL-STEINPILZ-STAMPF, HOLUNDERKIRSCHEN & WILDKRÄUTERSALAT
FÜR 4 PERSONEN

FÜR RAGOUT & GESOTTENES VOM LAMM:

- 4 ZWEIGE ROSMARIN
- 4 ZWEIGE THYMIAN
- 800 G LAMMSCHULTER (OHNE KNOCHEN)
- 2 LAMMHAXEN (À 250-300 G, MIT KNOCHEN)
- 1 EL SALZ
- 4 STIELE BOHNENKRAUT

Zubereitungszeit: 1 ¾ Stunden

1 — *Für Ragout & Gesottenes vom Lamm:* Rosmarin und Thymian waschen. Das Lammfleisch mit 2,5 Liter Wasser, Rosmarin, Thymian und Salz in einem Topf aufkochen und bei mittlerer Hitze etwa 1 ½ Stunden garen, bis es sich leicht vom Knochen lösen lässt.

2 — Die Schulter aus dem Sud nehmen und in 4 gleichmäßige Stücke schneiden. Den Sud durch ein feines Sieb gießen und die Schulterstücke darin warm halten. Das Haxenfleisch vom Knochen lösen und in kleine Würfel schneiden. Das Bohnenkraut waschen, trocken schütteln und fein hacken. 4 Esslöffel Sud abnehmen, mit dem Ragout sowie dem Bohnenkraut in einem Topf erhitzen und die Flüssigkeit einkochen. Nach Belieben mit Salz verfeinern.

⟶

FÜR DEN KARTOFFEL-STEINPILZ-STAMPF:

- 1 KG KARTOFFELN
- SALZ
- 250 G FRISCHE STEINPILZE, ALTERNATIV AUSTERNPILZE ODER CHAMPIGNONS
- AUSSERDEM: KARTOFFEL-STAMPFER

Zubereitungszeit: 30 Minuten

1 — *Für den Kartoffel-Steinpilz-Stampf:* Die Kartoffeln schälen, in kleine Stücke schneiden und in kochendem Salzwasser 20 Minuten weich garen. In der Zwischenzeit die Steinpilze gründlich putzen, bei Bedarf mit Küchenpapier trocken abreiben und in kleine Stücke hacken. Eine Pfanne erhitzen und die Pilzstücke darin bei starker Hitze kurz anbraten. Die Pfanne vom Herd nehmen und beiseitestellen.

2 — Die Kartoffeln abgießen, kurz ausdampfen lassen und mit dem Kartoffelstampfer oder einer Gabel grob stampfen. Die Steinpilze unterheben und nach Belieben mit Salz verfeinern.

‡ — *Zum Probieren:* Sofern vorhanden, können Sie die Pilze in 2 Esslöffeln Olivenöl oder auch Butter anbraten. Das gibt ihnen etwas mehr Geschmack. Darüber hinaus können Sie den Stampf mit Pfeffer und Muskat würzen und mit fein gehackter glatter Petersilie oder auch Estragon verfeinern.

FÜR DIE HOLUNDERKIRSCHEN:

- 500 G WILDKIRSCHEN, ALTERNATIV KIRSCHEN
- 2 DOLDEN HOLUNDERBLÜTEN
- AUSSERDEM: ENTSTEINER (OPTIONAL)

Zubereitungszeit: 20 Minuten

1 — *Für die Holunderkirschen:* Die Kirschen gründlich waschen und entsteinen, alternativ die Früchte halbieren und den Stein entfernen. Die Holunderblüten sorgfältig ausschütteln und die Blüten von den Stielen zupfen.

2 — Die Kirschen in einem kleinen Topf 2 bis 3 Minuten erhitzen. Die Holunderblüten dazugeben und alles zusammen noch 1 Minute köcheln lassen.

FÜR DEN WILDKRÄUTERSALAT:

- 2 HANDVOLL WILDKRÄUTER
  (Z.B. LIEBSTÖCKEL, ESTRAGON,
  DILL, SAUERAMPFER)
- 1 TL LAMMSUD (SIEHE REZEPT
  SEITE 338)
- SALZ

Zubereitungszeit: 10 Minuten

1 — *Für den Wildkräutersalat:* Die Kräuter waschen, trocken schütteln und die Blätter von den Stielen zupfen. Die Kräuter in einer kleinen Schüssel mit dem Lammsud marinieren und nach Belieben mit etwas Salz verfeinern.

¤ — *So geht's zusammen:* Jeweils einen Klecks Kartoffel-Steinpilz-Stampf auf Teller setzen, ein Stück Lammschulter anlegen, das Ragout darauf oder daneben anrichten, mit Holunderkirschen toppen und das Ganze mit Wildkräutersalat garniert servieren.

REZEPTVERZEICHNIS

Sich LOKAL zu ernähren, bedeutet, mit den Produkten zu arbeiten, die uns die jeweilige Jahreszeit auf dem Feld, im Wald, auf der Wiese und am Wegesrand bietet.

Brust vom Hahn mit Möhren auf viererlei Art – 106 ff.

Entenbrust & Spitzkohl über Nacht in Berlin – 110 f.

Keulen von der Ente mit Rote Bete, Sellerie und Grünkohlchips – 112 ff.

Ragout aus Herz & Leber von Ente und Hahn mit Kürbispüree und gegrilltem Kohl – 116 ff.

Roulade aus der Hähnchenkeule mit Rotkohl – 120 ff.

Dezember:

Frankfurter Suppenküche – 136 ff.

Rotkohl-Apfel-Suppe – 136

Kürbissuppe – 137

Eintopf vom Wildschwein – 138

Rübchensuppe – 138

Sellerie-Spitzkohl-Suppe – 139

LITERATURVERWEISE IN DIESEM BUCH:

Dr. Tanja Busse: Die Wegwerfkuh: Wie unsere Landwirtschaft Tiere verheizt, Bauern ruiniert, Ressourcen verschwendet und was wir dagegen tun können. München, Karl Blessing Verlag 2015

Dominik Flammer/Sylvan Müller: Das kulinarische Erbe der Alpen. Aarau (CH), AT Verlag 2012

Dominik Flammer/Sylvan Müller: Das kulinarische Erbe der Alpen. Enzyklopädie der alpinen Delikatessen. Aarau (CH), AT Verlag 2014

Tillmann Hahn/Nicole Knapstein/Ulrike Kirmse: Die neue Fischkochschule. München, Christian Verlag 2014

Fukuoka Masanobu: Der Große Weg hat kein Tor. Nahrung, Anbau, Leben. Darmstadt, pala-Verlag, 2., verb. Auflage 2007

Bill Mollison: Handbuch der Permakultur-Gestaltung. Stainz (A), Österreichisches Institut für angewandte Ökopädagogik, Permakultur-Akademie im Alpenraum, 2. Auflage 2012

Christa Müller (Hg.): Urban Gardening. Über die Rückkehr der Gärten in die Stadt. München, oekom Verlag 2011

Georg Schweisfurth: Die Biorevolution. Wien (A), Brandstätter Verlag 2012

Simon Tress/Georg Schweisfurth: Fleisch. Küchenpraxis – Warenkunde – 220 Rezepte. München. Christian Verlag 2014

VERTIEFEND EMPFEHLEN WIR FOLGENDE BUCHTITEL:

Gute Überlegungen zu der Frage, wie wir in Zukunft in Städten gut leben könnten:

Nils Boeing: Von Wegen. Überlegungen zur freien Stadt der Zukunft. Hamburg, Verlag Lutz Schulenburg, Edition Nautilus 2015

Zum Thema LOKAL:

Franz-Theo Gottwald: Esst anders! Vom Ende der Skandale. Über inspirierte Bauern, innovative Handwerker und informierte Genießer. Marburg, Metropolis Verlag, 2. Auflage 2012

Über den Export von Billigfleisch im großen Stil und seine Folgen:

Dr. Anton Hofreiter: Fleischfabrik Deutschland: Wie die Massentierhaltung unsere Lebensgrundlagen zerstört und was wir dagegen tun können, München, Riemann Verlag 2016

Über die richtige Haltung von Rindern:

Anita Idel: Die Kuh ist kein Klima-Killer! Wie die Agrarindustrie die Erde verwüstet und was wir dagegen tun können. Marburg, Metropolis Verlag, 6. Auflage 2016

Ein cleverer Überblick über die Lage der Welt und darüber, warum der ökologische und nicht der technokratische Weg die Welt ernähren wird:

Felix zu Löwenstein: Food Crash. Wir werden uns ökologisch ernähren oder gar nicht mehr. München, Pattloch 2011

Der Klassiker von 1977 so aktuell wie nie:

Ernst Friedrich Schumacher: Small is beautiful. Die Rückkehr zum menschlichen Maß. Neuausgabe München, oekom verlag 2013

N 50°24' 6.974" — O 10°0' 34.395"

Danke !!

Wir möchten uns ganz herzlich bei allen bedanken, die uns durch dieses LOKAL-Jahr tatkräftig begleitet haben, vor allem natürlich unsere LOKAL-Team (Lisa!), die vielen LOKAL-Protagonisten, all die vielen Helfer „on the road", die LOKAL-COMMUNITY (fb, www) und alle Damen und Herren in unserem Verlag! Ohne Euch alle wär unsere Challenge restlos „in die Hosen" gegangen! Außerdem danken wir unseren Familien und Mitarbeitern zuhause, daß sie uns so oft entbehrt haben !!

Eure Simon & George

Georg Schweisfurth

Der Ökopionier, Volkswirt und gelernte Metzger Georg Schweisfurth wurde 1959 in München geboren. Sein Vater Karl Ludwig Schweisfurth leitete das Unternehmen Herta, den größten Fleisch verarbeitenden Konzern Europas. Als der Vater das Unternehmen verkaufte, folgte eine radikale Kehrtwende und eine Hinwendung zur ökologischen Landwirtschaft. Georg Schweisfurth war früh (1988) Mitinitiator der Herrmannsdorfer Landwerkstätten in Glonn bei München und ist daneben seit 1996 Geschäftsführer des ökologischen Seminar- und Veranstaltungshotels Gut Sonnenhausen. 1997 schließlich gründete er zusammen mit Freunden die Bio-Supermarktkette Basic und war lange ihr Vorstand. Er ist im Aufsichtsrat von Greenpeace Deutschland und engagiert sich in verschiedenen Gremien und Institutionen wie der Schweisfurth-Stiftung, dem Umwelt-Akademie München e. V. und dem Ethikkomitee Invera in Zürich. Georg Schweisfurth hat einige Bücher verfasst, darunter „Fleisch" mit Simon Tress, „Der echte Geschmack" mit Kille Enna, „Bewusst anders", „Die Biorevolution" und „Nachhaltig leben für alle". Schon 2003 erschien im Südwest Verlag „biofood", ein Kompendium zum Unterschied von biologischen und konventionellen Produkten.

Simon Tress

Simon Tress ist Deutschlands bekanntester Biospitzenkoch und gilt als Philosoph unter den Köchen. Er ist offizieller Genussbotschafter des Landes Baden-Württemberg. Sein Motto lautet: „Respekt vor Mensch, Natur und Tier". Aus Überzeugung und aus Liebe zur Qualität setzt er auf Bioprodukte – vorzugsweise aus der Region. In seinen erfolgreichen Kochbüchern, in TV-Auftritten und im Biohotel-Restaurant Rose in Hayingen-Ehestetten propagiert er eine moderne Landküche und den biodynamischen Gedanken, den seine Familie bereits seit 1950 lebt. Er arbeitet mit heimischen Zutaten und lässt den kreativen Umgang mit traditionellen Rezepten hochleben.

Impressum

1. Auflage 2016

© 2016 by Südwest Verlag, einem Unternehmen der Verlagsgruppe Random House GmbH, Neumarkter Straße 28, 81673 München

Alle Rechte vorbehalten. Vollständige oder auszugsweise Reproduktion, gleich welcher Form (Fotokopie, Mikrofilm, elektronische Datenverarbeitung oder durch andere Verfahren), Vervielfältigung, Weitergabe von Vervielfältigungen nur mit schriftlicher Genehmigung des Verlags.

Hinweis: Das vorliegende Buch ist sorgfältig erarbeitet worden. Dennoch erfolgen alle Angaben ohne Gewähr. Weder Autoren noch Verlag können für eventuelle Nachteile oder Schäden, die aus den im Buch gegebenen Hinweisen resultieren, eine Haftung übernehmen.

Die Verlagsgruppe Random House weist ausdrücklich darauf hin, dass im Text enthaltene externe Links vom Verlag nur bis zum Zeitpunkt der Buchveröffentlichung eingesehen werden konnten. Auf spätere Veränderungen hat der Verlag keinerlei Einfluss. Eine Haftung des Verlags für externe Links ist stets ausgeschlossen.

Den Firmen Mercedes-Benz, Big Green Egg, Silit und Jupiter danken wir für das tolle Material, das sie uns für „LOKAL – Das Kochexperiment" zur Verfügung gestellt haben.

Redaktionsleitung: Silke Kirsch
Projektleitung: Esther Szolnoki, Ann-Kathrin Kunz
Redaktionelle Mitarbeit: Ulrike Kraus

Layout und Satz: OH, JA! (www.oh-ja.com)
Umschlaggestaltung: OH, JA! (www.oh-ja.com)

Bildredaktion: Sabine Kestler
Reproduktion: Mohn Media Mohndruck GmbH, Gütersloh
Druck und Verarbeitung: Mohn Media Mohndruck GmbH; Gütersloh

Bildnachweis:
Toby Binder: Reisen Gammertingen, Heilbronn, Frankfurt,
Gladbeck und Arth; Seite 4, 10/11
Michael Gregonowits: Reisen Berlin, Lech und Wien; Seite 9, 12, 14
Elissavet Patrikou: Reisen Bremen, Mühlbach und Bischofsheim
Georg Schweisfurth: Illustrationen
OH, JA! (www.oh-ja.com): Zeichnungen Karten

Gettyimages, München: U1 o. (gehringj); Istockphoto: 199 (2)
(chorboon; Irman), 229 u. (MMEmil); Marco Clausen/Prinzessin-
nengärten: 87; Pexels: 64/65; Pixabay/Birgit H: 229 o.; Plainpic-
ture, Hamburg: U1 u.li. (Lisa Krechting); Privat: 149;
Shutterstock: Vor- und Nachsatz (shurkin son), 47 (Brzostowska)

Printed in Germany

Verlagsgruppe Random House FSC® N001967
Gedruckt auf Condat matt Périgord, 135 g/qm, mit 1,1-fachem
Volumen. Mehr unter: www.papierunion.de

ISBN 978-3-517-09470-0
www.suedwest-verlag.de

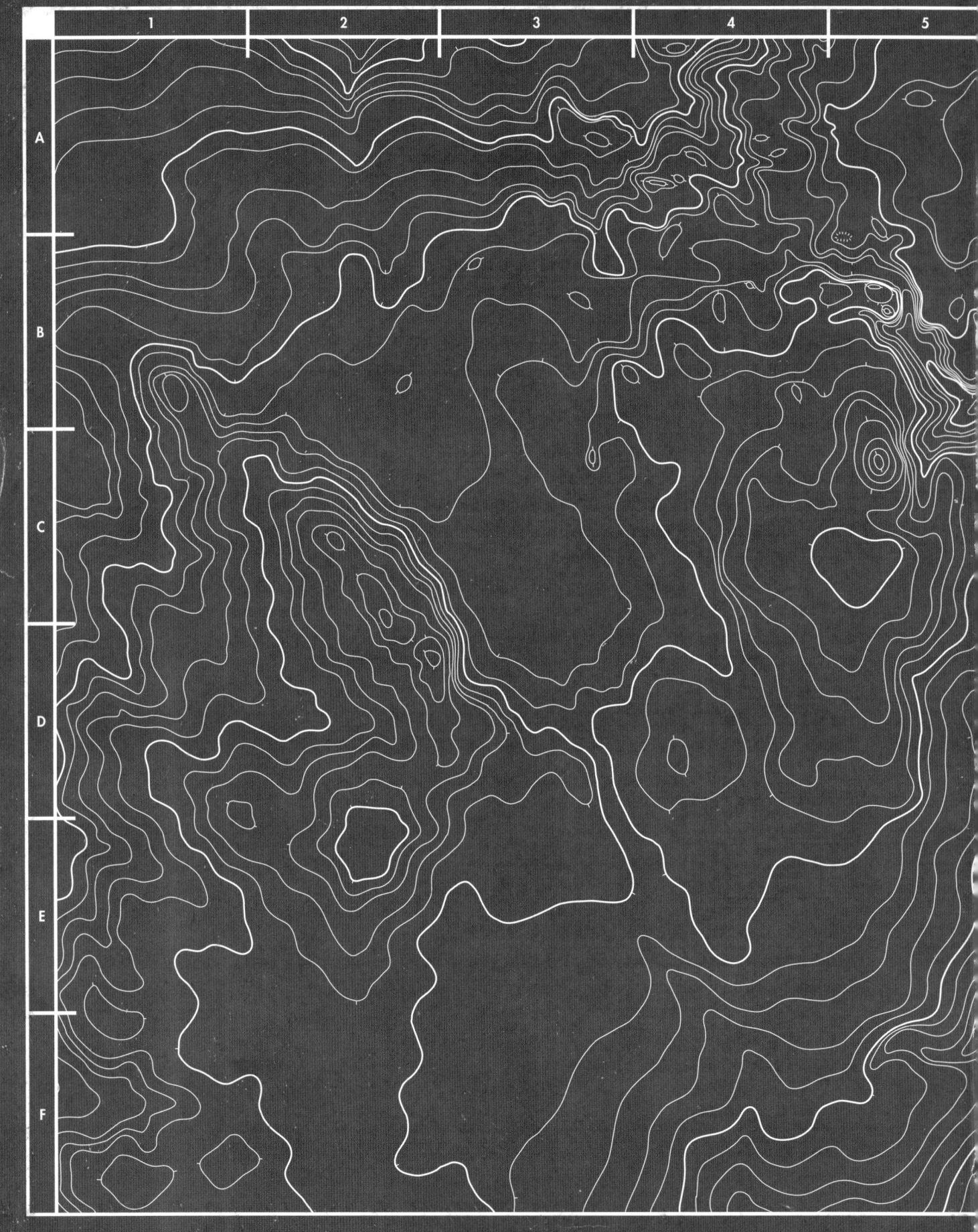